JN312433

子育て支援に活きる心理学
実践のための基礎知識

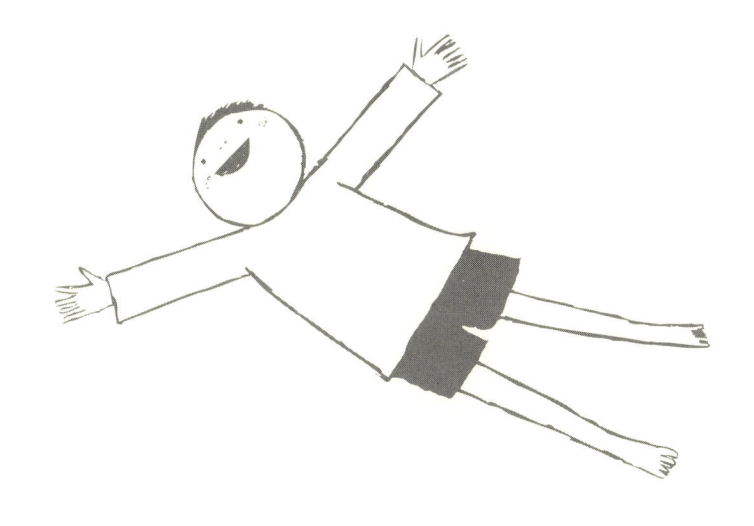

Hanta Susumu
繁多 進 編

新曜社

まえがき

　子育て支援の重要性が叫ばれるようになってかなりの年月が経ちました。1990年から今日までの子育て支援に関する施策はめざましいものです。しかし，依然として親による子どもへの虐待は増え続けていますし，子どもの暴力行為，とくに小学生の暴力行為が増えてきています。自らの感情をコントロールできない子どもが増えてきているというのです。これも子育ての問題と密接に関連した事象といえるでしょう。さまざまな施策が打ち出されても目立った効果が現れないのはどうしてなのでしょうか。もちろん，各地域に「子育て支援センター」「子ども家庭支援センター」が設置され，きめ細かい支援事業を展開していますので，その恩恵を受けている数多くの家庭があることも事実でしょう。にもかかわらず虐待が劇的に減少する傾向が見られないのには，これらの施策が全国的に浸透するには及んでいないということなのかもしれません。
　たとえば，「こんにちは赤ちゃん事業」と呼ばれる，乳児家庭全戸訪問事業（生後4カ月までに全戸訪問する事業）などは画期的な試みだと思われますが，国の補助は半額で，半額は各地方自治体で負担しなければならないので，実際には手を上げる自治体が少ないというのが実情のようです。このようなことはあるにしても，1990年以前に比べれば，子育て支援にかかわる人々が飛躍的に増えてきていることも事実です。そして，これらの人々は有効な支援をしようと懸命な努力をしています。この本は，このような人々にとって少しでも役に立てばと考えて企画されたものです。
　心理学は子育てと密接に関連した学問です。子育てと発達や問題行動との関連など，実証的な研究を通して数々の知見を提出しています。子育て支援にかかわっている臨床心理士，臨床発達心理士，学校心理士といった人たちは心理学を学び，基本的な心理学の知識をもっている人たちです。しかし，心理学は今や多くの領域に分かれています。心理学の専門家といえども，自分の専門分野以外は十分な知識をもっているとはいえないというのが普通でしょう。たと

えば，臨床心理学には精通していても，発達心理学，認知心理学，教育心理学，学習心理学といった分野の知識は乏しいというのが実情でしょう。ところが，これらの分野から子育て支援に有効な知見が数多く示されているのです。心理学の専門家として子育て支援にかかわるのであれば，直接，親子とかかわる場合も，子育て支援に携わっている他の専門分野の人々へコンサルテーションを行なう場合でも，この本に示されているような知見は身につけておく必要があるでしょう。

　もちろん，この本は心理士のためだけに書かれたものではありません。子育て支援にかかわるすべての人々に基本的な心理学の知識を提供することを目的に書かれたものです。医師，ソーシャルワーカー，保健師，助産師といった人たちはさまざまな組織を通して支援活動に従事しています。たとえば，「こんにちは赤ちゃん事業」が充実して全国的に展開されるようになったとき，誰が訪問するかという問題があります。心理士，ソーシャルワーカー，保健師が組んで訪問できれば理想的ですが，財政的にそのような組み合わせが実現することはないでしょう。

　仮に，保健師がひとりで訪問するようなことがあった場合，保健師としての専門的な支援は十分にできるでしょうが，「この親子にはどのような支援が必要なのか」を見抜くためにはさまざまな角度から親子を見る視点が必要です。たった一度の機会を十分に生かすために，この本を活用してほしいのです。

　これらの子育て支援活動に直接従事している人々のほかに，私たちがぜひ読んでほしいと思っている人たちがいます。それは保育士，幼稚園教諭，教師といった子どもの保育や教育に携わっている人々です。なかでも乳幼児と接している保育士，幼稚園教諭には子育て支援者として大きな期待を私たちはもっています。平成20年に改正された保育所保育指針，幼稚園教育要領には保育所，幼稚園の機能として「保護者支援」が明瞭に打ち出されています。保育士や幼稚園教諭には，子どもの発達を支えるだけでなく，その親の子育てを支える役割も果たしてほしいということなのです。そのためにはどうしても勉強が必要です。この本は子どもの発達を支え，親の子育てを支えるうえできっと役立つと思います。

　もちろん，子育て中の親が読んでも自らの子育てにとって有用な本だと思っています。もっとも，この本の読者になるような親ならば，周りの親たちの子

育てを支える側に立つ人々かもしれません。本当はそのような親同士で支えあう子育て支援がとても大事なのです。

本書は，総論と各論に分かれており，第Ⅰ部の総論では子育てに深くかかわる心理学の分野である発達心理学，教育心理学，認知心理学，臨床心理学と，これらの心理学と密接にかかわっている精神分析学と比較行動学をとりあげました。それぞれ膨大な知見が提出されている分野ですが，そのエッセンスが示されています。第Ⅱ部の各論では子育て支援に携わる人々にとって身につけておくことが望ましいと思われる項目をとりあげました。

多くの章でその分野での第一人者と目されている先生方に執筆をお願いしましたが，学位を取りたての新進気鋭の研究者にお願いした章もいくつかあります。執筆者は全員，私が所属している白百合女子大学で平成20年に立ち上げた，外に開かれた生涯発達研究教育センターの研究員です。子どもの発達を支え，親としての発達を支援していくという，まさに生涯発達の中枢にかかわる子育て支援書を世に出すことは，研究員一同の願いでもあります。

たしかに，本を読めば知識は得られるかもしれません。しかし，私たちは心理学の知識を振りかざして子育て支援をしてほしいとはまったく思っていません。きちんとした知識をもちながら，謙虚に，やさしい目を向けながら子育て支援に励んでほしいという気持ちを行間につめて書いたつもりです。この本が子育て支援にかかわる人々に少しでも役立ち，ひいては多くの子どもと親の幸せに寄与することができるとすれば，執筆者一同望外の喜びとするところです。

平成21年1月11日
繁多　進

目　次

まえがき　i

第Ⅰ部　子育て支援と心理学

第1章　発達心理学からの子育て支援
第1節　発達心理学のねらい　3
第2節　発達心理学から見た有効な子育て支援　8
第3節　発達上の問題と対応　15
◎もっと学びたい人のための読書案内　18

第2章　教育心理学からの子育て支援
第1節　教育心理学という学問　19
第2節　子育てに有効な教育心理学の知見　24
第3節　学習困難児への対応　28
◎もっと学びたい人のための読書案内　31

第3章　認知心理学からの子育て支援
第1節　認知心理学の考え方──熟達化＝経験による学習　32
第2節　子どもの絵の見方（1）──保育の熟達者と素人の比較　33
第3節　子どもの絵の見方（2）──母親の子育て経験の効果　38
第4節　子育て支援への意味──認知的資源としての子育て経験　40

第4章　臨床心理学からの子育て支援
第1節　臨床心理学という学問　41
第2節　子育てに有効な臨床心理学の知見　46
第3節　子どもの問題行動への対応　49
◎もっと学びたい人のための読書案内　54

第5章　子育て支援と精神分析
第1節　子育て支援と精神分析の事始　55

第2節　母子関係の精神分析の理論　56
第3節　母子関係から父子関係への精神分析理論　67
第4節　子育て支援への精神分析的アプローチ　68

第6章　比較行動学からの示唆
第1節　比較行動学とは？　72
第2節　人間の発達に対する示唆　76
第3節　人間を養育する際の示唆　80
　◎もっと学びたい人のための読書案内　82

第Ⅱ部　知っておきたい理論と知識

第7章　愛着理論と子育て支援
第1節　愛着理論とは　85
第2節　愛着研究から得られた子育て支援に有効な知見　89
第3節　子育て支援への愛着理論からの示唆　93
　◎もっと学びたい人のための読書案内　96

第8章　ヴィゴツキー理論と子育て支援
第1節　ヴィゴツキー理論（発達の最近接領域）の概要　97
第2節　学校教育において目指される発達とは　100
第3節　教育実践へのヴィゴツキー理論からの示唆　105
第4節　まとめ　107

第9章　動機づけ理論と子育て支援
第1節　動機づけの分類　109
第2節　内発的動機づけと外発的動機づけ　111
第3節　子を産みたい（もちたい）という動機づけ　113
第4節　子を育てたいという動機　117

第10章　胎児期・新生児期の発達と子育て支援
第1節　胎児の発達　121
第2節　胎児に影響する要因　123
第3節　出産前後　125
第4節　新生児の発達　127

第5節　新生児と母親の関係　128

第11章　育児不安と子育て支援
第1節　育児不安とは　130
第2節　育児不安研究から子育ての実際を観る　134
第3節　育児不安への対応　139

第12章　子別れの心理学と子育て支援
第1節　子別れの心理学という視点　141
第2節　「教え導く」支援と「励まし見守る」支援　144
第3節　子どもの身体の役割　147
第4節　事故の問題　149
　◎もっと学びたい人のための読書案内　151

第13章　里親養育と子育て支援
第1節　里親養育の特徴　152
第2節　里親研究から得られる知見　157
第3節　里親養育研究と子育て支援　161
　◎もっと学びたい人のための読書案内　162

第14章　子育て支援の担い手としての保育士・幼稚園教諭
第1節　保育者・保護者がもつ保護者像　164
第2節　保育者の保護者への対応　166
第3節　望ましい保育者像とは何か　168

第15章　コンパニオンアニマルと子育て支援
第1節　コンパニオンアニマルとは　173
第2節　コンパニオンアニマルを飼育する利点　175
第3章　アニマル・セラピーは有効か　179
　◎もっと学びたい人のための読書案内　182

引用文献　183
事項索引　198
人名索引　203

装幀──霜田りえこ

第Ⅰ部

子育て支援と心理学

- 第 1 章　発達心理学からの子育て支援
- 第 2 章　教育心理学からの子育て支援
- 第 3 章　認知心理学からの子育て支援
- 第 4 章　臨床心理学からの子育て支援
- 第 5 章　子育て支援と精神分析
- 第 6 章　比較行動学からの示唆

第1章
発達心理学からの子育て支援

第1節　発達心理学のねらい

(1) 発達心理学とは

　発達心理学は，主として人間の精神的（認知的），行動的側面を対象として，人が誕生してその一生を終えるまでの期間に見られる発達的変化についての法則（発達のメカニズム）や特徴（発達の様相）を明らかにしようとする学問分野です。

　この分野はアメリカのスタンレー・ホールが19世紀末に児童心理学として創始し，それまで無理解であった児童の権利を擁護しようとする運動とあいまって発展してきました。

　そのため，大人の立場から子育てや学校教育をどう行なうかという，ときには大人の都合でしつけ，訓練に走りがちなアプローチは極力排除し，まず，子どもの認知能力の理解，その発達のあり方の理解が前提としてあり，そのうえで，子どもをどう育てるか，教育していくかを考えるという立場にあります。

　もちろん，発達のあり方は，ヴィゴツキー（1975）が指摘するように，子育てや教育のあり方と深くかかわっているのですが，先に発達主体である子どもの理解から出発する，という姿勢は，子育て・教育の基本的考え方に大きな影響を及ぼすことになります。なにしろ，主人公は子どもなのですから，子どものもつ力や気持ちを尊重し，**「しつけ・教育」というより発達の「支援」，そして「子育て」というより「子育ち」の支援**という発想になるのです。

　こうした発想は，必ずしも子どもにおもねるといった，いわば"子ども中心主義"的なものではなく，子育てや教育を行なううえでより自然で，かつ効果の高い結果を生み出すもの，という考え方に基づくものでもあるのです。

（2）発達をどう理解するか：発達心理学の視点

最近の発達心理学では，以下のような視点の下に，発達という現象をとらえようとしています。

① 子どもが生誕前後に示す生得的能力の吟味

近年の発達心理学に関する知見は，ピアジェ（1978）や同僚のインヘルダーとの共著（1966/1969）に見られる「発生的認識論」に代表されてきたといえます。彼の一番の貢献は，**"認識は，主体である子ども自身が，生誕直後から外界の対象に対して能動的に働きかけることを通してのみ獲得され，発達していく"**という相互作用論の確立でした。これは，一方では生物学的要因に力点をおきすぎる成熟優位的な発達観，また他方では学習・経験要因に力点をおいた環境優位を主張する発達観という両者の対立を克服して，成熟（生物学的要因）と学習・経験（社会文化的環境要因）の相互作用的性質を体系的な発達理論として定式化したものです。

ピアジェはこの観点から，認知発達の前提としての子どもが生まれながらにもつ生物学的有能さ，すなわち生誕直後から外界の対象に積極的に働きかけて新しいことを身につけていく効率の高い学習能力の存在を強調することになります。このような生得的有能さが発達の出発点にあることは，コーエン（1979/1981）らの研究が示すように，その後の新生児・乳児研究においてさまざまな形で実証されてきました。

② 子どもの有能さの発揮条件

子どもの有能さについては，その後の幼児期においても，ピアジェが想定したよりずっとダイナミックに有能さを発揮し続けていることが発見されてきました。たとえばゲルマン（1979/1981）は2歳半の子どもについて，ピアジェ理論でいえば就学期（具体的操作期）に可能となると考えられていた計数能力についての検討を行なったのですが，通常のテスト的な課題場面ではなく，子どもの日常生活の中での親しみのある具体的な材料を用いての計数活動を観察した結果，子どもたちは計数の原理（一対一対応，安定した順序性，基数，抽象化，順序の無関連性）を十分理解しており，必要なときには計数の原理を使うことも，数的に理由づけすることもできることを見出したのです。同時に，課題場面でうまくいかないことがあるのは，原理を適用できる集合の大きさが限られていることや，使える計数リストは通常，年長児や大人が使っているもの

とは違っていたりするためであることも発見しています。たとえば，一対一対応の原理は理解していても，2つの物体を「ふたつ，むっつ」，3つの物体を「ふたつ，むっつ，とう」などと数えることがありうるのです。しかし，何度数えさせても繰り返しそうした自己流のリストの順序を間違えずにちゃんと数えるし（安定した順序性の原理），全部でいくつと問われると，ちゃんと最後の数をいう（基数の原理）というように，計数の原理は間違いなく用いられているのでした。

③ 何が発達するのか，の吟味

しかし，ここで大事なことは，それでは認知能力において就学前児は年長の子どもや大人と同じだ，あるいは極端な言い方をすれば「子どもは小さな大人である」と考えてよいのかということですが，これについては先のゲルマン自身は非常に慎重に考えています。

ゲルマンが示した幼児の有能さの証拠にもかかわらず，課題場面での配慮がない限り，年少の子どもは相変わらず課題解決には失敗するのですが，年長児はそのような配慮がなくても成功する率が高いのです。そして課題が複雑になればなるほど，そうした年長児と年少児の差は大きくなるのです。

このことは何を意味しているのでしょうか。ここでシーグラー（1978）は「何が発達するがゆえに年長児は課題場面でいかんなくその能力を発揮できるのか」という問いを出して考察しています。具体的には，課題解決に慣れること，それにしたがって集中力や注意の幅が広がってくること，さらに，"一度にたくさんのことを憶えるには，いくつかにまとめて憶える方が楽になる"といったハウ・ツー的な知識（メタ認知能力といい，自分自身の認知過程の統制に関する知識を指す）を獲得することなどがあげられていますが，いずれも，有能さの使い方に関することであり，有能さそのものが発達するわけではないと言っています。

ゲルマンもそれらを受けて，「幼児の能力の発揮を妨げている条件の分析こそが，発達の本質を明らかにしていくことになる」と述べており，**"幼児のもつ有能さが広い範囲にわたって発揮できることが発達である"** と考えています。このように，年少段階で能力の発揮を妨げている条件は何か，を考えることにより，同時に，発達に対する教育，あるいは社会的，環境的要因の影響について明らかにしていくことが必要だという認識が高まってきました。

④ 有能さの発揮条件としての教育的，社会的，環境的要因の影響の解明

　そこで注目されたのがヴィゴツキー（2001）の理論でした。彼は，認知発達は単に，子どもが有能であるだけでは起こらないと考えたのです。有能さは，周りの人々との密なコミュニケーションをもとにした，彼らとの共同作業（コラボレーション）のなかで，すでに成長している大人や年長児に支援を受けて初めて十全に発揮されることを発見しました。事実，トマセロ（1999/2006）は，すでに0歳台において，子どもの方から養育者に対し，そうした共同作業を行なうことを求めていることを実証し，ヴィゴツキーの知見・理論を支持しています。その意味では，**生物学的有能さの発揮が認知発達を推し進めるが，その発揮には大人の教育的な支援状況が必要である**と考えられるようになってきました。それだけに，どのような支援の方法がより有能さを発揮させることになるのか，という吟味が重要になってくるわけです。大人との積極的なコミュニケーション，コラボレーションの成立が鍵となると考えられています。

⑤ 発達と学習の過程の吟味

　さらに，最近の発達心理学が焦点化していることの一つに，発達心理学は方法論として発生（発達）的接近法の採用を主張するということがあります。これは，たとえば人間（おとな）の認知能力を明らかにするとき，認知能力そのものが成立していく変化過程のなかにその本質があるという前提で，乳幼児，児童，青年期に至る変化過程および，子どもやおとなを対象とした短期の認知の変容過程（学習過程）を吟味するわけです。それは，認知能力というとき，単に，ある一時点で"どういうことができるか"ということを知能検査や認知検査で調べるのではなく，できない段階から，できるようになっていく段階への変化過程を追うことで，先述した"できないのはなぜか，できるためにはどういう条件がそろう必要があるのか"などの知見を得ることが必要だと考えるからであります。

⑥ 発達の個人差，年齢差，文化差のとらえ方の再考

　このため，発達心理学は，先述したような発達の出発点における優れた有能さを前提に，これを最大限に発揮させうる教育的，社会文化的環境条件のあり方を吟味する方向へと進んできました。そこでの前提として，人間として生まれてきたからには，生誕時の生物学的有能さは基本的には個人差はないと考えますが，これを発揮してさまざまな知識，技能，態度などを学習しながら発達

を遂げていく過程を支援する条件の違いにより，発達の個人差は生誕直後から生起してくると考えるようになってきました。その意味では，再度の確認となりますが，以前考えられたような**天賦の才のような生まれつきの個人差は，基本的には存在しない**と考えるのです。

　また，発達というと経年的に成熟してくることによる差と考えられがちだったのですが，これも，年齢がたつと有能さの発揮を支える支援条件が違ってくることによる学習成果の中身の変化によると考えるようになってきました。たとえば，学校で学習するようになると，それまで身体的，感覚的に学習をしてきた側面の強い知識を，言語を使った論理的な枠組みで再構造化するような教育を受けるため，論理的思考が発生してくるのだと考えるのです。その意味では，年齢差に基づく発達差も広い意味では個人差と考えるような傾向が出てきました。同様に，生誕した文化圏による発達差（文化差）も，やはり個人差の一種と考えられるわけです。

　このように，狭義の個人差，年齢差，文化差が生物学的有能さを発揮する条件によって生起してくるということになりますと，**個人差そのものは教育，環境のコントロールの範囲にあることになり，学習の支援条件を変えれば，割合容易に変化する**ということになります。事実，文化的疎隔児（貧困層の文化圏で育ったために発達が遅れた子どもたち）が，そうした条件を変化させることによって学校学習的枠組みで支援された結果，就学直前の1年でそれまでの3，4年分の遅れを取り戻したうえに，1年分以上追い越したという驚異的な現象が米国の補償教育の実践で多数報告されているくらいです。

⑦ 発達にかかわる障がい児・者のとらえ方の再考

　以上のような発達にかかわる考え方の変化は，障がいをもって生まれた子どもに対する考え方にも変化をもたらしました。以前は障がいは能力の欠如と考えられがちであり，そのため健常児に追いつけないのは当然で，障がい児教育は，健常児が身につけていく知識，技能，態度を訓練によりできるだけ身につけさせて，社会参加を少しでも可能にするということに終始していたのです。しかし最近では，生物学的有能さを障がいのために十分発揮できない状況にある子どもたちと考えるようになりました。そのため，基本的には障がいを早期に発見して，どのようなバイパスを作って支援すれば少しでも有能さを発揮できるようになるかという支援体制作りに重点が移ってきています。そのうえで，

障がいに基づく発達の遅れも個人差としての発達差ととらえ，障がい児それぞれの独自的発達の姿を尊重する方向性も出てきているのです。

　⑧　生涯にわたる発達過程の吟味

　以前の発達心理学では，発達を子どもから大人になるまでの変化過程ととらえてきました。生物の成長過程をモデルとして，大人を人間の完成体ととらえたからです。しかし，これまでも述べてきたように，発達は，出発点の生物学的有能さ＝学習能力を基盤として，それを発揮することで生起する過程，すなわち生活の中での環境適応・創造活動という，広義の学習活動によって起こる生涯にわたる変化過程としてとらえられ始めてきました。**人は生活を続ける限り，生涯，発達し続ける**存在であるととらえるわけです。その意味では，発達というのは，大人になるまでの過程に限定しても，新たな生活の場に遭遇することで，それまでの発達＝学習の産物を捨て，新しい学習を始める，いわば衰退と増大の両方を含む過程と考えられるようになってきています。

第2節　発達心理学から見た有効な子育て支援

　発達心理学の視点や理論から見た有効な子育て支援のあり方は，基本的には，**子どもがもって生まれてくる認知・学習能力のメカニズムを最大限に発揮させる場をどのように設定するか**，ということと，**その認知能力を向ける対象に関してどのように方向づけを行なうか**，ということになると思います。

　以下に，上記の2点にかかわる理論と，そこから導き出される子育て支援における重要な視点について述べてみましょう。なお，ここで扱う理論は，発達心理学の創始者とも言うべきピアジェの認識発生理論と，発生にかかわる教育，社会文化的環境要因の機能を定式化したヴィゴツキー理論であり，発達心理学の中では二大メタ理論と称されているものです。

(1) ピアジェの均衡化理論に基づく子どもの有能性の発揮条件
　①　発達のメカニズム：同化と調節の「均衡化」理論

　ピアジェによれば，子どもは生誕直後からすでに生まれつきもっている行動体制（たとえば吸飲反射など），およびそれに基づいて新たに獲得したより複雑な行動体制を基盤として，積極的に環境に働きかける存在であるというので

子どものシェマ	〈同化・調節作用〉	環境の反応
生まれつきもっている行動体制（口にものが触れると吸う）	乳首に触れて受身的に吸う（同化） →	母乳を出す
吸うとお腹がふくれるという行動体制（シェマ）が獲得される	← 乳首が口に触れると母乳を求めて吸う（調節）	
あるものは吸ってもお腹のたしにはならないという行動体制（シェマ）が獲得される	空腹時，毛布が口に触れても母乳を求めて吸う（同化） → ← お腹がすいても毛布は吸わない（調節）	母乳を出さないで独特の感触やにおいを出す

←新しいシェマの獲得

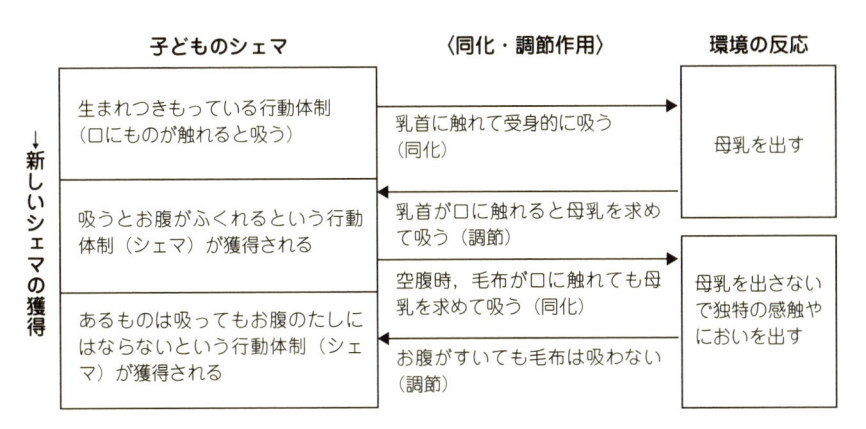

図1-1 同化・調節作用の例 (ピアジェ・インヘルダー，1966/1969から作成)

す。図1-1は，この働きかけのあり方を図式化したものです。ピアジェは子どもが環境に働きかけるときの行動体制を一種の知識ないし情報ととらえてシェマと呼ぶのですが，子どもがこの**シェマ**（たとえば，ものが口に触れると吸うという知識）を外界にあてはめる「**同化**」作用を行なうと，乳首からはシェマになかった予想外の母乳が出てくるわけです。すると子どもはすぐに同化に使ったシェマそのものを修正したり，新情報を追加したりする「**調節**」作用を行なって新シェマ（ものが口に触れて吸うとお腹がふくれる）を獲得します。そしてそれ以降は，何か口に触れれば母乳を求めて吸うようになるのです。

しかし，新シェマの同化がうまくいかない（お腹がすいて吸えるものを探しているうちに，毛布が口に触れて吸うが，母乳が出ないで代わりに独特の感触やにおいを経験する）と，やはりすぐにそのシェマを修正＝調節して，さらに新しいシェマ（お腹がすいても毛布のような感触やにおいのするものは吸わない）を構築し，乳首と毛布は異なるものであるという弁別的知識を達成するのです。

このように，同化と調節の働きは個々独立に起きるというのではなく，同化作用が起きるときは，同時に調節作用が起きて，次々に新しい知識を獲得していくわけです。ピアジェはこのような同化と調節の表裏一体的働きに基づく知識獲得＝学習活動を「**均衡化**（同化と調節のバランスをとりながら知識を獲得していく働き）」と呼んで，認知発達の重要なメカニズムと位置づけています。

こうして子どもは，外界の刺激を1つの課題として積極的に課題解決（新知

識獲得）していくのですが，それは，均衡化の過程を通して既存の知識（シェマ）を発達・分化させ，さらに複数の知識間の関係づけ（協応）を行なって論理性の高い知識＝認知構造を形成していくことになるのです。これがピアジェの想定する発達の中身なのです。

　均衡化およびそれに基づく認知構造の形成は内的な成熟を前提としますが，結局，子ども自身のたえざる環境との相互交渉に依存するわけで，いわば主体（子ども）と客体（環境）との相互作用のもとに認知発達が展開していくわけです。

② 均衡化のメカニズムから導き出される有効な支援法

　認知発達理論は子どもの側，すなわち子どもの立場から外界をとらえるという基本的な視点をもっています。いわば子どもがもつ強力な能動的な学習装置をもとに，それを発揮して，自ら発達していくという能動的な子どもの姿を描いているわけです。それだけに，子育てにあたっては次のような点を中心に行なわれる必要があると考えられます。

　ⅰ）まず，子どもの学習意欲をかき立てるような対象を環境内に準備することです。

　ⅱ）子どもが対象に働きかけたら（「同化」活動），その対象そのものについて即座に反応することです。この反応により自分が同化したときに考えていた知識（シェマ）を修正して，新しい知識を獲得する（「調節」活動）ことになるからです。

　このような子育て支援システムをハント（1961）は「**応答的環境**」と呼んでいます。そこでは子どもの既存の知識に関連づけた，しかし少し新しい情報をもった対象が子どもの学習意欲（好奇心）を最大限に喚起することになります。また，そうした対象が子どもの働きかけに対して即時に反応することで，子どもは少し新しい部分を即座に獲得することになるのです。ハントは，こうした対象の典型として，「応答的おもちゃ」という形で粘土，描画材料などをあげ，子どもが働きかけるごとに，いつも微妙に反応が異なることの重要性を説いています。パターン化した電動おもちゃはすぐに飽きられるのに，これらは常に新しい情報を提供し続けるので，子どもの活動も長続きするのだというのです。

　以上のように，ピアジェは基本的には，**子どもの「育つ力」，すなわち子どもが積極的に外界に働きかけて，その反応を得て，自ら賢くなる状況**をダイナ

ミックにモデル化したのですが,環境の方からの積極的働きかけ,すなわち周りの大人によるしつけ・教育の役割には言及しませんでした。というより,大人のそうした働きかけは子どもの均衡化活動の足を引っ張るとさえ見ていたのです。そのため,支援は子どもが積極的に働きかけ,応答する環境を準備することに限定していました。

(2) ヴィゴツキーの文化的学習＝発達理論に基づく子どもの有能性の発揮条件
① 発達の3要因と文化的発達の一般的発生原理

子どもの発達の状況を見ますと,ピアジェの考えには確かに一理あるのですが,実際には,子どもの周りには大人からのしつけ・教育といった働きかけが多数みられます。それらはすべて排除されるべきなのでしょうか。子どもの足を引っ張る以外の積極的な意味はないのでしょうか。

実は,子どもの発達には社会,文化,あるいは教育との関係が必須であるとして,両者を積極的に正面からとらえる最初の試みを行なったのがヴィゴツキー（1970, 1975, 2001）でした。彼の基本的立場は**子どもの発達を文化獲得ないし文化的学習としてとらえる**ところにあります。

ここで文化とは「歴史−文化的」に形成されてきた「人間および対象の世界」であり,子どもがどのようなことを身につけるのかを決める「（発達の）**源泉**」となるというのです。しかしそれらは子ども自身によって（ピアジェが想定したように）能動的に獲得していく活動があって初めて身につくわけで,この子ども自身の力を「（発達の）**原動力**」と呼んでいます。この2要因までは,ほぼピアジェの考えに共通するものですが,ヴィゴツキーの立場で重要なことは,発達の源泉と原動力のみが発達を推し進めていくのではなく,「（発達の）**条件**」としての,大人による,大人と子どもの社会的相互交渉過程を通しての,「人間・対象世界（源泉）」と「子どもの能動的獲得活動（原動力）」の間の相互作用を有効に媒介する,あるいは支援する要因の存在を発達に必須のものとして位置づけたことにあります。この発達の3要因は,発達においてどれも欠けてはならないもので,これを**ヴィゴツキーの三角形**（三項関係）と呼んでいます（図1−2参照）。

3要因の働き方は次のようになります。子どもは,通常,自分だけで周りの環境を探索するには多くの場合制約を受けていますので,はじめはすでに文化

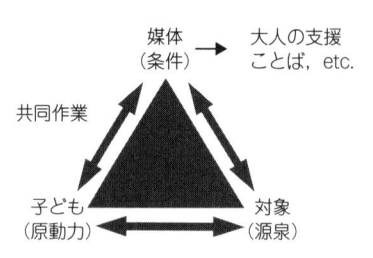

図1-2 発達の3要因（三項関係）（ヴィゴツキー，1975から作成）

を獲得している大人との社会的相互交渉（コミュニケーション）を通して，共同作業（コラボレーション）なり，支援を受けながら環境の獲得活動を行ないます（これを**「精神（人間）間機能（活動）」**といいます）。しかし一度，そうした大人との共同作業や支援で機能する精神活動が達成されると，子どもは大人を自分自身の内面に引き込んで，大人との共同作業そのものを自身の内面で行なうようになるというのです（これを**「精神内（子ども内）機能」**といいます）。まさに，外から見ると子どもひとりでやっているのですが，子どもにしてみれば，あくまで，頭の中の大人に援助を受けながら共同作業を再現（復習）しているに過ぎないわけです。ヴィゴツキーに言わせれば，この二重過程こそが子どもが外界の対象を身につける基本的な手段と考えるわけです。彼は，このような過程を，「一つの課題解決が，最初は社会的場面で，のちに個人内場面において，最低二度起こる」という形で定式化を行ない（これを**「文化的発達の一般的発生原理」**と呼んでいます），発達の社会的起源性を強調するわけであります。

　以上のようにヴィゴツキーは，認知機能は元来社会的なものであり，それが次第に個人的なものへと内面化されていく過程を認知発達とするのですが，その意味でも認知発達は，先行世代の人間の活動と認識が凝縮されている歴史－文化的環境とは切り離すことができないものになるわけです。しかも子どもの活動は決して環境に対する受動的な適応過程ではなく，能動的な獲得過程－再生産過程であり，自己のものにすることによって再構築・発展を可能にするものといえましょう。そしてこの子どもの活動を支えるのが大人による「環境と子ども（の活動）の間を媒介する」教育的活動であるというわけです。

② 文化的発達の一般的発生原理から導き出される有効な支援法

　ヴィゴツキーが重要視した第3の要因である大人の子どもに対する教育的活

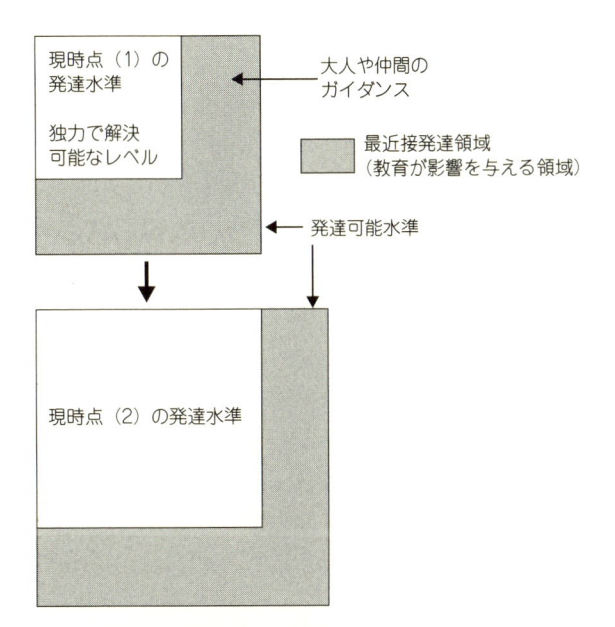

図1-3 最近接発達領域の発展 (ヴィゴツキー，1975から作成)

動については，次の2つの重要な考え方が示されています。

a. 教育の先導的役割（ZPD理論）

　一つは「**最近接発達領域（ZPD）理論**」といい，大人－子ども間の相互交渉過程を通しての大人による教育的活動と子どもの発達との関係を明らかにした概念です。もともとは，成熟と学習の相互依存的関係を表すモデルとして考えられ，問題解決場面において子どもが独力で解決可能なレベル（現時点での発達水準）のほかに，大人ないし認知的により有能な仲間のガイダンスのもとで可能となるより高度なレベル（潜在的な発達可能水準）を仮定し，この（2つのレベルに囲われた）付加的な範囲を最近接発達領域と呼んで，教育が影響を与え得る部分はまさにここにあると主張したものでありました（図1-3参照）。つまり教育の本質は，子どもが成熟しつつある領域に働きかけるところにあり，したがって，教育的働きかけにより発達の可能水準が現時点の発達水準へと変わると同時に，新たに発達可能水準が広がるという意味で，教育（学習）は成熟に依存しながらも，常に先導的な役割を果たすものと考えられたのです。

　この概念は「より有能な大人や仲間（社会的相互交渉の参加者）が，子ども

一人ではできない活動にその子どもが参加できるよう，子どもとの相互交渉を構成する方法を示したもの」としてとらえることができます。最近接発達領域は大人や仲間の手助けを受け入れて問題解決が可能になる部分ですが，その相互交渉過程は，最初，大人の援助でのみ解決可能であったものが，その意味で課題解決に対する共同作業（活動）における大人の責任が大きい状態から，徐々にその責任を子どものほうに分担させられるようになり，ついには子ども自身で問題解決の責任をすべて担うことができるようになるという過程をふむのです。この概念を通してヴィゴツキーは，子どものもつ生物学的有能さを考慮に入れたうえで，真に有効な子育てや教育のあり方は，大人との共同作業を通して，大人による課題解決モデルやヒントの提示，あるいは励ましなどで支援を受けながら，子ども自身に意欲的に学んでもらうことであると説いているのです。

b. 記号的媒介の役割（言語と思考）

　もう一つの教育的活動に関する重要な視点は，認知能力の形成に果たす「言語」の役割についての見解です。大人－子ども間の相互交渉において，その相互交渉の手段には主として言語が使用されるか，少なくとも言語がともなっていることが大部分です。言語はその点で，社会的に学習されるものです。また，言語は先行世代の人間の認識を凝集した，いわば文化の表現形といえるもので，言語を学習することは，とりもなおさず文化獲得を意味するものといえるわけです。その意味で認知発達と言語は切り離せないものと考えられています。とくにヴィゴツキー学派は，認知発達におけるこの言語機能を重要視しており，最初，他者とのコミュニケーションの手段として機能していた言語が，次第に内面化されて（これを内言という），自分自身の中でのコミュニケーション，いわば自己内対話が行なわれるようになり，これが思考や自身の行動の統制機能の重要な手段となるとしています。もちろん思考や行動統制機能は最初から言語に依存しているわけではないのですが，言語がそれらの手段となると，それまでの感性的，具体的な概念が再編され，より一般化された概念となり，大人の認識に近づいていくことになるのです。

　ヴィゴツキーのこうした考え方からは，あらためて大人と子どもの豊かな言語的コミュニケーションを通した共同学習の重要性が強く示唆されるところです。

第3節　発達上の問題と対応

(1) 発達上の問題はなぜ起こるか

　人間の個体発生，生涯にわたる発達の過程は，トマセロ（1999/2006）が指摘したように"系統発生的に制約を受けた生物学的要因と，社会・歴史・文化的制約要因との相互作用の過程の産物である"という認識はかなり一般的になってきました。確かに，両要因がどのように影響しあっているのかについてはまだ解決されていない側面もあるのですが，現段階では，普遍的な生物学的要因を基盤とした「育つ力」が十全に発揮できるよう支援する社会文化的要因，すなわち「育てる力」のあり方に依存して，認知発達そのものは個人差，年齢差，文化差が容易に形成されていく相対的な過程である，と考えておいてよいと思います。

　この観点からは，認知発達上の障がいも，一つには生物学的要因のトラブルととらえて対処する側面は必須なのですが，それは系統発生の過程で進化した，健常児と共通する生物学的有能さそのものの欠落ではなく，有能さの発揮を制約している生物学的要因ととらえるべきでしょう。そのうえで，社会・歴史・文化的要因に基づく有能さの発揮条件の整備によって生物学的要因に基づく制約を軽減し，とにかく**有能さの発揮経験を積ませていくこと**が障がい児教育の本筋と考えられるようになってきています。

(2) 障がい児の発達の様相（段階）のとらえ方

　障がい児の発達を考える場合は，生物学的有能さの延長としての普遍的，全体的な発達段階説をとるピアジェ理論に対し，有能さの発揮条件を重視するヴィゴツキー理論が有効な説明を導くと考えられています。彼が相対的な発達観に立っていることは先述しましたが，ヴィゴツキー理論に立つ米国の発達心理学者ワーチ（1991/1995）は，社会文化的な生活条件に基づき，思考様式を媒介するさまざまな（文化的）道具（媒体）の利用可能性に依存して，発達する領域や順序が変わってくると考えています。当然，発達の到達地点も異なってくることになります。発達が普遍的に見えるのは，社会文化的条件が類似している人たちを観察してきたからだというわけです。とりわけ学校教育はその類似

性を高める典型的制度であるとし，そこでの情報伝達方式，コミュニケーション様式の特殊性により，それらを思考の道具とすることで科学的概念，あるいはピアジェの言う論理的，操作的思考が達成されると考えるのです。逆に，そうした経験がない人たち，あるいは学校制度に合わない人たちはこの方向への発達は見られず，そのかわり，生活概念的な別の思考様式が獲得されることになりますし，また，学校を卒業して学校学習的なことから遠く離れた形で職業生活を送る人たちも，新たな生活概念をもとにした新たな思考様式へと変容していくと考えるのです。

　以上のような観点からは，障がいをもち，学校教育を十分に受けられなかった場合には，しかし，障がい児独自の発達を積み重ねていくわけで，この点を尊重した子育ち支援，子育てを行なっていくことの重要性が強調されることになります。

（3）発達上の問題への対処に対する基本的な構え

　以上のような発想に基づくならば，ピアジェ理論の場合だと，平均的な通常の社会文化的経験をしている健常児を基にした発達段階を普遍的な基準として障がいのあり方が査定され，それを欠陥としてとらえたうえで，その欠陥部分を埋める方向で対処が進められることになります。これをヴィゴツキー派の教育心理学者サロモン（1972）は「**治療モデル**」と呼んで，伝統的な教育，子育てのあり方と位置づけつつ，教育の効率からいっても，目先の効果を求めるとき以外は有効ではないと指摘しています。

　しかしヴィゴツキー理論の場合は，障がいは単に生物学的な原因だけでなく，社会文化的な道具の利用可能性の違い（平均的な人から見たら欠如）に基づく部分があると考えます。そこで平均的健常児が利用している道具が使えなければ，それに代わる代替道具を準備し，利用させることで健常児と同じ方向を達成するよう働きかけることになります。このような対処法をサロモンは「**補償モデル**」と呼び，少し長い目でみれば，先の「治療モデル」に基づく教育効果をしのぐものと考えています。とくに教育場面に乗ってくることそのものが困難な状況を示すことが多い障がい児の場合は，こうした対処法にならざるを得ない，ということにもなるわけですし，彼らの発達を達成していくうえでは大変自然な条件を準備しているといえましょう。

そのうえ，実はヴィゴツキー派の考え方の真骨頂は，障がいそのものを障がい児の独自性ととらえ，彼らが，健常児とは異なるどのような道具を利用して思考しているかを見つけることにより，それを最大限に促進させ，現在の段階ではあえて健常児が進む方向を求めないという対処をとり得ることなのです。このような対処法を通して，**子ども自身にたっぷりと成功感と自尊感情を身につけさせる**ことで，自らの生物学的有能さを，自ら必要と思ったときに，自ら十分に発揮することを狙っているのです。このような発想をサロモンは「**最恵モデル**」と呼んで，子どものもつ有能さを最大限に発揮させる最も有効な対処法になりうると考えています。

　「最恵モデル」は，障がい児教育の領域がその発信源の一つとして，その成果が確実に蓄積されつつあるのですが，これは何も障がい児への対処法にかぎられるものではありません。21世紀の現代において，異文化コミュニケーション能力の向上が叫ばれている健常児の教育指針としても重要視されてきていることは忘れてはならないと思います。

（4）査定・対処にあたって

　健常児の発達補償はいうまでもないことですが，障がい児に対する査定・対処にあっては，障がいの種類にも依存しますが，可能な限りピアジェ，ヴィゴツキーの両理論を目的に応じて選択あるいは併用し，対象者に最も適切な査定・対処を常に模索するという態度で実施していく必要がありましょう。たとえば，IQ検査をはじめとするさまざまなテストが基盤とするピアジェ型に近い理論に基づく尺度を，しかも単一で使用するのではなく，少なくとも2つ以上の尺度で，できれば両理論に基づくものの使用を通して，複数の基準により総合的に査定，評価することが求められます。また，対処にあたっても，対象者にだけ集中するのではなく，同時に周りの環境の調整をはかっていくことが必要になります。サメロフ（1993）が指摘するように，小児医学のような分野でも，症状を単一要因だけで説明するという風潮は薄れつつあり，生物学的要因と社会文化的要因という複数の要因の観点から診断し，治療するという複数要因アプローチが一般的になりつつあるのです。

　このように発達心理学においては，複数理論に基づく，複数の査定・対処をとることで，逆に，発達理論そのものの吟味を深めつつあります。子育て支援

から発せられた情報に基づき，認知発達の多様性をより広く，現実的に説明できる統合的な理論を再構築していくことが期待されているのです。

● もっと学びたい人のための読書案内

東洋（1994）『日本人のしつけと教育：発達の日米比較にもとづいて』（シリーズ人間の発達 12）東京大学出版会

東洋・柏木惠子・ヘス, R. D.（著）（1981）『母親の態度・行動と子どもの知的発達：日米比較研究』東京大学出版会

バーク, L. E. & ウインスラー, A.（著）田島信元・田島啓子・玉置哲淳（編訳）（2001）『ヴィゴツキーの新・幼児教育法：幼児の足場づくり』北大路書房

コール, M. & スクリブナー, S.（著）若井邦夫（訳）（1982）『文化と思考：認知心理学的考察』サイエンス社

レイヴ, J. & ウェンガー, E.（著）佐伯胖（訳）（1993）『状況に埋め込まれた学習：正統的周辺参加』産業図書

ルリヤ, A. R.（著）天野清（訳）（1982）『言語と意識』金子書房

三宅和夫（編）（1991）『乳幼児の人格形成と母子関係』東京大学出版会

中村和夫（1998）『ヴィゴツキーの発達論：文化－歴史的理論の形成と展開』東京大学出版会

田島信元（2003）『共同行為としての学習・発達』金子書房

第2章
教育心理学からの子育て支援

第1節　教育心理学という学問

　子育てを考えるとき，子どもの教育は親の関心の中心的な位置を占めるでしょうし，幼稚園や小学校，そして中・高・大と続く学校教育は私たちの社会での教育的活動の大きな部分を占めています。そこでの実践は見方を変えれば，子育て支援として見ることもできるでしょう。教育心理学と子育て支援について考えるにあたって，教育と心理学との関係から見ていくことにいたしましょう。

(1) 学校教育と心理学

　教育と心理学との関係は19世紀の教育学者ヘルバルトによってすでに指摘されています（東，1982）。彼は教育学の学問的体系化を目指し，教育の目的は倫理学（実践哲学）によって，教育の過程・方法は心理学によって基礎づけられるとする理論を展開しました（佐藤，1996）。この時代には，ドイツのヴントに始まると言われる近代的な心理学はまだ生まれていませんが，彼が参照したのは，ロック，バークリー，ヒュームと連なるイギリスの連合主義の立場であったと考えられます（サトウ・高砂，2003）。そして独自の表象心理学を打ち立て，「直観から概念へ」と言われるペスタロッチの認識過程に関する理論を発展させて，対象に没入する興味の過程としての「専心」から，複数の表象を総合し，一般化する「致思」の過程へと段階的に進む教授過程の理論として，「明瞭・連合・系統・方法」の4つの段階を定式化しました。ヘルバルトの時代は，産業革命と市民革命を経て国民国家の時代が始まったところであり，近代的な学校制度によって，明治以降の日本であれば「富国強兵」を担う国民の育成が求められ，義務教育である小学校の設立と，その教師を師範学校で養成

するシステムが機能し始める時期でした。このような時代背景のなかで，ヘルバルト自身は子どもの興味を基礎として一般的な概念の獲得過程を導く教授過程を構想したのですが，その後のヘルバルト主義と呼ばれる後継の研究者たちによって5段階教授法へと拡充されていくうちに，本来の子どもの興味を基礎とする部分が失われ，ラインによって提唱された「予備・提示・比較・統括・応用」では，単なる教授上の手続きを規定する形式的段階を表すものとなりました（柴田・山﨑，2005）。

ヘルバルトの教育学は，日本も含めて世界中の学校や教師に取り入れられ，基本的な理論となりました。そして，これに基づいて実際の授業が計画・実施されるなど，多大な影響を与えました。半面，この方法の普及が授業の定型化を招き，形式的な授業の展開が至上の課題となって，教室で学ぶ子どもたちの現実から乖離していったとする批判もまた一般的です（稲垣・佐藤，1996）。

注目すべきは，学校は造り出された当時から，個性重視が叫ばれる現在に至るまで，**多数の子どもから成る学級集団に対して，一人の教師が一斉授業の形態で教授活動を行なうことを基本としてきた**ということです。教員養成もそのような仕組みを前提として，必要な教育に関する知識や技能の養成を図り，それに応えてきました。このことは，義務教育の規模の大きさに対応しつつ，均質でレベルの高い教育を実現するために必要不可欠であったと考えられます。いっぽうで，高等教育を受ける人が同世代の50％を超えて「大衆教育社会」（苅谷，1995）とも言われる現在，ようやく大きな転換点に立っていることもまた明らかです。

このような歴史的経緯に見られるように，教育心理学はもともと学校における教育実践と強い結びつきをもっていたはずなのですが，昨今では，教育実践にはあまり役に立たないと批判され，「不毛」とさえ言われているような状況になっていることもまた事実です（高野，2003）。このことの背景には，一つには上で見たような学校教育内部での「定型化」と批判される独自の発展ゆえに学校の外部との風通しが悪くなってしまったこと，半面，現代になって「教育の科学化」というスローガンのもと，教育という現象の科学的な基礎づけがさらに強く求められ，方法の側面に対する教育心理学への新たな期待が，以前と比べても格段に高まったことに対する裏返しという事情もあるのでしょう。

たとえば，かつて科学的な教育方法として注目されたものの一つに，プログ

ラム学習・プログラム教授法がありました（モンモラン，1974）。学習心理学の理論の一つであるオペラント条件づけと行動形成の理論を，教室での学習に応用すべく開発された教授法でした。ちょうど「教育課程の現代化」の思潮のもとで，新しい理科や数学の教科書やカリキュラムの開発の動きが活発であった時期と重なり，また教育方法の領域で，教育工学という新しい分野の開拓とも相まって，プログラム学習も世界中に広がっていきました。1960年代末当時，私は農村の中学生でしたが，1学期間，数学の代数の分野をプログラム学習によって学んだ記憶があります。図書室に設えられた学習機器とテキストを使って，個人のペースで学んでいく経験をしました。学校や先生方のあいだでどのような評価だったのかは知るよしもありませんが，ほんの短い期間で終わりになり，もとのとおりの平凡な数学の授業に戻ったことだけは確かです。

　ただ，プログラム学習の考え方はその後も発展し，コンピュータや情報科学の発展にも後押しされて教育の可能性を大きく開いていきました。教育工学の領域では，CAI（コンピュータ支援教育），そしてその後のインターネットの普及にともなうネットワーク化による教育技術の開発と学校への導入の試み，情報教育そしてe-ラーニング[1]の展開などはこのような流れの先にあるものです。また，現在普及しているパソコンやインターネットを使用した学習プログラムやソフトウェアは大なり小なりこの考え方に基づいて作られているといっても過言ではないでしょう。学校以外の教育も含めて，それらのソフトによって学んでいる子どもたちは膨大な数にのぼると見られます。

　いっぽうで，このような動きは決して学校教育の主流にはなりえていませんし，なかでも教室で行なわれている通常の授業にはあまり取り入れられてこなかったこともまた事実です。その原因の一つは，先にも見た学級集団に向けての一斉授業を基礎とする定型的な方法に対して，これらの教育が個別学習を基礎とし，子ども個々の学業達成を各々管理しようとする発想に導かれている点にあるのではないかと思われます。

　その後も，情報処理的アプローチの発展にともなう認知科学，そしてヴィゴツキーの理論の見直しと新たな発展にともなう社会・文化的アプローチ，そし

---

[1] 教材・学習材と学習者を結び，学習の管理を行ないながら，必要に応じて，教師と学習者，また学習者相互のコミュニケーションを促し，教育活動・学習活動の全体を，コンピュータとネットワーク上で支援するシステム。

て脳研究の発展など，教育心理学とその周辺における学問の発展が，その都度教育に対する新たな影響を及ぼし続けています。しかしそのことへの現場の教師たちの評価は概して低い，というのが相変わらずの現実のようです。

　なぜこのような状況に至ったのかに関する分析の一つとして，心理学研究の領域のなかで，教育心理学は（一般）心理学を基礎とした場合に，その応用分野であるとする考え方に問題があったとの指摘があります（東，1989）。確かに教育心理学は，方法的に厳密さを緩めざるをえない場合があります。というのも，現実の事象はさまざまな制約のなかで生じるからで，教育の現象には，心理学的研究のなかでは統制できない制約もまた数多く含まれています。その結果，研究の結果として得られる結論も抽象度の高いシンプルなものとは限りません。往々にして，さまざまな留保のつく一般化の範囲の狭いものである嫌いがあります。にもかかわらず教育心理学の研究が必要なのは，教育実践が日常的な活動であり，解決に至らない問題であったとしても教師や学校は日々対応しなければならない義務と責任を負っているからです。心理学研究の方向性として「理論的結論をめざす研究」と「実際的決定をめざす研究」とがあるとして，教育心理学は後者の方向づけを強くもっていることは明らかです。どこまでが確実な理論に基づいて言えることか，可能性としてどのような対応がありえるか，について，教育現場の負託に応えることが求められています。つまり教育心理学の研究課題は教育の領域において問われている現実的な問題に発するべきということです。少なくともそのような問題とかかわりをもつ必要があります。最新の動きの一つとして，臨床教育学は「臨床」という言葉をキーワードにして，臨床心理学の影響を強く受けながら，これまでの実験心理学の系譜とは異なる角度から，心理学と教育との連携を生み出そうとしています。当然批判も受けながらですが，今後の成果を見守る必要があります（河合，1995）。

(2) 広義の教育と心理学

　ここで目を転じて，学校以外の場における教育的営みについて考えてみましょう。改めて「教育とは」と，日常的に使われている言葉の定義を述べることは容易ではありませんが，教育心理学事典によれば，「一定の歴史的・社会的状況の中で，特定の教育価値及び教育理想を設定し，それを実現するために，個人及び集団が，無力で助けを必要とする子どもたちまたは青年に意図的に働

きかけるすべての活動をさす」「言い換えれば，子どもが次第に大人になっていく過程，そして，その発達の過程を助け導いていくのが教育である」（依田，1979）とされています。教育の領域としてよく「知・徳・体」とか「知・情・意」とか言われますが，精神の発達を考える場合，知的ないし認知発達，感情・情動の発達，そして，比較的語られることは少ないのですが，意欲や意志の発達が問題となるでしょう。これらを教育という営みを通して子どもに身につけさせようとするのが人間の特質と考えられます。

　実際，人間以外の動物には教育的な意図をもって他の個体に働きかけることはないと言われます（高橋，2000）。つまり，模倣の対象となる行動の提示をなすことはありうるけれども，情報の伝達を意図して行為の要素を再構成するなどということは今のところ人間以外に確認されていないということです。もちろん，文化的な情報を安定的に維持させる社会のメカニズム，制度や倫理などの存在意義が大きいことは言うまでもありません（高橋，同上；友永・松沢，2001）。人間の発達を進化の視点から見た場合，幼児期から児童期にかけては，発達的変化の著しい乳児期と青年期前期（または思春期）に挟まれ，身体的発達が比較的緩慢に進むなかで，心理的には周囲の環境からの学習がもっとも活発になされる時期の一つです。可塑性に富む人間独自の発達的特質と言えるでしょうし，これも親をはじめとする周囲の大人たちと社会的環境に守られてのことと考えられます。

　さて，教育という営みは上に見るように人間にとって根本的である以上，学校制度が成立するはるか以前から，私たちの身近ですでに始まっていたと考えるべきでしょう。また上で見たとおり，子どもたちを一人前の大人に育てていく子育てやしつけの問題としての側面を強くもっていることは言うまでもないことでしょう。しかしその幅広さに対して，近代における教育は学校教育と密接不可分のものとなりすぎたことで，逆に視野を狭めているのではないかとも考えられます。たとえば学習への動機づけに関する研究や，集団行動に関する研究，また教師のストレスやバーンアウトの研究，また生徒の逸脱行動や障害への対応の問題など，教育心理学が，教育の質を高めることに多大の貢献をしてきたことは確かですが，あくまで学校という制度のもとでの研究という位置づけになっており，発達支援という文脈での見直しが必要であると考えられるのです。

第2節　子育てに有効な教育心理学の知見

　第1節でも見たとおり教育の領域は本来幅広く，すべてが人間の発達を導くことにかかわっているために，教育心理学は子育てに大いに関連していると考えられますが，ここではおもに**家庭や地域でのしつけと学校での教育との関係**の問題と，**学校における学業達成を促す要因**の問題にしぼって論じることにします。昨今子育ては家庭・学校・地域の連携のもとに進められる必要があるといわれていますが，これら2つの問題の検討をとおして，それぞれについて，また各々の間の関係について考察することが可能となると考えるからです。

（1）しつけと教育の関連

　しつけの問題は教育心理学ではそれとして直接的にはあまり取り扱われてきませんでした。むしろ発達心理学の領域で乳幼児期の発達を論じる際に問題とされることが多かったと思われます。それはしつけが家庭や地域での営みであり，近代学校制度誕生のはるか以前から存在したからです。しかしすでに見たように，しつけを発達の導きとなる教育的営みとして見るならば，さらに学校のみならず社会全体に教育的な営みが広がっているとの見方をするならば，この問題こそ注目されるべきと思います。研究の文脈としては社会的・文化的要因と発達との関係を論じる際によく扱われています。というのも文化によって子育ては異なる方向づけを行なっているからです。たとえば現在の私たちの社会では兄弟姉妹の間に親として対応する際に差をつけないことをよしとする考え方が広まっていると思います。いっぽう世界を見渡してみれば兄弟姉妹の出生順位によって差をつけることは多くの地域で観察されています（ロゴフ，2006）し，日本でも，つい何十年か前までは長男または家を継ぐ子どもと他の子どもとの間に，たとえば着る物や食べる物において，扱いの違いを設けることは普通でした。それを通して長子と次子以下に望ましいパーソナリティ特性の違いが形成されることさえあったのです。世界共通の制度的な枠組みをもつ学校教育についても，このような文化的な家庭のしつけの差異によって，たとえば学業達成に影響する要因において文化差があることが見出されています。

　東ら（東，1994）の日米比較において，日本の就学前の母親のしつけとその

基盤となる家庭環境の各変数は，小学校5・6年生の知的達成（知能および学業達成）と，「母親の感受性・応答性」「家庭の言語環境」「将来期待」において正の，そして「感情に訴えるしつけ方略」において負の，有意な相関を示しています。いっぽう，アメリカにおいては「権威に訴えるしつけ方略」のみが負の相関を示すにとどまっています。つまり，少なくとも日本において，**家庭環境・家庭教育の影響は学業成績に色濃く影響している**ことになります。なお，アメリカの権威に訴えるしつけや日本の感情に訴えるしつけが負の相関を示すことは，学校教育の内容を考えれば当然と言えるかもしれません。それらは，子ども本人が理性に従って主体的に行動を選んでいくことを促す学校教育，とくに理性を養うことを目標とする学習とは相異なる実践であると言えるでしょう。もともと学校と家庭との間にはそのような緊張関係があったとも考えられますし，逆に上のような結果を見ると，日本の学校教育は家庭教育との連続性をもっているのではないかとも考えられます。

(2) 日本のしつけの文化的特質

さて，日本人のしつけ方略を考える場合の鍵概念は「**いい子アイデンティティー**」と「**気持ち主義**」であると東（1994）は考えています。「いい子アイデンティティー」とは，すべての子どもに自分は「いい子」であるというアイデンティティーをもたせ，期待される「いい子」の行動様式や性格特性を自発的に身につけさせるという方略を指しています。いっぽう「気持ち主義」とは，他者または本人の主観的感情に訴えることで，そのような感情にかなう望ましい行動を導いていくもので，先に出てきた学業達成との関連の一要因となっています。このことはこれから起こることに対してどのように行動するか決める際にも，すでに起こったことに対してその評価を行なう場合にも働きます。つまり先回りして他者の気持ちを察し，行動を方向づける場合にも，自分や他人がしたことが良かったか悪かったか判断する際に，周囲の人々が同じことに対してどう思ったかによって，仮に同じ事柄であっても評価が変わってくるという場合にもです。

いずれの方略も「**浸み込み型**」と呼ばれる方法によって子どもに獲得されることが期待されています。環境，とくに人的環境が整ってさえいれば，子どもは望ましい行動様式を，主に模倣によって，自然に獲得していくと考えられて

いるのです。対立概念は「**教え込み型**」で，教えるべき知識を教え手である教師または大人が，言葉を介して学び手である子どもに伝え，身につけるように促す方法です。浸み込み型はどちらかと言えばインフォーマルな場面で，教え込み型はフォーマルな場面で，主に用いられていると考えられますが，このどちらもが家庭でも学校でも行なわれているところに注意する必要があります。

　日本人のしつけがこのような内容的・方法的特徴をもつとして，子どもに期待されることは，人々が共有している暗示的なルールやマナーを察知すること，そのために，その場に関係する人々との関係のなかに自分も組み入れること，そして，関係する人々とのコミュニケーションを通じて，集団のより中心的な一員となっていくことです。浸み込み型の教育は自然に身につけていくことが強調されていることからも，知らず知らずのうちに行動様式が変化する強力な方法であるといえます。ただし，言語的な明確さや意志に導かれた意識的な行動が重視される環境，また多様な文化が入り混じるグローバル化した世界で生きていくためには大きな困難に直面する場合もあることも考慮しておかなければなりません。

　これらをもとに，学校生活について改めて考えてみますと，学校に適応し，学業を成就するためには，学業にかかわる知的能力だけではなく，社会的行動をスムーズに行なう能力の比重が高まることになります。もともと日本における知能観は言語的・非言語的な認知能力の範囲にとどまらず，むしろ他者とうまく合わせてやっていくことや，そのために他者の考えを共感的に理解できることなどの，社会性にかかわる能力を高く評価する傾向があったと考えられます（東，1989）。上で見たしつけにおける方向づけを見るとき，この点では家庭教育と学校教育とが一貫した方向づけをもっていることがうかがえるのです。学校的な成功がその後の成功と必ずしも関連しないことは社会生活上よく聞かれることですし，研究的にもそれを裏づけるデータが蓄積されてもいるところです（スタンバーグ，2000）。しかし，学業を中心とする知的達成の範囲にとどまらず，集団生活で養われる社会性，または社会的な能力と，これまでに見たような側面に注目すれば，少なくとも日本において家庭教育と学校教育とが密接に結びついている構図が浮かび上がってくると思われます。もちろん，家庭教育が学校化しているとの指摘もあるのは事実ですが（広田，1999）。

(3) 他者との関係の重要性

次に、学業達成を促す要因について考えてみます。CAMI質問紙を用いた学業達成に対する統制感に関する研究（Karasawa ほか, 1997）では、人間の活動が行為者、目標、手段の三者によって構成されるとの活動理論に基づいて、「自己の達成の統制感」「手段の認識」「手段保有感」の3つの構成概念によって学業達成に関する統制感の構造が理論化されています。すなわち、良い成績を収めるには一般的にどのような手段が存在するか（手段の認識。具体的には努力、能力、教師、運などが下位概念として考えられます）、それらの手段を自分のものにしているか（手段保有感）、そして、具体的な手段の認識を介さずに、漠然と学業達成を成就できそうかどうか（自己の達成の統制感）の3種類の信念が統制感を構成していると考え、それぞれCAMI質問紙の具体的な項目によって明らかにしています。これを発展させたCAMI Plus質問紙を用いた研究（宮下ほか, 2000, 2001, 2002）においては、日本の子どもの学業達成を予測する要因として、さらに「周囲の期待」「教える役割」「友だちへの依存」という、他者との関係を含意する構成概念が加えられました。そのうち、「教える役割」については、CAMIの「手段保有感」の下位概念である「手段保有感：能力」とともに、小学生の学業成績のある程度（分散の約25％）を予測することが明らかとなりました（宮下ほか, 2001）。「教える役割」の内容は、「私は友だちが勉強でわからないときには教えてあげられる」「私は勉強について友だちに聞かれることがある」などの項目から成っており、他者に対して、教えるかたちでかかわることができるとする信念が、学業成績に影響するということを示しています。このことは、少なくとも自己の知的な側面に関する認識が他者との関係のなかで把握されることを示していると理解できます。しかしそれにとどまらず、教室において子どもたち同士が授業で扱われる内容について教えたり教えられたりしていることをも示唆しています。教えることは先にも見たとおり、人間の文化伝達の根本を成しており、そのような伝達が教室における子ども間でも成り立っていて、日本の教室での学習の特質となっていると考えられるのです。アメリカの研究者が日本の小学校での継続的な観察にもとづいて、そこでの学習の特質を明らかにした研究（Sato, 1996）では、学級集団において行なわれる学習が、個人の個性を阻害する方向に働くのではなく、一人ひとりの持ち味を生かして、個人では到達できない高みに学習の質を押し上げる可能

性があることを見出しています。実際，日本の教室では班編成を活用したグループ学習が多用される傾向があり，そのなかでお互いに助け合いながら協働で学習する様子が見られます。日本人は相互協調的な自己観をもつといわれますが，社会のありようがそのような活動にも現れているということと同時に，教室での経験が後の社会生活における集団を基盤とする活動様式を育んでいるとも言えるのでしょう。

第3節　学習困難児への対応

　子どもたちは一人ひとり教育的ニーズを抱えています。サッカー選手として活躍したい子どもはクラブチームに入るでしょうし，バレエをやりたい子どもはバレエ教室に通うでしょう。私たちの社会には子どもたち，そして親の教育的ニーズを満足する場がさまざま用意されています。そのなかでやはり学校は，多くの子どもたちの教育的ニーズに対応しうる代表的な教育機関といえます。しかし，通常の学校・学級で提供している教育内容・方法，すなわち通常の学校のリソースによって対応できるニーズであれば満足できるわけですが，その範囲を超えるニーズを抱えている場合，それを特別な教育的ニーズと呼び，それに対応する教育のことを特別ニーズ教育といいます（茂木，2007）。学校と子どもとのリソースとニーズの関係が適合している限り，問題はありませんが，それがうまくマッチしないと，学校・子ども双方に問題を投げかけます。

　2007年度から導入された特別支援教育は，それまで学校では十分に対応されていなかったLD（学習障害），ADHD（注意欠陥・多動性障害），高機能自閉症などの発達障害に対応することが目指されています。それまで普通学級は等質であると考えられていましたが，特別支援教育導入に先立って実施された文科省の調査によって，普通学級に在籍している約6.3％の子どもたちに対して特別な支援が必要と教師たちが考えていることが明らかになりました。そのなかには多くの発達障害の問題を抱える子どもたちが含まれています。40人学級であれば2～3人の子どもたちが特別な教育的ニーズを抱えていることを前提に今後の教育が考えられていく必要があり，これはこれまでの等質性の仮定を大きく見直し，現在の教育システムの転換を促すきっかけとなると考えられます。

学習に困難を抱える子どもたちは具体的にさまざまな問題を呈しますが，例にあげられた LD，ADHD，高機能自閉症のいずれの場合も，症状の現れは一様ではありません。詳細を論じる紙数の余裕がないので，ここでは関係書の参照をお願いするにとどめます（小野ほか，2008）。個々の対応は抱える問題によって変えなければならないのは当然ですが，現在の学校では個別教育計画・個別指導計画が立てられることになっており，校外の専門家の参画も得ながら，学校の場が外に向かって開かれ，また一人の子どもを中心として学校間の，また関係機関や社会との連携が築かれようとしています。もちろんまだ始まって間もないことであり，具体的な問題への対応では，人手の確保など量的な対応の段階にあることは注意しなければならないでしょう（宮下ほか，2007，2008）。しかし潜在的に現在の学校と教育を変えていく契機として非常に重要であると考えます。

　教育的ニーズとリソースとの適合について考えるために，ここでは，**ATI（適性処遇交互作用）**の概念について紹介します（赤木，1982）。教授場面を考えるときに，ある事柄を教授する方法は一通りではなく，さまざまな方法を考えることができ，これらを処遇と呼びます。また学習者は，その個人のもつ特性に応じて，その教授法にうまく反応したりしなかったりしますが，それに応じて学業達成を成就できたりできなかったりします。個人の特性もまたさまざまに考えられますが，それらを適性と呼びます。適性は知能や学力のようなものだけではなく，認知様式や性格，また責任感など，幅広くとらえられるべきものです。処遇と適性とが適合すれば，本来それぞれが単独で学業達成にかかわる以上の効果を発揮します。つまり，個人の学業達成は学力テスト等で診断され，集団のなかで相対的な位置づけがなされますが，その結果の内に個人の適性以外の要因すなわち処遇の要因が含まれており（主効果），さらに適性と処遇との相乗効果ないし相殺作用の結果（交互作用）が現われている可能性があるということです。このことは，子ども個人が抱えていると見なされる教育的ニーズが周囲の環境要因との相互作用によって強く現れたり，問題にならなくなったりすることを意味し，個人の内的な要因のみでその子が抱える問題を把握するだけでは適切でないことを示しています。

　障害に対する見方も，WHO の国際障害分類では生物・心理・文化モデルが提唱され，個人がもつ生物学的な構造の次元，人間としての活動の制約という

次元, そして社会的な参加という次元と, 3つの次元を総合しての問題把握が求められています (長崎, 2002)。さらに, 治療教育的対応についてサロモンが提唱した3つのモデルがこのことを考える参考となるでしょう (赤木, 1982)。3つのモデルとは, 治療モデル・補償モデル・最恵モデルですが, ここでの議論に関連するのは後者2つです。

　補償モデルは, 学習者のもつ問題・短所・欠陥を直接治療することではなく, それらを補ったり消去したりするような取扱いを教師が外部から与えるというものにあたります。文字の再生が不得意な子どもに, 漢字の書き取りを繰り返し行なわせるのではなく, ワープロを使わせて再認過程による作文をさせる試みがそれにあたるでしょう。また**最恵モデル**の取り扱いとは, 学習者がもつ長所に働きかけて, 短所が露わになることを少なくする方法のことです。高機能自閉症やアスペルガー症候群の子どもたちにソーシャル・スキル・トレーニングを施すことで, 場面に適切な行動を選択することができるように促すことがそれにあたるでしょう。もちろん, 問題に直接働きかけてそれを解決することを目指す治療モデルもおろそかにするべきではありませんが。

　さて, 第2節で見たとおり, 日本の教室では子どもたちが自分で教室での行動のルールやマナーを引き出し, 自発的にそれを自分の行動規範として, 望ましい行動をすることが求められています。しかし, 子どもが抱える問題ゆえに, 決して意図的ではなく集団の行動規範を乱してしまう子どもたち, たとえばADHDや高機能自閉症・アスペルガー症候群の子どもたちなどによく見られる問題は, 日本の教室のあり方ゆえに必要以上に問題が際立つ場合があると考えるべきです。そのような教育の基本を考察することなしに特別支援教育の質的な発展はあり得ないでしょう。

　さらに, 学校に通うことによって二次的な問題が生じることも考慮しなければなりません。ちょうど児童期から思春期にかけては自己に関する認識が客観的になっていく時期でもあり, 他者との関係, 集団内での社会的地位などを手掛かりに自分という存在について考えることがなされます。**問題を抱える子どもたちは概して自己評価が低い**傾向があり, まして他の子どもと比べて普通ではないという感覚が, 本来の自己からさらに低い評価にさせてしまうことも問題となります。かけがえのない人生であれば, 十全に生きることを全うさせたいと願うのは親だけではないでしょう。学校や教育にかかわる人たちだけの問

題としてではなく，社会全体で取り組む必要があると考えます。

教育は社会的な制度であり，変えていくことができます。制度自体が巨大なので，実質的に変えていくことは容易ではありませんが，社会を構成する人々の努力でより良い教育を創り出すことを目指す必要があるでしょう。どのような方向を目指すべきか，それを見出すうえで，教育心理学が役割を果たすことを求められているといえるでしょう。

●もっと学びたい人のための読書案内
東洋（著）柏木惠子（編）（1989）『教育の心理学』有斐閣
東洋（1994）『日本人のしつけと教育』東京大学出版会

第3章
認知心理学からの子育て支援

第1節　認知心理学の考え方 —— 熟達化＝経験による学習

　認知心理学とは，人間が外界のさまざまな事象を頭の中でどのように捉え考えているかを明らかにする心理学です。
　この章では，子育てを「熟達化」という観点から考えてみたいと思います。
　「熟達化」とは認知心理学で研究されるテーマのひとつで，人が優れた知識やスキルを身につけるプロセスのことです。熟達者と初心者（素人）とに同じ問題に取り組んでもらい，その解決過程を分析します。たとえば，世界的なチェスプレイヤーのチェスの腕前は素人の愛好家とどう違うのか（たとえば，チャーネス，1991；サイモンとチェイス，1973），名医と呼ばれる医師がレントゲン写真から病気を診断するスキルは普通の医師とどう違うのか（たとえば，ペイテルとグローエン，1986, 1991），などが有名です。また，記憶術と呼ばれる，物事を効率よく記憶するためのテクニックを訓練することで，多くの情報を記憶できるようになるプロセスの研究（たとえば，エリクソンとチェイス，1982；エリクソンとスタツェウスキ，1989）も知られています。
　子育ても，子どもとの実際のかかわりを通して，それまではなかった知識や技術，ものの見方を得るという点で，一種の熟達化のプロセスであるということができます。はじめは子育ての素人である親たちが，子育て経験によってどのような変化を遂げるのでしょうか。年齢や立場の異なる大人たちに，子どもの描いた絵を評価してもらい，そこに反映される「子どもを見る見方」すなわち**子ども観や子どもイメージが子育て経験とどのように関連するか**について調べた研究（たとえば，鈴木，1999, 2000；鈴木・柏木，1999）にそって見ていきたいと思います。

第2節　子どもの絵の見方 (1) ── 保育の熟達者と素人の比較

(1) 調査の概要

　チェスや病気の診断においては，知識やスキルが研究の焦点ですが，子ども，あるいは子どもの絵の場合は，自分の手で子育てをしたことがなくても，子どもについての一定のイメージをもっている点で，典型的な熟達化研究とはやや性質を異にするでしょう。誰もがかつて子どもだったわけだし，身近に親戚や知り合いの子どもがおり，多少なりとも見たりかかわりをもったりした経験がある場合が多いからです。つまりこの研究は，知識やスキルというより，子どもの絵を見て評価する際の認知的枠組み ── "子どもの絵はこのようなもの" といった「子どもイメージ」を調べることが焦点です。それを通じて，子育てや保育にかかわり子どもの見方が熟達化するプロセスとはいかなるものかを考えましょう。

　研究では，子どもの描く絵を題材にして，「子どもならでは」の表現の特質と保育者の視点との関連について調べました。子どもならではの表現の特質といっても，色や重さのように完全に客観的に測定できるものではありません。絵を見る人が，ふだんどのくらい子どもとかかわっているかによって「何が子どもらしさか」の感じ方は異なります。最初の調査の対象となったのは，女子大学生（保育士や幼稚園教諭の資格取得のコースをとっていない）と，幼稚園・保育園の先生です。女子大学生は，ふだん子どもの世話をすることがあまりない保育の「素人」であり，幼稚園・保育園の先生（以下「保育者」と略記）は保育のプロであり専門家です。両者では，絵の見方は具体的にどのような点で異なるのでしょうか。

　調査は，質問紙の形式で，1枚1枚の絵に対してどのような印象をもつかを，31の形容詞に関して「ひじょうにそう思う」から「全くそう思わない」まで5段階で評価してもらいました。

　子どもの絵の「子どもらしさ」を調べるのに，実際に子どもが描いた絵だけを対象にするのでは十分でないと考えました。子どもの絵と似て非なるものを対照させ，実際の子どもが描いた絵ならではの特徴を際立たせることにしました。そこで，大人が子どもの描く絵を想像して描いた絵と，ほんとうの子ども

図 3 - 1　幼児が描いた絵（左）と，大人が幼児の描く絵を想像して描いた絵（右）

の絵を混ぜて質問紙をつくりました。絵はヒトを描いたものを扱いました。実際の子どもの絵は幼稚園年少児（3～4歳児）が描いたもの（24枚）を使い，大人の絵は，大学生に「3～4歳の子がヒトの絵を描いたらどのような絵を描くか想像して描いてください」と言って描いてもらったものをたくさん集め，幼児の絵と構造や複雑さ（描かれた身体のパーツの数等）ができるだけ対応するよう24枚を選びました（図3‐1を参照）。大人，子ども各24枚の絵を，頭足画・胴体はあるが単純な絵・胴体に服などをつけている絵の3段階に分け，各段階の中から大人1枚，子ども1枚をランダムに抜き出し，計6枚の絵で1冊をつくりました。

　次に質問項目ですが，子どもの絵ならではの特徴として31の形容詞を評定の項目としました。それらを，「巧緻性」（じょうずかどうか），「躍動感」，「か

わいらしさ」、「親しみにくさ」（違和感）の4次元にまとめました。以下の分析はこれらにもとづいて行ないます。

(2) 質問紙の構成

次に、大人がわざと子どもっぽく描いた絵を混ぜたということを、回答者に知らせるかどうかが問題です。回答する人が、「絵の中には大人が子どもの絵を想像して描いたものが混ざっている」という情報を予告されて絵を見るのと、そのような情報を与えられずに絵を見るのとでは、絵を見るときの構えが異なるでしょう。そこで、大人の絵が含まれていることをはじめに知らせない質問紙（予告ナシ）と、知らせる質問紙（予告アリ）の2種類をつくりました。予告ナシでは、いわば無意識のうちに子どもの絵と大人の絵をどう感じ分けているかが問われます。一方予告アリでは、大人がわざと子どもっぽく描いた絵が混じっていることを念頭に、子どもの絵や子どもらしさについての知識を意識的に動員して、質問紙に回答すると考えられます。

子どもの絵と大人の絵を回答者がどのように区別しているかを、2通りの方法で調べました。ひとつは、上に書いたように、「子どもが描いたか大人が描いたか」を直接答えてもらうやり方です（描き手の推測の正答率）。もうひとつは、1枚1枚の絵の印象について31の形容詞について回答してもらった結果を統計的に分析し、「巧緻性」「躍動感」「かわいらしさ」「親しみにくさ」のそれぞれについて、子どもの絵と大人の絵とで差があるかどうかを調べるやり方です（絵の見方の分析）。前者（描き手についての正答率）では、答が合っていたかどうかの情報しか得られませんが、後者（絵の見方の分析）では、回答者が絵のどのような特徴に注目して子どもの絵／大人の絵を感じ分けているのかを推測することができます。

女子大学生と幼稚園・保育園の先生（保育者）100〜150名に、〈予告ナシ〉の質問紙、〈予告アリ〉の質問紙のどちらか一方を渡して回答してもらいました。

(3) 調査結果

はじめに、描き手の正答率 ── 絵を描いたのは子どもだと思うか、それとも大人が子どもの描く絵を想像して描いたと思うかを答えてもらった結果につい

ては，学生，保育者とも 70％から 80％でほとんど差がありませんでした。ふだん子どもに接することのあまりない女子大生でも，保育者と同じくらい，子どもの絵と大人が描いた絵とを見分けることができるのです。

　では絵の見方も両者で同じだったでしょうか。まず「じょうずかどうか」（巧緻性）という見方については，学生と保育者とで大きな違いが見られました。学生は「絵がじょうずかどうか」という観点で絵を見る傾向が強いことがわかりました。子どもが描いた絵は，大人が子どもっぽく描いた絵に比べて「じょうずでない」と評価しているのです。子どもの絵に限らず，絵を見たときに「じょうずな絵かどうか」と考えるのは一般的な構えでしょう。そして，子どもの描いた絵を，大人の絵に比べてじょうずでないと感じるのは，それほど変わった見方ではないと思われます。先述したように，大人（大学生）にわざと子どもっぽく絵を描いてもらった数百枚の絵の中から質問紙に使う絵を選ぶにあたって，絵の巧緻性を得点化する尺度（グッドイナフ人物画尺度）にもとづいて，「じょうずさ」の程度が子どもの絵とできる限り同じになるようにしました。ですから，大人の絵もいわゆる「じょうずでない」絵が多いのですが，左右のバランスがよかったり全体的に整っている感じがするなど，尺度では得点化できない違いがあるのも事実です。学生のアンテナはそこに反応したと言えるでしょう。そのようにして学生は，「じょうずかどうか」の軸によって子どもの絵／大人の絵の区別をしたと考えられます。

　それに対して保育者では，大人の絵が混ざっているという予告のあるなしを問わず，子どもの絵と大人の絵で巧緻性の評価にまったく差がありませんでした。つまりじょうず／へたという軸で絵を評価しないのです。おそらくは，その子なりのよさを見つけるという職業意識から，序列化するような見方をしないのだと思われます。

　子どもの絵を「躍動的で力強い」と評価し，大人の絵との違いを見出すことについては，学生と保育者とで違いはありませんでした。子どもの絵はのびのびしていて躍動感があるというイメージは，子育て経験にかかわりなく広く共有されているといえるでしょう。

　絵の「かわいらしさ」についてはどうだったでしょうか。学生の捉え方はとても興味深いものでした。大人の絵が混ざっていると事前に告げられない場合（予告ナシ）は，大人の描いた子どもっぽい絵の方を「かわいらしい」と感じ

たのに対して，大人の絵が混ざっていることを事前に告げられると（予告アリ），今度は子どもの絵の方を「かわいらしい」と評価しました。ディック・ブルーナのうさぎのような，端正で整ったものを「かわいらしい」と感じることもあるし，実際の子どもの絵が描いた，アンバランスだけれど自由奔放な描き方を「かわいらしい」と感じることもあるわけです。「かわいらしさ」について2つの異なる評価軸をもっており，場面に応じて使い分けているのです。一方保育者はというと，予告のあるなしにかかわらず，子どもの絵を大人の絵よりも一貫してかわいらしいと評定しました。

「親しみにくさ」（違和感）については，学生は，描き手の情報を事前に与えられれば大人の描いた絵を親しみにくいと捉えていましたが，予告がない場合は子どもの絵／大人の絵に違いがありませんでした。それに対して保育者では一貫して，大人の絵に違和感を強く感じていました。子どもの絵のイメージが確固としたものになっていることがうかがえます。

以上から，保育者としての熟達化によって子どもの絵の見方はどう変化するとまとめられるでしょうか。

ひとつは，**一般的な絵の見方である「どのくらいじょうずか」という観点で子どもの絵を捉えなくなる**ということです。前述したように，保育の主要な目的は，絵をじょうずに描かせることにあるわけではなく，むしろ絵を通してその子のよさを見つけ，成長を確認しほめることが大切でしょう。実際に子どもの発達を支援する経験を通して，絵がどのくらい巧みに描けているかという評価の軸は，徐々にいわば縁遠くなるのだと考えられます。

もうひとつは，**保育に熟達化することで，子どもの描く絵を一貫して「かわいらしく」感じ，子どもの絵に似て非なる絵に対して強い違和感をもつようになる**ことがあります。上に述べた巧緻性の場合もそうですが，予告のありなしにかかわらず評価の軸がぶれないことが大きな特徴だと言えるでしょう。本物の子どもの絵のイメージが確固としたものになるゆえに，一見子どもの絵に似ている「偽物」の絵に対して，一種の勘が鋭くはたらくようになるのだと考えられます。

また，子育ての経験がない人たちでも一定の子どもイメージをもっているはずだと最初に仮定しましたが，女子学生が躍動感にもとづいて大人の絵と的確に感じ分けられることも明らかになりました。ただし，子育ての素人である彼

女らが無意識に子どもらしいと感じるのは,「大人がイメージする子どもらしさ」,つまりフェイク(模造品)としての子どもらしさであることも示されました。

第3節　子どもの絵の見方(2) ── 母親の子育て経験の効果

　保育士や幼稚園教諭は保育の専門家であり,女子大学生は素人です。その中間にあたる,お母さんたちではどうでしょうか。子育て経験の量や,経験の近接性(いつ頃まで「幼児」の子育てにかかわっていたか＝我が子が幼児でなくなってどのくらい年月がたつか)によって,子どもの絵の見方はどのように変わるのでしょうか。幼児の母親,小学生の母親,大学生の母親を,保育者と女子大学生と比較してみましょう。幼児の母親は保育者と同じく幼児を日々世話しています。ただし,もちろん世話をするのは専ら我が子です。小学生の母,大学生の母となるにつれ,幼児を育てた経験は遠いものとなっています。

　結果はどうだったでしょうか。まず子どもの絵と大人の絵を正しく区別できたかどうか(描き手の正答率)については,各母親群は保育者や学生と大きな差はありませんでした。ここでも,経験による違いは,絵をどう見るか ── 絵のどのような特徴(印象の次元)にもとづいて子どもの絵／大人の絵を区別しているかがポイントです。幼児の母親,小学生の母親,大学生の母親は,この順番に保育者の絵の見方に近いのでしょうか。それとも,幼児の我が子を育てた経験はしっかり記憶され,我が子が大きくなってからも幼児の絵の見方は保たれるのでしょうか。

　まず「巧緻性」(どのくらいじょうずか)については,大人の絵が混じっていることが予告されない場合は,保育者のみで子どもの絵／大人の絵に差がないという結果でした。保育者では巧緻性の観点から絵を見ないという構えは際立って徹底しているのです。一方,大人の絵が混じっていることを事前に知らせる場合は,幼児の母親と小学生の母親は保育者と同様の絵の見方をしており,大学生の母親は女子大学生と同じく,大人の絵を子どもの絵よりじょうずだと評価していました。

　「躍動感」は,予告のありなしにかかわらず,すべてのグループで,子どもの絵の方が大人の絵よりも躍動感が大きいと評定しました。この結果は,躍動

感は、子どもの絵の代表的な特徴として、保育や子育ての経験に関係なく広く認識されていることを示しています。

「かわいらしさ」では、大人の絵が混じっていることを事前に告げられた場合では、すべてのグループで子どもの絵が大人の描いた絵よりもかわいらしいと評定されました。一方そのような予告がない場合は、保育者と幼児の母親に限って子どもの絵の方が大人の絵よりもかわいらしいと判断し、小学生の母親と大学生の母親では子どもの絵／大人の絵で差がありませんでした。幼児を育てた経験が遠いものとなりつつある小学生や大学生の母親では、子どもの絵ならではのかわいらしさの認識は薄れてきていることがうかがえます。

「親しみにくさ」もほぼ同じような結果でした。予告アリの場合はほとんどのグループで大人の絵に違和感を覚える一方、予告ナシではそのような差異が見られたのは保育者だけでした。ここでも、大人の描いた絵が混じっていることが告げられ描き手の違いに敏感になる場合には、幼児を育てる経験の量や近接性が小さくてもかなり正確に区別できるのに対して、そういう情報が事前に与えられない場合には、保育の専門家だけが敏感に感じ取ることが示されました。

まとめると、幼児の母親、小学生の母親、大学生の母親と、この順序で絵の見方が保育者に近いことがわかりました。**我が子の年齢が幼児に近いほど、専門家（保育士や幼稚園教諭）と同様の見方をしている**のです。逆に言うと、我が子がすっかり大きくなり、幼児を育てることがはるか過去のものになった母親では、絵の見方は元に戻ってしまうことが示されました。つまり絵の中の子どもらしさの認識は、記憶にとどまるというより、むしろ徐々に忘れ去られていき、子育ての実体験のない女子学生に似たものになるのです。

さて、以上述べてきた2つの調査結果を大きくまとめてみましょう。まずはっきり言えることは、**子育て経験によって子どもの絵の見方は確かに変わる**ということです。「どのくらいじょうずか」といった一元的な見方ではなく、子どもの実際にそったものに変わっていくのです。ただし、そのような見方は半永久的に定着するものではありません。子どもと接する経験をもち続ける限りは保持されますが、幼児と接触しなくなれば案外早く忘れ去られてしまうのです。

第4節　子育て支援への意味 ── 認知的資源としての子育て経験

　上に紹介した研究から，子どものことを熟知した「子どもの絵の見方」を保持するには，「使い続ける」ことが大切だということが明らかになりました。この調査は直接子育ての知識やスキルを問うものではありませんが，**実際に子どもと接する際の知識やスキルの背景として，「子どもとはどのような存在か」という子ども観が重要**であることは間違いありません。

　子育てによって身についたリアルな子ども観や世話のスキルは，社会にとって，子育て支援の貴重な資源（リソース）といえます。もし「子育ては各家庭が身内で行なうもの」と考えるなら，自分の子どもが育った後，再び乳幼児と接する機会は孫の誕生まで間があいてしまいます。子育て経験者である祖父母は，確かに新米の親よりも子どもに慣れているかもしれませんが，一方で子育ての「常識」や知識は古くなっていたりするわけで，孫の親（自分の子ども）とのいさかいの原因になることもあるでしょう。子育てを経験して「子育ての熟達者」となった人が，自分の子育てが終わったら初心者レベルに戻ってしまうのでは，社会全体で見ると大きな損失です。ファミリーサポートセンター等のしくみを通して，「少し後輩」の子育てをサポートすることで小さな子どもと接する機会をもち続けることによって，一度身につけた知識や子どもの見方はさびつかないばかりか，ますます磨かれていくでしょう。また幼い子どもとかかわる経験が大人の発達にとっても意味があることは多くの研究が明らかにしているところです（たとえば，柏木・若松，1994）。

　E. H. エリクソンはその生涯発達論（エリクソンとエリクソン，1997/2001）のなかで，成人期の発達課題はジェネラティヴィティ（generativity）であるとしています。ジェネラティヴィティとは生殖性と訳されますが，文字どおり自分の子どもを産み育てることだけでなく，広く次世代を健やかに育む大人全体の発達課題ということで，現在では**世代性**という訳語があてられることも多くなってきています。**「子どもは社会全体で育てる」という発想で多様な立場の人が子育て支援にかかわることは，子どもの発達にも大人自身の発達にも促進的な効果があります**。さらに社会全体での認知的資源の集積と活用という面でも大きな意味があると考えられるのです。

第4章
臨床心理学からの子育て支援

第1節　臨床心理学という学問

(1) 臨床心理学の目的

　臨床心理学とは，人間の「こころの問題」に関する研究や実践を行なう心理学です。臨床心理学の目的は，人間のこころの問題を理解し，問題解決のお手伝いをすることです。この目的のために，臨床心理学では①**予防的かかわり**，②**治療的かかわり**，③**継続的かかわり**の3つのかかわり方を重視しています。

　① 予防的かかわり方

　予防的かかわり方とは，「こころの問題」の生じる背景について多くの人々に知ってもらう機会を提供することです。臨床心理学の専門家が，本や新聞，雑誌などに「こころの問題」や「こころの健康」に関する記事を掲載したり，「心理教育」という名称で，医療機関や学校，職場，地域のコミュニティセンターなどで講演活動を行なっています。また，心理教育では，簡単な心理検査体験などを通して，普段気づかずにいた自分自身と向き合う時間をもつことにより，こころの健康の維持に役立つ活動を行なっています。

　② 治療的かかわり方

　治療的かかわり方には2つの段階があります。1つめは，**見立て**の段階です。見立てとは，心理的支援を必要とされている方に，適切な支援計画を立てることを意味しています。「見立て」を行なう際には，問題を抱えている人のパーソナリティ（性格）や家庭環境，社会的立場などを知る必要があります。そのためにいくつかの心理査定を行ないます。心理査定は複数のパーソナリティ（性格）検査や面接による詳細な情報に基づく判断が重要です。2つめは，心理療法を導入する段階です。見立てを行なった結果，必要だと判断された方に対して心理療法が行なわれます。心理療法にはさまざまな技法があり，症状が

改善するためによりよい方法が用いられます。一般的には，臨床心理士という資格をもった専門家が心理面接を担当します。多くの場合，精神科医や看護師，作業療法士といった他の専門家と協働して治療活動にあたっています。

③ 継続的かかわり方

継続的かかわり方とは，問題視されていた症状が消えた後にも継続的に行なわれる支援を意味しています。心理的問題が生じていた時期よりは少ない回数での心理面接や電話相談，メール相談などの方法を用いて行なわれます。継続してかかわることにより，ちょっとした状態の変化にも早めに気づくことが可能になるため再発予防に役立っています。

(2) 心理査定（面接法・観察法・検査法）

パーソナリティを正確に測定・診断するきわめて難しい作業ですが，適切な心理支援を行なうためには不可欠なものです。心理査定では，査定の対象となる人の心理的側面に関する情報を幅広く集めるため，問題点や病理的な面だけではなく，パーソナリティの積極的な面についても把握することができます。そのため，診断ではなく**査定（アセスメント）**という用語が用いられます。

心理査定には「面接法」「観察法」「検査法」の3つの技法があります。

「面接法」では会話を通して情報を収集します。面接の目的によって方法がことなり，非構造化面接，半構造化面接，構造化面接の3種類に区別することができます。**非構造化面接**とは，質問項目が事前に準備されていない面接であり，面接の流れにより会話の内容が決まります。心理療法として行なわれている面接（心理面接）はこの方法です。面接を受ける側が自由に話すことができるというメリットがあります。**半構造化面接**では，質問の枠組みは設定されていますが，質問の言葉や順序は実際の面接の流れによって変化します。心理査定や研究などで用いられる方法です。面接者が必要としている情報を得つつ，面接を受ける側もある程度，自由に話すことができるというメリットがあります。**構造化面接**は，質問項目や質問順序が明確に設定されている面接方法です。半構造化面接と同じく，心理査定や研究などで用いられています。構造化面接は，面接者が変わったとしても同様の情報が得られるように設定されているため，情報の客観性が高まるというメリットがあります。

「観察法」は，行動を観察，記録，分析し，その行動の特徴や背後にある法

則を解明する方法です。人間の自然な姿を把握することができ，乳幼児などの言語能力が未熟な対象者からの情報収集にも役立っています。観察法は，観察する状況により，自然観察法と実験観察法の2つに分類することができます。**自然観察法**は，自然な環境で生じる行動を観察する方法です。対象となる行動すべてを観察する日常観察と，観察する行動をより限定して行なう組織観察があります。**実験観察法**は，観察の対象となる行動が生じるような環境を観察者が設定し，その設定のなかで行なわれる観察です。自然観察を通して明らかになった法則などを検証するために役立っています。ただし，非日常的な環境設定が行動に影響することを配慮し，できるだけ自然に近い環境で観察を行なうことが求められます。

　「**検査法**」では，検査課題の結果から情報を得ます。代表的な検査方法は質問紙法，投影法，作業法に大別できます。

　質問紙法とは，用紙に印刷された質問文について，設定された選択肢（はい／いいえ，あてはまる／あてはまらない等）から検査対象者が自分自身に該当すると考える箇所に回答するものです。質問紙調査法のメリットとしては，査定する基準が明確なため客観的な情報を得ることができる点や，同時に多くの検査対象者に実施できる点などが挙げられます。そのため，医療機関だけではなく，学校や職場などでもあまり時間をかけずに実施することが可能です。ただし，検査対象者が質問文を正しく理解できていない場合には正確な情報を得ることができないため，検査対象者の状態や年齢などを配慮して実施する必要があります。代表的な質問紙検査はパーソナリティ全般の把握を目的としたY-G（矢田部ギルフォード）性格検査やMMPI（ミネソタ多面式人格目録），エゴグラムなどです。

　投影法とは，検査対象者にあいまいな刺激を提示し，その刺激に対する反応から，その人のもつ欲求や態度，不安などを把握する方法です。投影法は，刺激があいまいなことから検査対象者の無意識にまで働きかけることが可能であり，より深いレベルで検査対象者の心理状態を把握することができます。その一方で，客観性の高い検査結果を得るためには検査者の熟練を要します。心理査定で用いられる代表的な投影法検査は木の絵を描くバウムテストやインクの染みから自由に連想するロールシャッハ検査などが挙げられます。

　作業法とは，検査対象者に一定の作業を行なってもらい，その作業過程や作

業量からパーソナリティや適性などを査定する方法です。代表的な作業法は一定のペースで計算課題に取り組む内田クレペリン精神作業検査，提示された図形を描写するベンダーゲシュタルト検査などが挙げられます。

　面接場面や検査場面では，査定対象者の表情や動作，体格，服装，髪型，化粧といった視覚的情報源や，声の強弱，話し方，話の流れ，受け答え方，検査課題への取り組み方などの聴覚的情報源も重視されるため，面接者や検査者は面接や検査を行ないながら観察することも求められます。また，心理査定では知能検査や神経心理学検査の結果も配慮し，多角的な視点から検査対象者のパーソナリティを把握するように努めています。

表4-1　心理査定の技法

	技法の分類
面接法	非構造化面接・半構造化面接・構造化面接
観察法	自然観察法・実験観察法
検査法	質問紙法・投影法・作業法

（3）心理療法

　心理療法とは，心の問題解決や精神的健康の維持・促進を目的としている理論や技法のことです。心理療法は精神療法とはほぼ同義ですが，精神科医が行なう場合には精神療法，臨床心理士など心理学の専門家が行なう場合には心理療法という名称を用いています。

　心理療法にはさまざまな理論や技法がありますが，代表的な理論としては，精神分析療法，分析心理学的心理療法，クライエント中心療法，行動療法，認知行動療法，家族療法，コミュニティ心理学などが挙げられます（表4-2参照）。これらの理論を背景に発展している技法は数多く存在しますが，とくに子どもに対して用いられることの多い技法は「**遊戯療法**」（遊びを主なコミュニケーション手段として行なわれる心理療法の一つ）です。

　心理療法を導入する際，用いる技法の種類にかかわらず共通している点があります。多くの場合，心理療法を行なう側を「カウンセラー」，「セラピスト」，「治療者」と呼び，心理療法を受ける側は「クライエント」，「患者」，「来談者」と呼ばれています。家族療法では問題を抱えた家族成員を「クライエント」や「患者」ではなく，家族を代表して問題を表現している人という意味でIP

表4-2 代表的な心理療法

心理療法の名称	概要
精神分析的心理療法	創始者はジグムント・フロイト。無意識の抑圧の解除と葛藤の意識化が介入の目的となる。
分析心理学的心理療法	創始者はカール・グスタフ・ユング。自己を中心に無意識の深層を意識に統合し、心の全体性を回復することが介入の目的となる。
クライエント中心療法	カール・ロジャースによって創始される。人の潜在力と主体的能力を尊重し、内在する自己実現傾向を支持することが介入の目的となる。
行動療法	リンズリーやウォルピ、アイゼンクらにより発展。学習訓練手続きを用いることによって、不適応行動を消去し、適応行動を形成するような働きかけを行うことが介入の目的となる。
認知行動療法	マイケンバウム、エリス、ベックらにより発展。人の認知過程に注目し、心理的な症状の背景にある認知の歪みを修正することが介入の目的となる。
家族療法	心理障害を個人の問題としてではなく、その個人が属する家族システムの問題としてとらえる。家族システムを全体として変化させることが介入の目的となる。
コミュニティ心理学	人の行動は、その人が生きている社会的物理的環境との相互作用の中で成り立つものととらえ、人と環境の両面に働きかけることが介入の目的となる。

（下山晴彦編2003『よくわかる臨床心理学』を参考に作成）

(Identified Patient：患者とみなされた人）と呼んでいます。

　心理療法を行なう際の基本姿勢も多くの技法に共通しています。どの技法においてもクライエントに対する**支持的姿勢**が必要とされ、「傾聴」「受容」「共感」（詳細は次頁以降を参照のこと）が重視されています。

　さらに、どのような技法を用いるかにかかわらず、心理療法を開始する前には、クライエントの状態をできる限り詳細に把握することが求められます。そのため、**初回面接**（インテーク面接）と呼ばれる心理療法を開始する前の面接が行なわれます。初回面接では、来談した理由や心理的問題の経過などを確認します。また、家庭や学校・職場での様子、これまでの成長過程などについてクライエントだけではなく、家族や学校の先生、職場の同僚などから話を聞くこともあります。その後、必要に応じて心理査定を行ないます。初回面接および心理査定を経て、心理療法を行なうことが決まった場合、最初の心理面接で

心理療法を行なう時間や場所，心理療法の目的などについて確認します。このような流れのなかで，カウンセラーはできるだけ早くクライエントとの**ラポール（信頼関係）**を形成し，安心した環境のなかで心の問題に向き合うことができるように働きかけていきます。

　前述のように，心理療法にはさまざまな理論や技法がありますが，心理療法を受ける側の状況やニーズに合わせて，技法を組み合わせる**統合的視点**が重要となってきます。また，心理療法を必要としている方とのかかわりを通して，個人に働きかけることが重要な時期なのか，家族や所属集団に働きかけることが重要な時期なのか，コミュニティに働きかけることが重要な時期なのかを見極めながら介入していくことが求められます。

第2節　子育てに有効な臨床心理学の知見

　心理療法の基本姿勢として「**傾聴**」「**受容**」「**共感**」があります。この基本姿勢は家庭でも学校でも職場でも有効な姿勢です。とくに，子育てにおいては重要な知見が多く含まれていると考えられます。ここでは，子育てに役立つ「傾聴」「受容」「共感」のポイントについてご紹介します。

(1) 傾聴

　傾聴とは，「聴」という字に耳と心が含まれているように，**耳と心を使って，身を入れて相手の話をきく**姿勢です。日常的によく用いられる「聞く」は受身的にきく姿勢であり，相手の発言を言葉のみできいているととらえることができます。また，相手を問い詰めるときに用いられる「訊く」は，相手の話をきくのではなく，自分のききたいことを問いただす姿勢であるといえます。その点，「聴く」は言葉だけではなく，耳も心も使って話を聴くので，相手が本当に話したいと思っていることをきくことができます。

　聴く姿勢が自然と身についている方もいますが，あまり得意ではないという方のために聴く姿勢を磨くコツを説明したいと思います。まずは，**相手の語調から聴く**ことです。同じ「ありがとう」という言葉でも，本当にありがたいなと思っている場合は明るい語調になりますが，ありがた迷惑だなと思っている

```
        傾聴
   ● 耳と心を使って聴く
   ● 身を入れて聴く
   ● 語調から聴く
   ● 表情から聴く
   ● 状況から聴く

     子育てに有効な
     臨床心理学の知見

  受容                    共感
● 自分の価値観は        ● 同じ目線で話を聴く
  ひとまず棚上げにする   ● 一方的ではなく、双方向の
● 価値観の多様性を認める  コミュニケーションを心がける
● 人との違いを楽しむ
```

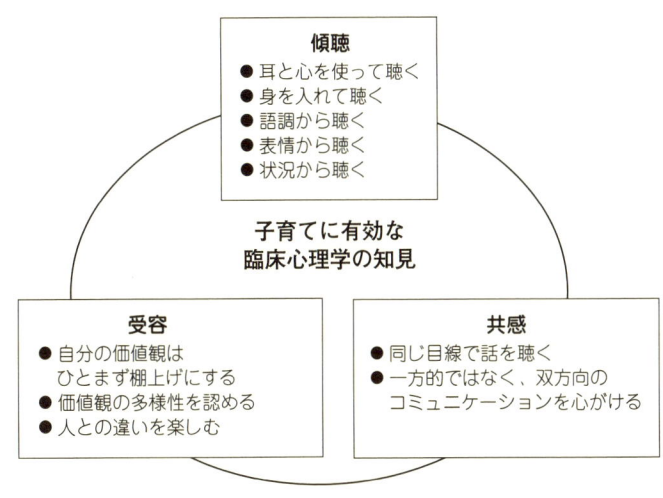

図 4-1　子育てに有効な臨床心理学の知見

と不機嫌な声になっていたりします。次に，**相手の表情から聴く**ことです。楽しそうな表情で「行ってきます」と言うときと，つらそうな表情で言うときではやはり意味が違ってきます。出かけることが楽しみなのか，嫌々出かけるのかがわかるでしょう。さらに，**相手の状況から聴く**姿勢も大切です。一人でお留守番をすることになった子どもに対して，事前に帰宅時刻を伝えたにもかかわらず，「お母さん，今日は何時に帰ってくるの？」と何度も確認される場合など，「さっきも言ったじゃない！」と言いたくなるところですが，状況から聴く姿勢をもつことができると，お留守番をすることになった子どもの不安な気持ちを読み取ることができ，「さっきも言ったけど何か心配なの？」といった言葉かけが可能になります。

　誰にでも忙しいときや相手の話をゆっくり聴く余裕がないときもあります。そのような場合は「うるさいな」や「あとでね」ではなく「その話は今すぐじゃないと駄目？」と確認し，語調や表情からも緊急性が低いならば「今ちょっと忙しいから，この用事のあとで聴くね。それでも大丈夫？」など，話を聴く状況を確保し，**「私はあなたの話を聴く気持ちがありますよ」**ということを伝えることが大切です。

(2) 受容

　臨床心理学における「受容」とは，自己を受け入れる姿勢を示す「**自己受容**」と，他者を受け入れる姿勢を示す「**他者受容**」の２つの視点からとらえることができます。

　心理療法では，クライエントがありのままの自分を受け入れることができる状態，つまり自己受容ができる状態を目指しています。クライエントが自己受容できるようになるためには，心理療法場面における他者受容的雰囲気が重要な役割を果たします。

　他者受容的雰囲気を作る際には，ひとまず自分の価値観を棚上げにし，相手を受け入れる姿勢が求められます。人は多くの場合，自分と価値観の違う相手に対して，「それは違う」とか「間違っている」など評価的な態度や批判的な態度をとりたくなりますが，それでは相手が話をしづらくなってしまいます。自分自身が人に話を聴いてもらいたいときを思い出してみてください。今日あった愚痴を聴いてもらいたいだけなのに批判されたり批評されたらどう思うでしょうか。「やっぱり話さなければよかった」「愚痴を言ってすっきりしたかったのに，ますますストレスが溜まっちゃった」といった経験はありませんか。反対に，自分の話したいことを話すことができ，相手に受け入れてもらえたときには「やっぱり話してよかった」「すっきりした」「また話を聴いてもらいたいな」と思えるでしょう。

　受容的雰囲気を身につけるポイントは，**価値観の多様性を認めること，人との違いを楽しむ心を育てること**だと言えます。

(3) 共感

　心理療法場面では，傾聴，受容と同時に，共感的姿勢をもつことで，より一層クライエントが話しやすい雰囲気を作ります。

　共感とよく似た言葉に同情がありますが，**同情と共感はある点においてまったく異なる**ものであることがわかります。同情という言葉は，たとえば，つらそうな相手に対して「かわいそうに」といった一方的な感情が示される場合に用いられる表現です。同情する側は同情される側よりも一段高い位置にいるような語りかけになり，同情された側からは「余計なお世話だ」と思われてしまうこともあるでしょう。一方，共感は相手の話を聴き，相手の状況を理解した

うえで「大変でしたね」といった言葉かけになるため、話をした側も「自分の辛さをわかってもらえた」といった感覚をもちやすくなります。

　共感的姿勢を身につけるためには、**相手と同じ目線で話を聴く**ことが役立ちます。相手と同じ目線とは2つの意味を含んでいます。まずは実際に同じ目の高さで話をすることです。たとえば、小さな子どもと話をするときに大人が子どもの目の高さに合わせてしゃがむことがあります。このような動作が共感的雰囲気を生み出すうえで役立っています。また、気持ちを合わせるという意味で相手と同じ目線に立つことも重要です。気持ちを合わせるためには、相手の状況をできるだけ理解することが求められます。そのために、同情的で一方的なコミュニケーションではなく、共感的で双方向的なコミュニケーションが大切になります。相手の力を信じ、相手の自主性を尊重し、ときには「じっくり待つこと」も共感的で双方向的なコミュニケーションに求められる姿勢です。

　心理療法場面におけるカウンセラーはクライエントの心を映しだす鏡の役割であると言われています。つまり、カウンセラーはクライエント自身が自分の気持ちに気づく場所を提供する役割であるということです。子育てにおける親や教師と子どもとの関係にも同じことが言えるのではないでしょうか。

第3節　子どもの問題行動への対応

　子どもの問題行動が多様化してきている昨今、「子どもにどう対応したらいいのかわからない」といった保護者や教育現場の方々の声を耳にすることがあります。本節では、近年、子どもの問題行動としてとくに注目されることの多い「**不登校**」「**いじめ**」「**リストカット**」の概略に触れ、その支援ポイントについて臨床心理学の立場から述べていきます。

(1) 不登校
　不登校児童生徒とは「何らかの心理的、情緒的、身体的あるいは社会的要因・背景により登校しないあるいはしたくともできない状況にあるために年間30日以上欠席した者のうち、病気や経済的理由による者をのぞいたもの」と定義されています（文部科学省、2003）。

　2007年度に学校を30日以上欠席した小中学生は12万9254人と過去最高に

なったことが報告され，2008年度は12万6805人，2009年度は12万2432人であったことから，不登校児童生徒数は2007年度をピークに2年連続で減少傾向にあることが示されています（文部科学省，2010a）。しかしながら，小中学校における不登校児童生徒は依然12万人を超えている状況があります。

　不登校児童生徒への支援活動を行なう際にまず大切なのは，不登校の背景を理解するように努めることです。背景となる要因は，①学校生活に起因するタイプ，②遊び非行タイプ，③無気力タイプ，④不安など情緒的混乱タイプ，⑤意図的な拒否タイプ，⑥複合タイプ，⑦その他，に分類されており（文部科学省，2003），最近では複合タイプが増えていると言われています。

　学校生活に起因するタイプの場合，いじめなどの対人関係トラブルによる影響が考えられますので，安心して登校できる学校づくりの推進や，適応指導教室，フリースクール等の活用を促すことも有効な支援方法となります。軽度の発達障害（LD，ADHD，高機能自閉症など）が認められる場合や，不安感，抑うつ感の強いことが不登校に影響している場合には，できるだけ早い段階で医療機関や各種専門機関と連携することが必要です。

　不登校対応というと，「所属校への復帰」のみが目標とされがちですが，所属校への復帰を目指すとともに，不登校児童生徒自身の将来を見据え，長い目で支援していく姿勢が重要となります。あまり焦って登校を促すと，いったんは登校できるようになっても再び不登校状態に戻ることもあります。

　本人の主体性を尊重するかたちで所属校へ復帰できるように支援するには，不登校の背景要因を理解し，一人ひとりの状態に応じて丁寧に対応していくことが大切です。そのために，家庭・地域・学校の協働が不可欠です。不登校児童生徒等への指導・支援を行なっているNPO団体，民間施設，適応指導教室などの公的施設では，不登校児童生徒等の実態に応じた効果的な学習カリキュラムや活動プログラムが展開されています。

　不登校で悩んでいる場合には，まず**相談しやすい人や相談しやすい機関を訪ねてみる**ことが解決への第一歩だと言えるでしょう。

(2) いじめ

　いじめは，「当該児童生徒が，一定の人間関係のある者から，心理的・物理的な攻撃を受けたことにより，精神的な苦痛を感じているもの。」（文部科学省，

2006）と定義されています。いじめの手段としては，無視・言葉の暴力・暴力・強要などが挙げられ，近年では，ネット上のいじめ（パソコンや携帯電話から，ネット上の掲示板・ブログ・プロフ等に特定の子どもに関する誹謗・中傷を書き込む）も増えています。

文部科学省による平成21（2009）年度いじめの認知件数調査では，小学校で34,766件，中学校で32,111件，高等学校で5,642件，特殊教育諸学校で259件の報告があり，そのうち出席停止の措置を受けたのは2件，いじめを理由とする自殺は2件と深刻な現状が見られます（文部科学省，2010b）。そのなかでもとくに問題として取り上げられることが増えている「ネットいじめ」に対する防止および対応策も立てられ，4つの呼びかけが行なわれています（文部科学省，2007，子どもを守り育てる体制づくりのための有識者会議，表4－3参照）。

どのようないじめであっても，早期発見・早期対応が重要です。しかしながら，いじめられている側は，親や教師にいじめの現状を報告することでいじめがエスカレートするのではないかと恐れていたり，いじめられていることを親や教師に知られるのが恥ずかしいと思っていることなどから，周囲になかなか相談できず一人で悩み続けている場合があります。

いじめ予防のためには，普段から一人ひとりの悩みや要望を受け止めることのできる環境づくりが大切です。また，できるだけ早い段階でいじめを解決へ

表4-3 「ネット上のいじめ問題」に対する4つの呼びかけ

```
          お父さん！お母さん！
  お子さんのケータイ・ネットの利用は大丈夫ですか？

1 知っていますか？ ～子どもが利用できる携帯電話・ネットの中身を～
  教えましたか？ ～携帯電話・ネットの危険性を～
2 約束しましたか？ ～携帯電話・ネットでしてはならないことを～
  親子で学びましたか？ ～「情報モラル」について～
3 聞いてみましたか？
  ～お子さんが「ネット上のいじめ」で悩んでいないかを～
  学校と連携して実践していますか？
  ～携帯電話・ネットの間違った利用をチェックする活動を～
4 学校と相談していますか？
  ～携帯電話・ネットによるいじめがあったときにしなければいけないことを～
```

（文部科学省，2007「ネット上のいじめ問題」に対する喫緊の提案について）

表4-4　いじめのサイン

- 元気がなくなる、または異常に明るい
- 学校に行きたがらない
- 食事の時間が不規則になる
- 食事の量が変わる
- 家族との対話を避ける
- おどおどしていて落ち着きがない
- 服やカバンなどが破れたり、汚れたりしている
- モノをよくなくす
- 家から金品を持ちだしている

導くためには，**いじめのサインを見逃さない**ことです。

　いじめが発覚した場合には，いじめられている児童生徒の安全を確保し，校内のサポート体制を整え，保護者と連携しながら対応していきます。必要に応じて児童相談所や警察等の地域関係機関とも連携協力を行なうことが求められます。

(3) リストカット

　リストカットとは，カッターやナイフなどを用いて手首に傷をつけることを指しています。手首だけではなく，腕や足，体に傷をつけることもあります。

　リストカットは，1960年代のアメリカで流行して以降，西欧にも広がりをみせ，近年では日本においても10代，20代の未婚女性を中心に多くみられています。

　一回のみならず数回にわたりリストカットを行なうといった習慣化する傾向があり，頻回に起こすわりに自殺に及ぶものは少なく，仲間のなかで流行しやすいことが報告されています（山田，2007）。

　リストカットをする背景には，家族や友人との対立といった対人関係の問題を抱えている場合や，「周囲の人々から受け入れられていない」といった誤った認識を強く抱いている場合が多くみられます。また，リストカットをすることにより生きている感覚を得ることができる，自分の血を見ることで生きている実感がもてるという理由を挙げることもあります。多くの場合，「助けてほしい」という**クライシスコール**を発する方法としてリストカットを行なっており，死にたくないという強いメッセージが含まれています。

リストカットへの対応としては，外見上の傷に対して消毒したり外科的処置を行なうだけではなく，**傷の痛みに共感すること**が重要である（山田，2007）と言われています。また，リストカットの背景にある，心理的問題に丁寧にかかわっていく必要があります。

　リストカットをした本人だけではなく，周囲にいた友人や家族が動揺している場合には，家族や友人への対応も重要です。リストカットへの対応方法（傷の手当をする。落ち着いた環境で本人の話を聴く。痛みには共感しつつ，激しく動揺しない。自分の手に負えないと思ったらすぐに専門家に相談する等）を説明し，周囲の人々の不安を軽減することが間接的にリストカットをした本人の状態を安定させる効果をもちます。

　リストカットは，境界性人格（ボーダーラインパーソナリティ）障害との関連が強いことも指摘されています。境界性人格障害の特徴として，他者から見捨てられる不安が強い，衝動性が高い，感情が不安定である，怒りの制御が困難な傾向が強い，不安定な対人関係が多い等が挙げられます。うつ病や統合失調症との関連がある場合には薬物療法も並行して行なわれます。いずれの場合にも，リストカットをした本人の状態を把握し，心の声を聴く場を設けることが求められます。

　以上，本節では子どもの問題行動に対する臨床心理学からの知見を「不登校」「いじめ」「リストカット」に焦点をあてた形式で述べてきました。次頁に示した対応ポイントは他の問題行動に対しても応用可能です（表4-5参照）。

　心の専門家たちは，学内ではスクールカウンセラーや巡回相談員として，地域では児童相談所や教育センター，民間施設の相談員，医療機関の心理士として活躍しています。たとえば，スクールカウンセラーは，学内の相談室のなかで児童生徒の相談に応じるだけではなく，保護者からの相談にも応じています。また，相談方法も直接会って行なう面接だけではなく電話相談や手紙相談，メール相談，訪問形式の相談活動など，多種多様なニーズに答えられる相談体制づくりを目指しています。

　子どもの問題行動に対応する際には，臨床心理学の知見としてご紹介した「傾聴」「受容」「共感」の姿勢を応用してみてください。また，**一人で問題を抱え込まず，誰かに相談すること**が大切です。是非，皆様の身近にいる心の専

門家と一緒に問題と向き合ってみてください。

表4-5　子どもの問題行動への対応ポイント

- 日ごろから子どものサインを見逃さない
- 子どもとじっくり話し合える環境をつくる
- 子どもが話をしやすいツールを活用する（メール・電話・手紙・個別面談等）
- 教職員・スクールカウンセラー等による校内のサポートチームをつくる
- 校内サポートチームと保護者が協働できる関係性をつくる
- 児童生徒が登校したときの居場所を確保する（保健室・相談室など）
- 必要に応じて適応指導教室やフリースクールを活用する
- 必要に応じて医療機関，その他の専門機関と連携する
- 子ども一人ひとりのニーズに合った対応を行なう
  （わかりやすい授業の工夫，いじめなど対人トラブルへの対応など）

● もっと学びたい人のための読書案内

福田真也（2007）『大学教職員のための大学生のこころのケア・ガイドブック：精神科と学生相談からの15章』金剛出版

林直樹（2007）『リストカット：自傷行為をのりこえる』講談社（講談社現代新書）

文部科学省（2003）『不登校への対応について』（冊子）

村瀬嘉代子（2003）『統合的心理療法の考え方：心理療法の基礎となるもの』金剛出版

下山晴彦・丹野義彦（編）（2002）『異常心理学Ⅰ』（講座臨床心理学3）東京大学出版会

ワクテル，E.F.（著）岩壁茂・佐々木千恵（訳）（2007）『子どもと家族を援助する：統合的心理療法のアプローチ』星和書店

第5章
子育て支援と精神分析

　子育て支援というと身近で親しみやすい雰囲気を醸し出す用語であるのに対して，精神分析というと難解で近寄りがたい雰囲気を与えるかもしれません。しかし，子育て支援と精神分析は密接な関係にあり，子育て支援の理論や実践は精神分析の貢献なしに語ることはできないでしょう。本章では，子育て支援に大きな影響を与えている精神分析のオリジナルのアイディアを紹介することで，読者の今後の研鑽への羅針盤となることを期待しています。

第1節　子育て支援と精神分析の事始

　精神分析と子育て支援とのかかわりは，1940年代から始まりました。当時，世界情勢は不安定で，1939年に第二次世界大戦が勃発し，戦後には，親のいない乳幼児や戦争孤児が街に溢れかえっていました。こうした状況のなか，欧米諸国は乳児院，児童養護施設に子どもたちを収容せざるを得ませんでした。しかし，こうした子どもたちに栄養不良などの身体的問題だけでなく，多くの情緒的問題が見出され，そこでの調査研究，介入，治療といったことが精神分析家たちによって成されました。これは「親なき子育て支援」ですが，ここでの知見は現代の子育て支援の基本的な概念となっています。
　まず，ルネ・スピッツ（1965）は第二次世界大戦前に米国に亡命した精神分析医であり，代表的な**「アナクリティックうつ病」**，**「ホスピタリズム」**という概念を，戦争を挟んだ欧米での乳児院の臨床経験から発表しました。スピッツは乳児院や児童養護施設で養育される子どもの死亡率が高く，知的，身体的発達，情緒発達などすべての発達の領域で大きな問題を抱える子どもが多いことを見出し，これを「ホスピタリズム」と名づけました。その原因は母親あるいは適切な養育環境の欠如，単調で刺激の乏しい施設生活にあると結論しました。

さらに，乳幼児の死亡率の高さは乳児の依存対象の喪失に起因するうつ病と捉え，これを「アナクリティックうつ病」と命名し，乳児期の一定の養育者との関係性の重要性を説いたのです。ちなみに，スピッツは，「**3カ月微笑**」，「**8カ月不安**」，「**ノーアンドイエス**」など，子どもの発達に関する必須のマイル・ストーンについても記述しました（丹羽，1993）。

同時代に，英国のボウルビィ（1951/1967）はWHOの委託を受け，戦争孤児の実証研究を行ないました。これは『乳幼児の精神衛生』としてまとめられ，乳幼児期の母性的環境の重要性を実証しています。これが後に「**愛情剥奪**」「**愛着**」などの研究の礎となったものです。戦争という悲劇は，大人たちだけでなく，弱者である子どもたちにより鮮烈なインパクトを与えることとなり，皮肉なことに理論に留まることなく，実証的に早期母子関係の重要性を示すこととなりました。

ちなみに，「ホスピタリズム」や「愛情剥奪」は明らかに子どもたちが被った悲惨な体験ですが，これは現代の虐待と区別する必要があります。「ホスピタリズム」や「愛情剥奪」は社会情勢による貧困という原因が主であり，そこに子どもに対する悪意や敵意は原則的に含まれません。たとえば，途上国に行けば，今でも街で物乞いの子どもたちに囲まれることがあります。この子どもたちの養育環境が適切でないことは言うまでもありませんが，これは養育者による虐待ではなく，必死の生きる術と言わざるを得ません。これに対して，虐待は養育を充分にできる社会的環境にありながら子育てを放棄する，あるいは実際に暴力を振るってしまうなど，敵意，悪意，怠慢さなどが含まれている状況です。今の日本では，虐待のニュースが世間を駆け巡りますが，その一方，子どもの養育困難の背景には，母子家庭や核家族に対する養育支援の乏しさもあり，子育て支援の現場で経済的な問題を抱えるケースにもしばしば出会うことがあります。こうしたケースでは，適切なソーシャルワークのみで改善することもあり，**子育て支援の実践ではソーシャルワークの知識も必須**といえます。

第2節　母子関係の精神分析の理論

子育て支援の基本ユニットは母子であり，精神分析は1920年代より母子関係の臨床研究，議論を重ねてきました。その成果は子育て支援の基礎理論とな

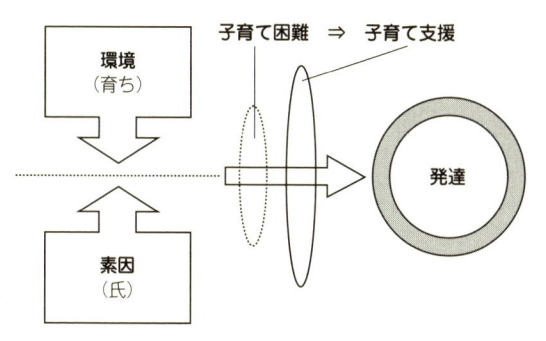

図 5-1 素因と環境による発達

っていますので，代表的な一部を紹介しましょう。

(1) 氏か育ちか（図5-1）

母子関係の支援にかかわるときに，氏か育ちといった最も基本的な問題について考えてみなければなりません。赤ん坊の顔を見て，どっちに似ているかといった会話は「氏」についてであり，問題行動を起こす子どもに関する親のしつけが悪いからという非難は「育ち」についてであり，このように「氏」と「育ち」の問題は，日常的に躊躇なく話題に上るものです。

1920年代より，子どもの精神分析の実践が2人の精神分析家，フロイトの末娘アンナ・フロイトとメラニー・クラインによって始められましたが，この2人の意見の相違はまさしく氏か育ちかといった極端なものでした。アンナ・フロイト（1971/1981）は「朱に交われば赤くなる」かのように環境，とくに親の養育機能を重視し，子どもの精神分析には親の存在が必須であると考えました。一方，クライン（1983）は「親はなくても子は育つ」といった子どもの素因というものを重視し，子どもの精神分析に，フロイトが成人に対して行なっていた**自由連想法**の技法を適応することができると考えました。

1939年に，フロイトがロンドンに亡命した翌年に亡くなると，すでにロンドンで精神分析の中心的人物であったクラインとアンナ・フロイト，そしてその周囲の分析家を巻き込んだ「**大論争**」という論争が起こり，精神分析協会内で相互に関与しない独立的な学派として共存しました。アンナ・フロイトの考え方は米国で広まり，「**自我心理学派**」として確立しました。クラインの理論，臨床技法は英国を中心に欧州で支持を受け，「**クライン派**」として対立軸を成

すことになります。この両派いずれにも属さない人たち，たとえばウィニコットなどは「独立派」というグループとなりました。双方の相反する理論，技法はお互いに切磋琢磨し，後述するビオン，ウィニコット，マーラーなどは環境と素因の相互関係のハーモニーとして子どもの発達を描き出しました。

　今現在，専門家的に考えれば，「氏」か「育ち」かといった極論が子どもの発達の理解に不十分であることは自明なのですが，十数年前まですべては親の所業のなせるわざとされ「親業」といったものが流行ったり，すべては情緒障害であるとされて「箱庭」療法が一世を風靡したり，現在ではすべてが「発達障害」といった脳の器質，機能的な問題に転嫁され，親の養育態度は二の次で，被虐待児も発達障害と診断されたり，教育的背景に基づく現実的な適応ばかりに関心が向いています。バランスのとれた診立てが必要であることは，いくら強調しても，強調しすぎることはありません。

　人を植物の球根を喩えとして考えてみましょう。今ここに2つのほとんど差異のない球根があることを想像してみてください。適切な土壌，水，光，風通しを与えられれば，綺麗な花を咲かせるでしょう。しかし，痩せた土壌，いい加減な水やり，じめじめした日陰であれば，当然，花は咲かずに，芽も出すことなく，腐ってしまうかもしれません。次に，最初から差異のある球根であれば，良質なものでも悪環境であれば立派な花を咲かすことはできず，質の良くない球根であっても，とても適切な環境であれば花を咲かすことができるかもしれません。球根，花，適切な環境とか，いささか不謹慎ですが，臨床的には，いわゆる多くの普通の子どもは，環境の如何を問わず試行錯誤しながら自ら芽を出すことができます。しかし，身体，知能，コミュニケーションなどで脆弱性を生来，持ち合わせている子どもにとって，好ましくない環境はより苛酷なものとなりやすく，環境に押し潰されてしまうこともあり，十二分にその子どもに適した環境を与える必要があるのです。

　子育て支援で重要なことは，**極端な思い込みに偏倚することなく，子育て困難を来たしている母子と母子を取り巻く環境をバランスよく評価すること**，といえるでしょう。

（2）精神分析の母子関係理論

　精神分析はフロイトによって創案された自由連想法によって，理論と実践が

弁証法的に展開しましたが、重篤なクライアントにとって大きな問題は母子関係に起因していることが明らかになり、母子関係の研究や理論は精神分析にとって必須のものとなりました。クライン派、**対象関係論**学派内ではとくに早期母子関係、自我心理学ではヴィデオや実験などを用いることで実証的な母子関係の研究が活発化しました。ちなみに、本章で論じることのない愛着は自我心理学の代表的な発達論です。早期対象関係というと難解ですが、新生児が空腹のあまり泣き叫び、母親がどのように対応するかといったことを想像してください。ここで起きる母子の相互関係の物語こそが、乳房という対象とのかかわりである対象関係、すなわち早期対象関係の中核となります。

① **クライン，ビオン**（図5-2）

クラインは子どもや統合失調症患者の精神分析を通して、新生児は空腹という本能的な衝動に訳のわからない恐怖を抱き、これが泣き声という形式で外界に投影（投影同一化）されると考えました。この投影は母親の乳房（対象）に出会うこと、つまり授乳されることによって緩和されるといった大枠のシェマを提案しました。乳児期早期には、この授乳という至福を与える乳房は「よい乳房」、授乳せず欲求不満を引き起こす乳房は「悪い乳房」として、乳児はひとつの乳房を別個のものとして認識すると考え、このときの状態を「**妄想分裂ポジション**」（**PS**）と名づけました。よい乳房による体験が増えるにしたがって、乳児の空想世界では、悪い乳房を攻撃しても乳房は破壊されずに生き残り、やがてよい乳房と悪い乳房が同一であるという認識が可能となると考え、「**抑うつポジション**」（**D**）と名づけました。乳児は理想的で万能的な「よい乳房」を喪失し、現実的な乳房の存在を受けいれなければならず、抑うつという用語を使用しました。この抑うつという用語は病的な意味ではありません。

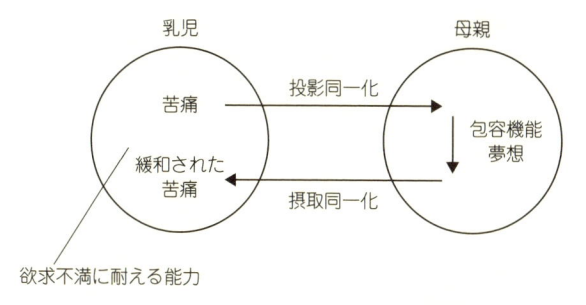

図5-2　クライン・ビオンの母子関係理論

ビオンはクラインの死後，クライン派の代表的な精神分析家であり，投影同一化の概念を洗練化し，母子関係理論を「考えることについての原理」(1962/2007)のなかでまとめました。乳児は空腹という，まだ名前もついていない恐怖を母親に投影します。この恐怖はうまく母親に取り入れられ，母親が「あら，お腹が空いているのね」と言いながら，優しく抱っこし，授乳が始められれば，この名前のない恐怖は母親によって緩和され，空腹という名前をつけられ，乳児はこの緩和された恐怖を取り入れることが可能になります。この乳児の恐怖に気づき，適切に授乳する母親の機能を**夢想**とビオンは称しました。一方，乳児は生まれながら，すでに乳房という前イメージがあり，空腹を感じ，乳房に出会うときに乳房というアイディアが誕生します。母子関係のやりとりによって，乳児には自分に授乳してくれる乳房という対象（イメージ）が確立します。これによって，授乳を待たなければならないときがあったとしても，授乳されたときのよい体験を考えることで授乳を待つことができるようになります。こうした乳児の待つことのできる機能の基盤には，**欲求不満に耐える能力**といった生得性の能力が想定されています。早期の母子関係は，母親の機能と乳児の能力により乳児の原初的不安を緩和することによって健全に成されるのです。

　クライン派の母子関係の障害をまとめると，次に挙げるような場合が想定されます。①乳児側の要因：欲求不満に耐える能力が乏しく，不安が著しく高い乳児であれば，自分に処理できない大規模な不安を外界に投影することになり，いかに適切に母親が対応しても養育困難な状態が継続します。逆に，自閉症児のように投影が著しく低い乳児であれば，いかに母親に適切な機能があろうとも十分に乳児を包容することはできません。②母親側の要因：母親の産後うつ病等の疾病，虐待等の養育能力の欠如によって**包容機能**が低下している母親であれば，乳児の不安に恒常的に適切に対応することができません。③母子のやりとりの要因：母子それぞれの空想がコミュニケーションの不全を引き起こす場合があります。母子の相性の問題であったり，母親自身の養育体験の影響などであったりします。

　② ウィニコット（図5‐3）

　英国の小児科医でもあるウィニコットは，当初クラインの影響を受け，抑うつポジションの概念の洗練である**思いやり**等の概念を展開しました。その後，ウィニコットは独自の見解である母子分離の中間段階としての**移行空間**，**移行**

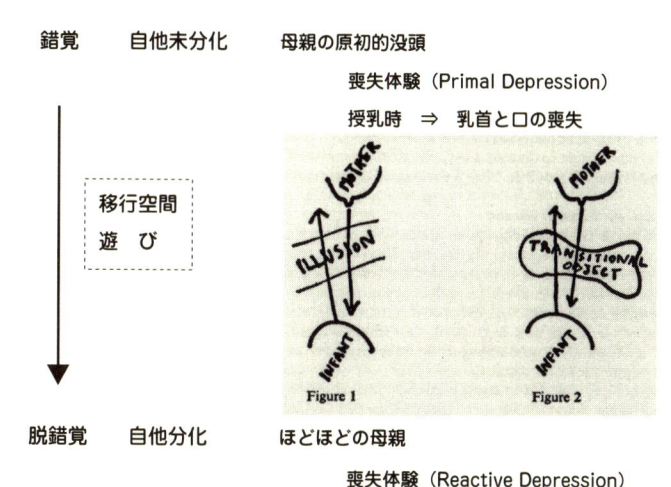

錯覚　　自他未分化　　母親の原初的没頭

喪失体験（Primal Depression）

授乳時 ⇒ 乳首と口の喪失

```
┌─────────┐
│ 移行空間 │
│  遊 び  │
└─────────┘
     ↓
```

脱錯覚　　自他分化　　ほどほどの母親

喪失体験（Reactive Depression）

全体対象喪失

図5-3　ウィニコットの母子関係理論

対象，遊ぶこと等の理論を発表し，現在の精神分析に強い影響を与えています。

　ウィニコットは早期の母子関係理論において，クライン派とは異なる見解を有しています。ウィニコットは「移行対象と移行現象」（1951/1979）で，"自分でない"所有物に注目しました。生後数カ月の乳児は自分の握りこぶしを口に入れたりしますが，その後，毛布等の柔らかいものを口にもっていくようになります。この毛布等は，"自分でない"所有物であり，これを移行対象と定義しました。最初，赤ん坊は現実を受け入れる能力がないため，この毛布などをあたかも自分の一部であるかのごとく感じますが，成長すればそれを外的なものであると認識できるようになります。しかし，この双方の状態には中間的な領域（移行領域）が存在し，これを内的現実と外的現実の双方に関与する重要な中間領域としました。この移行対象・移行領域の概念を中心にして，ウィニコットは早期母子関係を"**錯覚－脱錯覚**"として，次のように説明しました。

　母親は生後間もない乳児の欲求を完全に満たすように育児に没頭すること（**母親の原初的没頭**）で，自らの乳房が乳児の一部であるかのような錯覚を乳児に与えます。出産後の母親は赤ん坊のことだけに専心するといった"健全な精神病状態"にならなければなりません。育児に没頭する母親は乳児の空腹を敏感に感じ取り，実際の授乳をします。乳児はこの現象下で，自分が欲すれば，

いつでも乳房を作り出せるという魔術的で主観的な経験をすることになります。ここでは，乳児の一次的創造性と現実検討に基づく客観的知覚との間に領域が存在します。乳児の主観のなかで，乳房は自分の一部ですが，客観的には外的なものです。この内的とも外的とも決められない領域が移行領域であり，この乳児の主観体験が錯覚といえます。

　ウィニコットは手書きの図を提示することで，これを説明しました。ほどよい環境下での乳児は本能的緊張から生起する欲求をなにかが必ず満たしてくれるという考えを抱きます。つまり，乳児は自分の創造能力に対応する外的現実があるという空想をもつことができるのです。ここで重要なのは，乳児が空腹を感じ，それを欲する瞬間に乳房を作り出せる限りにおいてしか，乳房は知覚されないということです。母子の相互交流はなく，乳児は自分の一部である乳房から乳を飲み，育児に没頭する母親は自分の一部である乳児に乳を与えています。母子の分離は存在せずに，錯覚に媒介された母子一体感が存在します。図は錯覚から移行対象を表現しており，これが離乳の準備段階となります。万能的な錯覚に浸っていた乳児は，現実検討能力の発達とともに，自分の欲するときに乳房が作り出せるわけでないことを知るようになります。空腹を感じると常に乳房が差し出されるわけではなく，欲求不満を感じざるをえないときも生じてきます。つまり，こうして錯覚は現実的な幻滅の体験にともない脱錯覚の過程を踏み出すのです。これは通常，急速な喪失体験ではなく，ゆっくりと進展する体験です。移行対象は乳児の内部に存在するのか，外部に属するのかを決定できない中間領域に存在します。ウィニコットは早期母子関係を，幻想と現実との狭間に位置している領域，つまり錯覚から脱錯覚へのプロセスとして論じました。

　これは健康な発達過程ですが，ウィニコットは病的な過程として乳房の喪失についての2つの類型を記載しています。そのひとつは，乳児がまだ乳房との一体感という錯覚のなかにいる間に起きる早期の乳房の喪失であり，このような場合は自分の身体の一部を喪失したかのように感じられます。これを精神病的うつ病とし，重篤な精神疾患のひとつと考えました。もうひとつは錯覚の段階以後での乳房の喪失であり，この場合は対象との分離感の兆しがあるために，反応性うつ病という形式で露わになると考えました。

　ウィニコットの早期母子関係はクラインの「妄想分裂ポジション」とはまっ

たく異なる様相です。ウィニコットの世界は母親との一体感に包まれ，ゆっくりと現実の分離を知る母子という穏やかな風景が見えるようです。これに比して，クラインの妄想分裂ポジションの世界には必死に生きようとする乳児の孤軍奮闘が見えるようです。こうした相違はお互いの生育歴などの個人的な体験によるのかもしれませんが，知りうることのできない乳児の世界に関する双方の意見の相違は妙味といえます。

やや難しい理論の説明となってしまいましたが，双方に共通していることは，母子関係の障害が早期であればあるだけ，事態は深刻になるということです。これはスピッツの主張と一致し，多くの研究論文にも支持されています。つまり，**物言わぬ乳児であればあるだけ，子育て支援が重要**なのです。我が国では，一般的になっている「里帰り分娩」は，母子の絆を築くには最適であり，充分に評価できるものです。しかし，昨今，家族の崩壊とともに帰る実家のない母子も多くなっています。英国では，基本的に自宅への保健師の訪問という形式で母子のフォローを積極的に行なっていますが，我が国でもこれに準じたケアが必要となってくる時代かもしれません。

③ マーガレット・マーラー

米国で発展した自我心理学の代表的な発達理論はマーラー（1975/1981）の提唱した「**分離-個体化**」理論です。マーラーは1960年代にニューヨークで健常な母子を対象にした厖大なヴィデオフィルムによる実証的研究によって，新生児から3歳児までの発達理論を導きました。**分離**とは自他未分化な新生児から分離不安への対処を習得する幼児までの心的発達であり，**個体化**とは現実を認識する認知などの自我機能，運動，言語能力などを含めた神経的発達であり，双方が相まって幼児の健康な発達が成されるというものです。つまり，幼稚園の年少で入園する幼児は，当初は分離不安を短時間示すかもしれませんが，1カ月もすれば幼稚園の集団生活に慣れ，幼稚園の先生の指示を理解し，他児にも関心を向け，楽しく遊ぶことができるようになります。マーラーの発達理論を次のようにまとめましたが，未分化期の正常な自閉段階に関しては，後述のスターン等に批判され，自ら撤回しましたが，練習段階以後の発達は実証的であり，現代でもその知見の意義は失われていません。

Ⅰ．未分化期（1～4カ月）

Ⅰ-1．正常な自閉段階（1～2カ月）

フロイトの見解に従って，刺激遮断によって幻覚的全能感を有する胎児期の名残を残した時期で，自己と外界の区別がなく自分の心的世界にしか関心を向けることができない正常な自閉的な状態と仮定しました。

Ⅰ‐2．正常な共生段階（3～4カ月）

この時期の乳児は母親と自分は一心同体の存在であって，自己と母親の境界線は存在せず身体精神的融合の感覚に覆われています。母親は自分に安心，食物を与えてくれる欲求充足的な存在であり，そうした母親と自分を一体であると妄想的に認識し，共生的に融合しているように感じています（二者単一体）。

こうした見解は，当時，精神疾患は子どもの発達時期のある段階に退行し，固着してしまうという病因論が趨勢を占めていたために記述されたものです。現代では，より主体性をもって環境にかかわる乳児像が立証されています。

Ⅱ．分離‐個体化期（5～36カ月）

Ⅱ‐1．分化段階（5～8カ月）

乳児はこの時期に自己と母親が異なる存在であると認識し始めるだけでなく，自分の母親と他人を見比べる態度をとり始めます。入念なチェックは税関検査ともいわれます。未分化期での母親との融合状態を抜出し（孵化），自分と母親の違いを認識し，最終的に母親以外の他人に「人見知り不安」を示し始めます。マーラーはこの時期の人見知り不安に至るまでの乳児の心的発達を示しました。

Ⅱ‐2．練習段階（9～14カ月）

この時期の乳児は外界への好奇心が増し，意気高揚と母親から分離を始めます。母親の不在時に，後追いや分離不安を示しますが，立位歩行が可能となった身体運動能力と外界の認知能力が発達するにつれて，母親から分離して自由に行動し始めるようになります。探索行動や他児への関心も認められるようになりますが，母親と離れている不安や寂しさが強くなると再び母親に戻って，**情緒的エネルギー補給**を行なってもらいます。子どもの不安や寂しさの信号に対して，母親の微笑みや優しい声かけ，抱擁などの情緒的応答性が重要になってきます。さらに，母親への愛着や関心の代理となる人形やおもちゃなどの「**移行対象**」が出現してきます。

Ⅱ‐3. 再接近段階（15～24カ月）

　幼児は歩行自由になったこの時期に母親からの分離意識がさらに高まりますが，完全に分離すると分離不安が強まるという矛盾した感情に苛まれます。そのため，いったん分離しかけるものの，また情緒的エネルギー補給基地である母親の所に舞い戻るという「**再接近**」行動が頻繁に認められます。母親に再接近してしがみつき行動をとることで見捨てられることから自分を防衛する一方，今度は接近のあまりに，母子境界がなくなり自己の存在が脅かされるような呑み込まれるような不安を感じます。このように矛盾した感情を同時に抱くことを**両価性**といいます。この段階で，適切な母子の距離が成されます。しかし，これが激しいとき（**再接近危機**）には，母親は途方に暮れ，子育て困難となり，支援を必要とすることもあります。こうした状態は，ほとんど一過性の情緒的葛藤であり，父親の育児参加などで改善しますが，この葛藤は成人の境界例などの性格障害の中核となり，ここでの不安は「**見捨てられ不安**」，「**呑み込まれ不安**」として知られています。

Ⅱ‐4. 個体化段階（24～36カ月）

　2歳を過ぎるこの時期には，母親からの分離が成立し，母親と一定時間，分離していても情緒的に耐えられる個体化の能力を確立します。自律的な自我機能を獲得し，現実検討識も上がり，母親不在の分離不安への耐性ができてきます。

Ⅲ．情緒的対象恒常性の確立期（36カ月以降）

　3歳を過ぎた幼児の心的世界には自己表象と対象表象が明瞭に分化して確立し，それぞれの表象は「よい」，「悪い」の両面をもつ全体的な統合性のイメージを可能にするようになります。心の世界に自分や母親・父親，他人の表象を心に想起できるようになり，対象の恒常性が内在化され，持続性をもつようになります。この結果，幼稚園などで長時間一人で過ごすことができるようになります。

　子育て支援の相談者は，幼児の養育に悩む人が多く，マーラーの発達論は実際の指導等の示唆を与えるものといえます。

④ ダニエル・スターン

　スターン（1985/1991）は現代の乳幼児精神医学の代表的な研究者であり，従来の精神分析には必須の概念である欲動，対象といった用語を破棄し，乳幼児がどのように世界を主観的に体験しているのかを描くことを試みました。この外的世界とかかわる特定の体験を整理するオーガナイザーとして**自己感**という概念を中心に論じました。スターンは精神分析の患者が語る乳児像を臨床乳児，直接的に観察された乳児を被観察乳児と呼び，これを統合することで新たな乳児の世界に関する知見を展開しました。スターンが提唱する自己感はそれ自体が自己発生的なものであり，4つの自己感から構成されています。それはⅰ）新生自己感　ⅱ）中核自己感　ⅲ）主観的自己感　ⅳ）言語自己感であり，4つの自己感は，従来の発達論のように段階を踏むものではなく，終生，変わりなく存在していることを論じています。

　さて，乳児は生後間もなく**新生自己感**と呼ばれるオーガナイザーで，自己も区分されていない混沌とした世界を整理し，自己と世界の間に境界を作り始めます。このとき，乳児は視覚，聴覚，触覚，臭覚，味覚などといった個々の知覚が別個に存在することなく，ひとつの知覚が他の知覚に変換されることで，世界の刺激を最大限，吸収しようと試みています。これは無様式知覚と呼ばれますが，成人になっても美味しそうな料理の写真を見れば匂いや味を感じるかのような錯覚があり，これに属することです。また，乳児は活発に生理活動をしており，**生気情動**というカテゴリー化されていない情動で，瞬間的に刻々と変化する世界を生き抜きます。これは本能の表現でもあり，これによって母親からの積極的な世話を受けることができるようになります。次に，2，3カ月から6カ月の乳児は**中核自己感**によって，自己が唯一，一貫した存在であるという感覚，自己の身体と世界との境界の感覚を確立します。つまり，乳児は母親とは別個の存在であり，乳児は自己の発動性，一貫性，連続性，情動体験を認識するようになります。乳幼児観察の経験からすれば，生後2，3カ月になると乳児の表情がしっかりと人間らしく母親を見つめたりするようになり，大きな飛躍を観察することができます。生後7カ月を過ぎるころより，乳児は行動の背後にある感情，意思，動機などを知るようになります。これは**主観的自己感**の発達によって成される展開であり，乳児は自分自身のこころだけでなく，他者にも自分と同じようなこころが存在することに気づくようになります。こ

れによって，乳児は他者との関係性のなかで生きることができるようになるのです。スターンによると，この時期に，母子間で知覚をともに楽しむ，一緒にあるものを見たり，音楽を聴いたりするようになります。ここには母子間での情動の相互交流が存在し，これを**情動調律**といいます。典型的な情動調律の例は，1歳前の乳児が声を上げながら，何かを取りたいと思って母親を見ると，母親がそれに対して同じような調子の声，あるいは身振りなどで反応することです。こうした情緒の交流は，別個の存在でありながら共にあるといった人間にとって不可欠な情動を形成します。生後2年目になり，言語が話せるようになると**言語自己感**が発達します。このときまでに，乳児は現実の検討，自己・他者の意思や情緒を認識できるようになり，象徴化能力が形成され，過去・現在・未来などの時間軸を認識できるようになります。言語は自己の世界認識，他者との間主観性を大幅に拡大しますが，言語以前の経験を歪めることにもなってしまいます。ときに言語巧みなアスペルガー症候群の人たちの情緒が未熟であるということも，スターンの見解を踏まえると容易に理解できます。これらの自己感は不動のものではなく，一生にわたって共存，洗練，ときには病理の起点として機能することを記しています。

　スターンの発達論は実証的視点から，乳幼児の能力の高さを論じていますが，子育て支援に携わる専門家は母親以上に乳幼児の立場に立つ重要性を示唆しています。

第3節　母子関係から父子関係への精神分析理論

　精神分析はフロイト（1916/1971）によって創案されましたが，フロイト自身は母子関係の観点に多くの関心を向けませんでした。おそらく，フロイト自身が余りある母親からの愛情を受け，母子関係での葛藤を感じていなかったからであろうと言われています。フロイトの主な関心は父子関係にありました。フロイトは**エディプス・コンプレックス**の概念を精神分析の中核概念として発展させ，現在では精神分析の枠組みを超えて汎化され一般用語としても受け入れられています。その原点は，フロイトの個人的な父親の喪失体験に基づいており，フロイト自身が自らの空想のなかで父親への殺意を見出したことを起源と

しています。それはフロイト個人の空想に留まることなく，ギリシャ時代から延々と演じ続けられている「エディプス王」の戯曲に相当するものとして，人類に普遍的な空想であると考えました。フロイトのエディプス・コンプレックスは男児に限ったものですが，基本的に男女を問わず異性の親への関心と**同性の親への同一化の過程**と考えることも可能です。よって，その過程の道筋は①異性の親への関心　②同性の親からの攻撃（男児であれば去勢不安）③同性の親に対する敗北　④同性の親への同一化（超自我）⑤両親をカップルとして認めること，です。こうした心的発達の過程が成されることが，5，6歳の子どもに必要な心的発達と考えたのです。これをわかりやすく解説するとすれば，たとえば煮詰まってしまった母子関係であれば父親が仲裁に入ったりすることであり，また一般的な「父を越える」という言い回しがあり，これはエディプス・コンプレックスに言及していることになります。良性のエディプス・コンプレックスであれば，当然のことながら父親の存在は母子関係の潤滑油として機能することになり，子どもの成長を促すことになります。さらに，古典的ですが父親は社会を家庭に持ち込むことになり，子どもの世界が外的世界に広がることに寄与します。子育て支援では，幼児ともなれば，母子関係だけでは不十分となり，この父親の役割のように，祖父母，親族，保育園などが母子関係を支援する環境として考えることができるでしょう。

第4節　子育て支援への精神分析的アプローチ

　子育て支援の相談機関や児童相談所に援助を求めてくる母親や保護者，あるいはすでに虐待という事実によって児童相談所等の公的組織で処遇されている母親や保護者たちも子育ての悩みを抱えています。**子育て支援の目的は，いかにして「子育て困難」を改善し，養育者が子育てに喜びを見いだせるように支援するか**ということです。

　こうした研究は，1960年代から米国の精神分析家セルマ・フライバーグが行なった子どもの発達プロジェクトに端を発します。フライバーグは精神科や他の施設に受診もできない家族を訪問することで，積極的な育児支援を行ないました。この研究によって，「**赤ちゃん部屋のおばけ**」と題された論文で，現在，世代間伝達という子育て支援にかかわっている専門職に馴染みのある現象

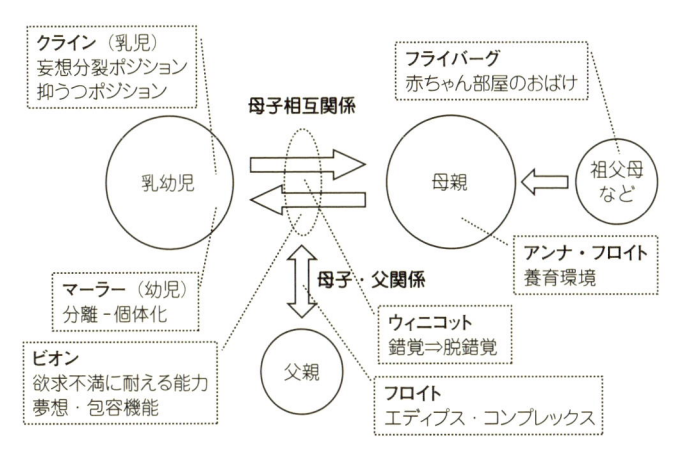

```
クライン（乳児）              フライバーグ
妄想分裂ポジション            赤ちゃん部屋のおばけ
抑うつポジション
              母子相互関係
    ┌─────┐  ⇄  ┌─────┐   ┌─────┐
    │乳幼児│      │母親 │ ← │祖父母│
    └─────┘      └─────┘   │ など │
                            └─────┘
                            アンナ・フロイト
                            養育環境
マーラー（幼児）    母子・父関係
分離-個体化         ウィニコット
                    錯覚⇒脱錯覚
ビオン              ┌─────┐
欲求不満に耐える能力 │父親 │
夢想・包容機能       └─────┘
                    フロイト
                    エディプス・コンプレックス
```

図5-4　子育て支援と精神分析

を世に有らしめました（フライバーグほか，1975）。「赤ちゃん部屋のおばけ」という意味は，欧米では生後間もなく両親と別室に乳児が寝かされる部屋には，主に母親が背負った母親自身の辛い養育体験や世代を超えた悲惨な歴史などが乳児に投影され，おばけのように母子関係を支配していることを示しています。フライバーグはこのプロジェクト発足直後のふたつの悲惨な生育歴のある母親の臨床例を生き生きと記述しています。フライバーグは，犯罪，近親相姦，多くの喪失などが渦巻いている家族を背景にもち，自分自身が半ば虐待的な環境で養育された母親，家族の治療を行ないました。フライバークらは母親が自らの生育歴の悲惨さを否認することで養育困難に陥っていることを見出し，「母親が自分の泣き声を聞いてもらうことができれば，その母親は自分の泣き声を聞くだろう」と結論し，母親自身の養育体験にスポットを当てました。さらに，虐待の連鎖と言われる**攻撃者との同一化**についても喚起を促しました。フライバーグの視点は，現在の子育て支援の治療的アプローチの基礎となっています。

一方，英国の精神分析の治療，教育施設であるタヴィストック・クリニックでも，ボウルビィも活躍した子ども家族部門では，ミラー（2003/2007）を中心に「5歳児以下の子どものカウンセリングサービス」が提供されています。乳幼児を抱えた母親や保護者の悩みは緊急を要するものもあり，ウィニコットの臨床のように，短期間での改善もしばしば経験します。そこで，タヴィストックでは，まず子育てに困難を来たしている母親，両親に原則的に5回のセッシ

> スピッツ：ホスピタリズム・アナクリティックうつ病・8カ月不安
> ボウルビィ：愛情剥奪・愛着
> アンナ・フロイト：防衛機制・攻撃者との同一化
> クライン：早期対象関係（母子関係）・心的発達
> ビオン：包容機能・夢想・考えること・欲求不満に耐える能力
> ウィニコット：抱っこ・母親の原初的没頭・錯覚⇒脱錯覚・移行対象
> マーラー：分離 - 個体化・再接近危機
> スターン：自己感・生気情動・情動調律
> フライバーグ：赤ちゃん部屋のおばけ

図5-5　子育て支援と精神分析の要点

ョンを提供します。これにかかわる専門家は精神科医，心理療法士，ソーシャルワーカー，心理学者から構成され，それぞれの領域で熟練していることが必須とされています。乳幼児の生命がときに危機にさらされていることを考慮すれば，迅速な判断が必要とされるからです。また，チームとして機能することで，多方面からの支援を行なっています。ここでは，母親を中心として家族の抱えている問題をアセスメントすることが中心であり，アセスメントをするだけで母親自身が短期間で自分の不安を理解し，自己完結的に問題を解決するようになります。しかし，こうした症例だけでなく，母親の精神疾患，家族の問題，子ども自身の障害など短期で終結することのない症例では，それぞれ専門家に紹介されるというシステムとなっています。

さらに，英国では子育て支援の専門家を養成するためのセミナーも積極的に開催されており，そこでのテキストとして『*Parent-Infant Psychodynamics*』（ラファエル・レフ，2003）が出版されています。これは母子臨床にかかわる専門家向けに，精神分析，発達心理学の卓越した論文で構成されています。

我が国は子育て支援の相談が地域ごとになされており，充分に組織化されているわけではなく，また専門家の育成も不充分なのが現状です。こうした現状であれば，できるだけスタッフ間だけでなく，他組織とも緊密な連携をとり，機能するチームを構成することが必須でしょう。

図5-4に子育て支援と精神分析の関連の概略を記しました。子育て支援という実際の臨床場面では，相談内容が千差万別であり，背景が複雑であったり，

虐待や親の精神疾患など，子どもに危険がともなう場合もあり，迅速な判断を要する症例にも遭遇するでしょう。こうした場合に備える意味でも，図5-5に記載された用語はすでに翻訳されている書物に詳細が記述されていますから，これを参考にして，冷静かつ迅速に対応できるだけの知識を身につけるように期待しています。

第6章

比較行動学からの示唆

第1節　比較行動学とは？

(1) 比較行動学の基本的考え方

　動物には，ふたつの環境があるといわれます。ひとつは，自らを取り巻く物理的環境であり，もうひとつはさまざまの感覚器官を通して自らがとりこむことで形成される心理的環境です。つまり，動物は，視覚，聴覚，味覚，嗅覚といったさまざまの感覚器官を通して物理的環境からの情報を受け取り，脳の働きによって情報が処理され，行動を用いて物理的環境に働きかけます。このような感覚器官の特性はそれぞれの動物に特有の心理的環境を形成することとなり，そのため，この心理的環境は動物によって異なります。したがって，イヌにはイヌに特有で，ほかの動物種とは異なる心理的環境があり，同じ物理的環境に生活しているとしても，ヒトとイヌはそれぞれ異なる心理的環境をもっています。さらに，多くのサル類は立体視・色彩視が可能であり，嗅覚が発達している地上に生活するほ乳類とは異なる心理的環境をもっています。しかし，同時に，同じ動物種であっても，感覚器官の衰えなどにより，個体発達のなかで，たとえば，乳幼児と老人では異なる心理的環境をもつこととなるのです。

　動物は，物理的環境に適応して自らの生命を維持し，同時にその生命を次の世代に引き継ぐために自らを変化させてきた結果，それぞれの動物はその動物種に特有の形態的特徴をもつようになり，形態の特徴を手がかりとして，我々が見分けることのできるような動物種を形成してきました。

　さまざまの動物の表情や行動について詳細な観察と資料の収集を行ない，同種の動物には形態や生理の特徴と同じく，姿勢，発声，あるいは手足や顔面の動き等の行動にも共通の特徴があり，またヒトの情動表出にも共通の特徴があることを具体的に示したのは，ダーウィン (1872/1965) でした。情動表出は，

顔面の変化にとどまらず，姿勢，手足や首などの身体の各部位の動きや運動などの変化も含まれます。とりわけ霊長類の多くが樹上性[1]であることから，顔面の変化と連動する，あるいは顔面の変化を補うはたらきをもつ音声や手足の動きも「表情」のひとつとして重要です。ダーウィンは，進化論にとどまらず，表情をはじめとする行動研究に注目し，行動の比較研究への新しいページを開いた開拓者でもありました。

ダーウィンの進化論，とりわけ『人間および動物の情動表出』(1872/1965)を出発点として，ホイットマン，ハインロート，クレイクらが，動物行動の比較研究をひとつの研究分野として発展させました。その後，ローレンツ，ティンバーゲンとフォン・フリッシュらは，形態や生理の特徴に加えて，姿勢，表情，音声などの粗大のあるいは微細の行動をも手がかりとして，行動の比較研究をひとつの研究領域として体系化し，その功績により，1973年にノーベル医学生理学賞が授与されました。

比較行動学では，できるだけ自然の，あるいはかれらが生活する実際の場面で動物や人間の行動を観察し，**いかなる仕組みによって行動が生起するか，行動が個体と種の維持と変容にいかに役立っているか**，あるいは**なぜかれらがそのような行動をするのか**などを明らかにしようとします。そのために，比較行動学では，長い進化のなかで動物が生活してきた自然の生活場面のなかで，かれらの行動を詳細に観察し，このような自然観察から得られた行動をもとに，遺伝的に決められた種に固有の行動様式である**固定的行動型**にとくに注目して**行動目録（エソグラム）**を作成し，このような行動を手がかりとして，さまざまの動物について系統発生的に比較検討することにより行動発現の機構を明らかにしようとするのです。

比較行動学の基本的構想によると，動物はある特定の外界からの刺激に対してきわめて感じやすい神経感覚的な機構をもっています。これは**（生得的）解発機制**といわれます。他方，動物にとってそのように特別に感じやすく，生得的行動を引き出す刺激が**解発刺激**，あるいは**解発体**といわれています。生得的

---

[1] 樹上性の動物である霊長類は，その多くの種では，嗅覚の発達している地上性の動物とは異なり，色彩視と立体視が可能であるなど視覚優位の動物であり，また，手や手で物をつかむ，つまむといった動作や行動をすることができる動物も霊長類だけです。したがって，霊長類は，目と手の動物といわれることもあります。さらに，聴覚が発達していることは，地上性と樹上性の動物に共通に見られる特徴です。

行動の特徴は、もし長期間にわたって解発されないようなとき、行動を解発するのに通常必要とされる閾値が低下し、ごくわずかの、あるいは類似する刺激に対しても、ある生得的行動を発現させてしまうところにあります。

ところで、比較行動学の主な研究対象となった動物は、当初、トリやサカナなど、孵化あるいは出生後の成長や発達の早い動物でした。この頃の比較行動学研究をめぐる大きな問題は、ある動物種の特定の行動の生起が生得的か経験（学習）によるのか、たとえば、**インプリンティング（刻印づけ）**は、生得的であるか、あるいは特異な学習であるのかという行動の発生をめぐる問題でした。生得的行動とはいかなる行動かという問いに対して、未経験個体に発現する行動であると答えることはできても、それでは未経験個体の示す行動がすべて本能行動であるのか、あるいはそもそも未経験性をどのように証明するかは比較行動学において大きな問題でした。

このような行動の生得性をめぐる問題を解決するうえで、ある行動が幼体にはじめて発現するときに、成体と同じ行動形態をもっているか、それとも最初は未熟な行動が発現し、時間経過とともに成体の行動に変化していくのかが大きな問題となりました。そのためには、出生直後の成長や発達の過程を詳細に調べることのできる、系統発生上、高等な動物を研究対象とすることが重要であり、比較行動学研究の最初からヒトを含む霊長類を対象とした発達研究が必要とされたのです。

(2) ハーロウとボウルビィの研究

このような研究の流れのなかで、比較行動学研究に大きな貢献をなしたのは、それぞれ研究の対象となったのはサカナやトリ、アカゲザル、ヒトと、動物種が異なるとしても、ローレンツ（1903-1989）、ハーロウ（1905-1981）、そしてボウルビィ（1907-1990）でした。彼らは、ドイツ、アメリカ合衆国、イギリスと研究機関の所在地を異にしつつも、ほぼ同時代に欧米で活躍した研究者であり、互いに大きな影響を及ぼしあっていました。本稿では、次に、ハーロウとボウルビィの研究について概観します。

① ハーロウ

ハーロウは、1950年代から1960年代までは、ネズミを用いた**「学習の構え（ラーニングセット）」**の研究で大きな成果を挙げていましたが、研究対象をサ

ル類に広げるなかで，アカゲザルの子ザルが飼育檻の金網やタオルにしがみつき，この布を取り去ろうとすると金切り声をあげるなどの激しい情緒反応を示すことに注目し，サル類の愛情や愛着に関する研究を開始しました。

　当時のアメリカ心理学は行動主義の立場からの研究が盛んに行なわれ，多くの心理学者の関心は飢え，渇き，あるいは痛みといった一次的動因を用いた学習や条件づけの研究に向けられていました。そのなかで，愛情は，飢えや渇きなどの一次的動因を満足し，動因が低減する結果として二次的に形成されると考えられていました。ハーロウは，幼児ザルの行動を詳細に調べるとともに，母ザルの代理模型を作って最初の実験を始めました。金網と布製の母模型を用いて，幼児ザルは授乳よりも接触の満足の方を好むというこの最初の頃の実験の結果は，心理学に限らず多くの分野に大きな影響を及ぼしました。彼の研究の重要性は，行動主義全盛の時代にあって，愛情も，飢え，渇き，痛みなどと同じく，一次的動因によって生じる，つまり生得的行動であることを実証したところにあります。

　この一連の研究の最初の報告は「愛情の本質」(1958)ですが，この論文には引用論文が全くなく，ほぼ同じ頃に出された論文（たとえば，ハーロウ，1959；ハーロウほか，1958, 1959）の引用論文には，きわめて興味深いことに，リブル，ボウルビィなどとともに，ローレンツの「鳥類の世界における仲間(1937)」が掲載されています。つまり，ハーロウは比較行動学と精神分析学から影響を受けてアカゲザルの行動発達と愛情の研究を開始し，進めていったのです。

　ハーロウの研究をきっかけとして，霊長類行動研究，とりわけ，行動発達や母子関係に関する研究は1960年代以後急速に進むこととなり，とくに霊長類を対象とする比較行動学的研究は**霊長類行動学**といわれています。

② ボウルビィ

　ボウルビィが知られるようになったのは，WHOからの依頼により，幼児期の母性喪失が子どもの発達に深刻な影響を及ぼすという，幼児の健全な発達におよぼす基本原理をまとめた研究報告（ボウルビィ，1951/1967）からでしょう。この報告に，ローレンツやハーロウの研究は引用されていませんが，おそらくこの研究報告以後，彼は人間の生得的行動に注目し，比較行動学とのかかわりをもつようになったのではないかと考えられます。その後の著作（たとえば，ボウルビィ，1979/1981）には，鳥類の仲間や比較行動学に関するローレンツの

論文，ハーロウのマザー・ラブ実験に関する初期の論文，あるいはハインドのアカゲザルを用いた行動発達や母子隔離に関する論文などが引用されています。

　ボウルビィの多くの論文のなかで注目されるのは，1958年に精神分析学雑誌に掲載された論文です。この論文のなかで，彼は，12カ月齢までに，子どもは母親像に対して強い愛着を発達させ，この愛着の形成に，**吸乳行動**，**しがみつき行動**，**追従行動**，**泣き行動**，そして**微笑行動**が重要であることを指摘しています。愛着形成とかかわるこれらの行動のなかで，微笑行動は人間に特有で他の動物には見られない行動であると，これまで考えられてきましたが，最近，新生児微笑がチンパンジー乳児にも見られることが指摘されており，これらの行動の発達について，人間および他の霊長類との詳細な比較研究が待たれるところです（たとえば，Kawakamiほか，2008）。

　また，この論文には，比較行動学と精神分析学の論文が引用されており，彼の研究上の背景をうかがい知ることができます。さらに，ボウルビィの研究で見落としてならないことは，**母性喪失による子どもの行動研究を通して，子どもの行動発達における母親の役割を追求した**ことです。

第2節　人間の発達に対する示唆

(1) 人間を対象とした比較行動学

　比較行動学は，人間を含む動物行動の研究分野ですが，とくに主として人間を対象とするときには**人間（比較）行動学（ヒューマンエソロジー）**といわれます。この分野の研究は，ローレンツの行なった幼児図式の研究に始まるといわれています。彼は，人間の解発機制のひとつの例として，幼児のもつ，一般的に丸い体型，身体に比較して大きな頭，相対的に顔の下部にある大きな目，ふっくらと膨らんだ頬，太くて短い手足，しなやかで弾力性のある肌，そして不器用な運動様式などの特徴は人間のみならず他の動物の幼体とも共通する特徴であり，このような特徴に加えて子どもらしい行動やにおいなどの特徴が成人・成体に"かわいらしい"とか"愛らしい"という感情を引き起こすことを指摘し，これが人間における解発機制のひとつの例であると考えました。その後，ローレンツの高弟であるアイブル-アイベスフェルト（1970）は，欧米のみならずアフリカやアジアなどの多様な文化のなかに生活する人間に共通する

表情を,相手から気づかれないような特別の装置を取りつけたカメラを用いて撮影した画像を詳しく調べ,人間においてもあらかじめ遺伝的に決められた共通する行動の見られることを明らかにするなど,人間行動学をさらに発展させました。しかし,人間行動学の研究の歴史はまだまだ短く,最近では言葉が充分に発達していない乳幼児や障害児の研究もなされるなど今後の大きな発展が期待される分野となっています。

(2) サル類の母子分離・母子隔離の比較行動学

　母と子が身体的・心理的接触をともなうかかわり合いを必要とする発達段階において,母子を一時的に分離して身体接触をさせないことは,**母子分離**といわれます。母子関係が緊密な発達段階における母子分離は,母子ともに情緒的混乱や分離不安を生じさせる,あるいは子に**退行**を生じさせることもあります。他方,身体接触期以後の発達段階において母子分離がなされると,母子相互の自立・独立がいっそう促進されることもあります。つまり,母から子に向けられる母性行動と子の母に対する愛着行動を操作的に妨げることによって,母子関係を実験的に明らかにしようとするときにこのような方法が用いられます。母子がいかなる発達段階にあるかによって,母子の分離と再会という実験的操作が母子に与える影響は異なります。母子分離は,長期間にわたる母の不在が子に及ぼす影響を調べる**母性剥奪（マターナルデプリベーション）**のひとつの形態であると考えられます。

　ここでは,比較行動学の立場から,サル類の母子分離・母子隔離研究について,次に紹介しましょう。

　ニホンザルなどのサル類を,母子のかかわり合いがまだ緊密な,子ザルが1歳齢を迎える以前に,母ザルから分離し単独で隔離飼育すると,母ザルには,たとえば,飼育する人間への激しい攻撃行動が見られるほかに,子ザルには,仲間のサルとの社会的かかわり合いに障害をきたし,さらに**常同行動**といわれる行動形態上,特異な行動が発現します。隔離飼育子ザルの社会的行動の発達に関しては,発達段階のどの時点でどのような母子分離がなされると,たとえば,子ザルが成体に達したときの性行動がどうなるか,もしメスザルならば,出産したときに自らの子ザル,あるいはほかの子ザルに対して,どのような行

動を示すかといった，今後，時間をかけて調べなくてはならないことが多々あります。問題が複雑であり研究成果が十分に整理されていないので，ここでは，常同行動について，これまでに明らかになったことを素描します。

隔離飼育された子ザルに常同行動が発現することについては，人間の障害児にも隔離ザルと類似した常同行動や行動障害が見られるところから，多くの研究者の関心を集め，これまでに多くの研究がなされてきました（たとえば，南，1994, 1998を参照）。とりわけ，アメリカ合衆国を中心として，1950年代後半から，サル類を対象として，どのような常同行動がどのような条件によって生起するか，一度生起した常同行動がどのような条件下でどのように変容するかといった研究がなされました。このような中にあって，行動発達という視点から，メイソンとバークソン（1975）は，次のような重要な論文を発表しています。

彼らは，野外で出生し生育した母ザルから生まれた子ザルを生後2日以内に母ザルから分離し，母ザルの代理模型で飼育しました。これらの子ザルは，床に固定されている母ザルの代理模型とともに飼育された静止群（オス5頭，メス5頭）と，母ザルの代理模型が1日の大半の時間を上下に動き，床を不規則に移動する運動群（オス5頭，メス4頭）の2群に分けて飼育されました。また，子ザルたちは互いに見たり音声を聞いたりすることはできましたが，身体接触をともなうかかわり合いは許されませんでした。つまり，この研究は，母ザルの動き・運動が子ザルの常同行動の生起，ひいては子ザルの行動発達とどのようにかかわるかを実験的に検討したものです。その結果，静止群の子ザルの9頭が体ゆすり行動を発現させましたが，運動群の9頭はこの行動を示しませんでした。この結果は，体ゆすり行動という常同行動の生起に母ザルの日常生活の動きや運動が関与していることを示し，同時に，身体接触をともなう母ザルとのかかわり合いばかりではなく，母ザルの動きそのものが，子ザルの行動発達や常同行動の発現に，なんらかの関連性をもっている可能性を示唆しています。

子ザルの行動発達と，子ザルに発現する常同行動と母子隔離・単独飼育された時期との関連性をまとめると，次のようになります。

① 子ザルの運動・移動能力が十分に発達してなく，子ザルが母ザルにしがみつき行動を向け，母ザルの乳首をくわえる行動を多く示すなど，母子が緊密

な身体接触をもつ出生後から3カ月齢の頃までの発達段階に母子隔離・単独飼育された子ザルには，手指を吸う行動，足指を吸う行動などの口を用いた常同行動や，膝を抱える行動や身体を抱く行動などの，手足を用いた接触性常同行動が発現します。母ザルからの母子隔離後に同種で同年齢の子ザルと共生させることによっても，このタイプの常同行動が発現するところから，この常同行動の発現を防ぐには，母ザルとの身体接触をともなうかかわりが重要であると考えられます。

② 子ザルの運動・移動能力がある程度発達し，子ザルと母ザルとの身体接触をともなう行動が大きく減少する3カ月齢から6カ月齢の発達段階の頃に母子隔離・単独飼育された子ザルは，接触性常同行動と，次に述べる運動性常同行動を発達させます。

③ 子ザルが6カ月齢を超えて，ほとんど十分な運動能力を発達させた以後に母子隔離・単独飼育された子ザルは，弧を描いて床を走る行動や一直線に床を走る行動などの運動性で拘禁性の常同行動を発現させます。したがって，このタイプの常同行動の発現には，子ザルの身体成長や行動発達が一定の段階に達した後の飼育条件や飼育環境の特性が関与しているものと考えられます。

サル類の発達初期における母子隔離・単独飼育によって生起する常同行動研究は，この行動は他のサルを見るなどの学習などによって生起するのではなく，また同じような発達段階にある子ザルを母子隔離・単独飼育することにより，ほぼ同様の結果が見られることなどから，サル類の生得的な行動発達と関連のあることを示唆しています。また，サル類の，少なくとも初期発達段階においては，母ザルとの身体接触をともなうかかわり合いが重要であり，もしその条件が満たされないとき，母子隔離・単独飼育を受けた発達段階における行動の歪みが常同行動として発現すると考えられます。子ザルを母子隔離・単独飼育することによって，行動発達に及ぼす重要な資料を得ることができますが，これまでの研究から，一度子ザルに発現した行動の歪みは，一般的に非可逆的であるために，母子隔離・単独飼育による霊長類を対象とする隔離研究は，動物倫理のうえから現在ではほとんど行なわれていません。今後は，これまでになされた研究の結果を十分に検討して，人間の発達研究に役立てることが必要です。

第3節　人間を養育する際の示唆

(1) 乳幼児研究と比較行動学

　これまで述べたように，自然の生活場面におけるトリやサカナの生態学的および行動学研究から出発した比較行動学が，研究の進展にともなって，やがてサル類を研究の範囲に含め，さらに，短期間に人間をも研究の対象とするようになっていきました。自然の生活場面，さらには実験室という「不自然な」生活場面におけるサル類の行動研究が開始されるようになると，とりわけ母子隔離・単独飼育のサル類に発現する特異な行動や行動障害が，人間の行動障害と関連づけられるようになり，新しい研究領域へと発展してきたのです。このようなサル類を対象とした行動研究は，必ずしも生得的行動や種に固有な行動を研究対象とするわけではなく，また，人間行動に関する系統発生的比較を行なっているとは限らず，その点で比較行動学研究であるとは必ずしもいえないかもしれません。しかし，サル類や人間のように，生得的行動ばかりではなく，個体発達のなかで獲得され変容する行動が多く見られる動物にあっては，その動物の特性をふまえて行動目録や行動カテゴリーを作成し，それを手がかりとして研究を行なうことは，むしろ当然のことでしょう（たとえば，Kodaほか，2004）。

　このように，サル類や人間の乳幼児を対象とした研究から，子の発達にとって母との身体接触をともなうかかわり合いの重要性が多面的かつ具体的に明らかにされてきました。そのなかで，他の動物と比較した人間の大きな特徴のひとつは，**言語の獲得と使用によって仲間関係を継続的にもちいる**ところにあります。このことが，地球上のほとんどあらゆるところにホモ・サピエンスというただひとつの種が広く分布して生活しているという人間の生態的特徴を基礎としていることは当然のことです。人間の文化や社会のあり方や特徴を明らかにするうえで，とりわけ乳幼児が，どのようにしてことばを獲得し使用するか，つまり，ことばの発達を明らかにすることは重要です。

　幼児は，ことばが発達する以前の，おそらく1,2歳の頃には，ことばを理解することができます。つまり，音声やことばを受け入れる聴覚は出生直後あるいは出生以前にすでに機能していると言われますが，乳児は，ことばだけで

はなく，ことばを発する人との社会的場面と話の文脈性，話しかける人の姿勢や表情，ことばのさまざまの音声の特性などを同時に受け入れることになります。また，8，9カ月齢児が，話しかけている人の口の動きに注目し，動いている口に手を伸ばすことは，日常生活のなかで頻繁に観察されることです。このことは，この月齢の乳児が，発声や発語に関心を示すほどの発達段階に到達していることを示唆しています。同時に，このような行動が言語獲得・言語発達になんらかの影響をもつことを示唆し，「ことばを話す」ということは，単に中枢神経系の働きだけではなく，中枢と発声器官の関連性，言語環境の特性理解と記憶など，きわめて複雑な過程がかかわっていることを意味します。今後は，乳幼児が，どのようにしてことばを獲得し使用するようになるのかにくわえて，言語を用いるときの身振りなどの獲得，言語の使用と社会的関係の形成過程，つまり言語発達の社会的側面についても明らかにする必要があります。

(2) 比較行動学からみた育児・子育て・子育て支援

　比較行動学の立場から，育児・子育て・子育て支援を考えるとき，次のような問題意識が必要です。

　まず，子育てや育児という表現は，おとなが子どもの成長・発達に関与する，あるいは積極的にかかわるというニュアンスがあります。しかし，乳児は，出生直後から，ホモ・サピエンスという種の枠内で，大きな個人差をもって成長・発達します。身長や体重などの身体成長ばかりではなく，寝返り，手を伸ばす，腹ばいで前肢を突っ張る，肘這い，高這い，つかまり立ち，伝い歩き，一人歩きなどの基本的行動の発達過程もその時期も異なり，場合によっては発現しない行動もあるなど，**乳児の発達には大きな個人差のあること**（たとえば，南ほか，1994；南，2008）**が，むしろホモ・サピエンスのもつ大きな特徴**です。そのような特徴をもつ乳幼児の子育てにとって必要なことは，まず乳幼児の正確で詳細な行動発達に関する記録です。とりわけ，「行動」はさまざまの身体成長，感覚器，中枢神経系などの成長・成熟・発達を総合した全身の成長発達の結果として発現します。したがって，乳幼児がどのような発達段階にあるかという知見に沿った育児や育児支援が重要です。

　第2に，とりわけ乳幼児期においては，乳児が必要とする母などからの働きかけは，月齢が異なると異なり，しかもそこには大きな個人差があることから，

乳児の外界認知の発達にどのような特徴があるか（たとえば，金沢，2008），乳幼児の全体の発達をどのように把握するか，そしてことばの獲得と使用に関しては，どのような働きかけが必要であるかといったことが育児支援の前に必要であり，そのためには**乳幼児に関する多面的で詳細な観察が重要**です。このようにみると，専門家のアドバイスを必要とする支援のほかに，育児は日常生活における24時間の活動であるところから，日常生活のなかでの育児活動への支援，育児における問題といえないほどの小さなトラブルなどが生じたときの支援，といった日常生活における広範囲にわたる育児活動に対する支援体制が必要です。

●もっと学びたい人のための読書案内
南徹弘（編）（2007）『発達心理学』（朝倉心理学講座第3巻）朝倉書店
南徹弘・松沢哲郎（2002）「特集　霊長類の比較発達」心理学評論，45（3）

第Ⅱ部

知っておきたい理論と知識

第 7 章　愛着理論と子育て支援

第 8 章　ヴィゴツキー理論と子育て支援

第 9 章　動機づけ理論と子育て支援

第10章　胎児期・新生児期の発達と子育て支援

第11章　育児不安と子育て支援

第12章　子別れの心理学と子育て支援

第13章　里親養育と子育て支援

第14章　子育て支援の担い手としての保育士・幼稚園教諭

第15章　コンパニオンアニマルと子育て支援

第7章
愛着理論と子育て支援

第1節　愛着理論とは

(1) 愛着（アタッチメント）と愛着理論

　生後6,7カ月になりますと赤ん坊は母親が眼前から見えなくなると泣きだしたり，後を追おうとするようになります。他の人がいくら慰めても泣き止まないのに，母親が戻ってきて抱き上げるとぴたりと泣き止みます。これは赤ん坊が母親に対して「この人が自分の保護に一番責任をもっている人だ」「だからこの人といつも一緒にいたいな」という気持ちをもち始めたからにちがいありません。イギリスの精神分析学者ボウルビィ（1969/1976）が，赤ん坊が母親と他の人々とを区別し，母親という特定の人物に対してこのように注意や関心を集中させていく心理機制をアタッチメントと呼んで以来，愛情をともなった心の結びつきをさす用語として広く用いられるようになりました。日本語訳として愛着という訳語がすでに定着していることは周知の通りです。ボウルビィの愛着理論は**愛着こそがすべての対人関係の基礎であり，ゆりかごから墓場までの人間における個人の精神的健康は，情緒的支持や保護を提供する愛着対象との間にどのような関係をもつかということと密接にかかわっていると主張**するものです。

　なぜ赤ん坊が生後6,7カ月になると母親を追い求め，母親との接近・接触を強く求めるようになるかということを説明する理論として，1950年代までは二次的動因説というのが有力な理論とされていました。母親が授乳などにより赤ん坊の生理的欲求の充足をもたらすからだという説です。ボウルビィはそのような考え方に疑問を呈し，独自の愛着理論を提出したのです。ボウルビィの理論は本能説とも言うべきもので，人間の乳児は成人との接近や接触を求める生物学的傾性をもって誕生するという前提から出発します。**乳児の成人への**

接近・接触要求行動は学習によって獲得したものではなく，生得的なものなのだというのです。それは，かつて進化の過程において乳児が（現在の類人猿の乳児のように）母親との接触を維持するうえで用いていた行動パターンのなごりであり，そのなごりを人間の乳児は誕生時から示すのだというのです。それらのなごりには抱きつき反射とか把握反射とかが含まれます。しかし，現在の人間の乳児の身体的接触を維持するための能力は霊長類のなかで最低です。それゆえに人間の新生児の場合は，信号機構がきわめて重要になってきています。泣き，微笑，バブリング（喃語）などの信号機構は子どもの生命の維持を確かなものにします。略奪や遺棄からの保護を確実にするためにこれらのタイプの行動が発生的な進化の過程で選ばれてきたのだとボウルビィは主張するのです。

　ボウルビィは，乳児の行動に応答して乳児の保護をしようとする成人側の行動も人間の基本的本性からもたらされるものであると主張しています。このような乳児の本能的行動と成人の側の基本的本性からもたらされる行動との相互作用を通して愛着は形成されるというのがボウルビィ理論の根幹です。

(2) 愛着の発達

　ボウルビィは愛着の発達を4段階に分けて考察しています。第1段階の子どもは人に関心を示しますが，母親と他の人を弁別しているという証拠はなく，誰に対しても同じような反応をします。この段階はほぼ生後12週まで続きます。愛着がまだ形成されていない段階といえます。生後12週以降の第2段階では，乳児の人に対する親密な反応はいっそう増大しますが，その行動は他人に対してよりも母性的人物に対してより顕著に示されます。この段階は生後6カ月頃まで続きますが，愛着対象の不在に対して悲しみを示すというようなことはなく，まだ明確な愛着がついたとはいえない段階です。

　第3段階の約2年半（生後6カ月から3歳）が人生において最も愛着行動が活発な時期です。この段階になると，乳児の弁別力は確固としたものとなり，また移動も可能になってきますので，母親に対する反応と他の人に対する反応との間に明らかな差異が示されるようになります。母親との接近・接触を求める行動が非常に強くなりますが，しかしながらいつでもくっついているわけではありません。母親に対して「いつでも守ってくれる人」という確信をもった子どもは，愛着対象である母親を安全の基地にして自分のまわりの世界の探索

に勤しむようにもなります。この「**安全の基地**」という概念をボウルビィは非常に重要視しています。母親が信頼できる愛着対象になっているかどうかを判断する基準は母親が子どもの安全の基地になっているかということなのです。また，この時期には最初の愛着人物（多くの場合母親）に続いて，父親，祖母といった二次的愛着対象ももつことになります。

　3歳を過ぎ，第4段階に入ると，必ずしも母親と一緒にいなくても安心していられるようになります。この頃になりますと母親と自分との関係はそばにいるときだけのものではなくて，離れていても関係は変わらないという「関係の永続性」を理解するようになってきていますし，また，母親の感情や動機を洞察することもできるようになってきています。こうなってきますと，母親が見えるところにいなくてもあわてふためくことはありません。この頃から次項で述べる内的ワーキング・モデルがより重要なものになってくるのです。

(3) 内的ワーキング・モデル

　ゆりかごから墓場までのボウルビィの愛着理論の中心をなすのが内的ワーキング・モデルという概念です。愛着対象への身体的接触といった愛着行動は子どもの成長とともに消失していきますが，その愛着対象がどのような人物であるかというその子どもの考えは一生存続します。幼い子どもは恐怖を感じているときは，愛着対象のところに逃げこんで安心を得ようとします。恐れが知覚される事態で，愛着対象に保護を求めることを通して，未成熟な子どもは生存の可能性を高めているのです。

　ボウルビィ（1969/1976, 1973/1977, 1980/1981）は，各個人は世界について，およびそのなかの自己についてのワーキング・モデルを構築すると仮定しています。ある個人が構築する世界についてのワーキング・モデルのなかで重要なのは愛着対象に関するワーキング・モデルです。誰が愛着対象で，その対象にどのようなことが期待できると考えているかという問題です。同様に，ある個人が自己について構築するワーキング・モデルにおいて重要な点は，自分自身が自分の愛着対象たちからどれほど受容されていると考えているかという問題です。このような世界と自己についてのワーキング・モデルを通して，各個人は自分の愛着対象たちに助けを求める場合，彼らは接近しやすい対象であるか，応答してくれる対象であるかを予測します。愛着対象を援助や保護の求めに大

体において応じてくれる人と判断し、かつ、自分は愛着対象から助けを与えられやすい種類の人間と判断している子どもは、愛着対象は必要なときには接近しうるし、応答してくれるということを確信することができます。対象に対する判断と自己に対する判断は密接に関連しあっていて、愛着対象に対するワーキング・モデルと自己についてのワーキング・モデルは相互に補うように、相互に強め合うように発達するものと考えられています。このように、望まれない子どもは両親から望まれていないと感じるだけでなく、自分は本質的に望まれるに価しない、つまり、誰からも望まれないと信じるようになります。逆に、愛されている子どもは両親の愛情に対する確信だけでなく、ほかの人すべてからも愛されると確信して成長します。このような般化が通常行なわれているというのです。

初期の愛着関係の表象であるこの**内的ワーキング・モデルはいわばその個人の中核的な信念体系のようなもの**です。子どもたちは主たる養育者との初期の愛着の質に基づいて、世界や自分自身やさまざまな関係や人生一般についての信念を発達させます。リヴィーラ（2000）は、安定した愛着と障害のある愛着の子どもたちの内的ワーキング・モデルを次のように示しています。

表7-1　安定した愛着と障害のある愛着の子どもたちの内的ワーキング・モデル

	安定愛着	障害愛着
自己	私はよい人間で、望まれており、価値があり、有能で、愛される人間だ。	私は悪い人間で、望まれていず、価値がなく、希望もなく、愛されない人間である。
養育者	彼らは概して私の要求に対して応答的で、感受性も高く、世話をし、信頼できる。	彼らは私の要求に応答してくれず、感受性に乏しく、有害で、信頼できない。
人生	世界は安全で、人生は生きる価値がある。	世界は安全でなく、人生は生きる価値がない。

愛着不全の子どもたちの内的ワーキング・モデルにはこのように否定的な自己評価ないしは自己侮辱が含まれているのです。

第2節　愛着研究から得られた子育て支援に有効な知見

(1) 愛着には質がある（愛着のパターン）

　愛着理論が提出されて以来，愛着に関する研究は精力的になされてきました。そのなかで重要な知見のひとつは，すべての子どもが健全な愛着を形成できるわけではないということです。エインスワースら (1978) は母子の自然観察による生態学的研究から，愛着の発達には大きな個人差があり，また，個々の子どもの愛着行動にはいくつかのパターンがあることを見出しています。そしてそれらのパターンを比較的簡単に抽出する方法としてストレンジ・シチュエーション法と呼ばれる実験室的方法を開発しました。

　これは子どもが満1歳の時点で実施されるもので，玩具や椅子が置いてある9フィート（約2.7メートル）平方の部屋で，母親と一緒の場面，見知らぬ女性が加わる場面，母親が部屋を退室したり戻ってくる場面など全部で8つの場面で構成されています。それぞれの場面での子どもの行動（とくに母親との分離場面と再会場面）を分析して，A，B，Cと後に加わったDのいずれかのパターンに分類することになっています。母親と一緒のときは母親を安全の基地として探索活動に勤しむとともに積極的に母親への接近，接触を求め，母親との分離後の再会時には明らかな歓迎行動を示すB群が安定群とされているのに対して，再会場面における母親への接近や母親との相互交渉の明白な回避を特徴とするA群（回避群），母親との接触や相互作用において明白な反抗行動を示すC群（アンヴィバレント群），激しい愛着行動の後に突然回避行動が現れるといった矛盾する行動を連続的に行なったり，同時に行なったりするD群（無秩序群）はいずれも不安定愛着群とされています。

　もちろん，愛着に個人差がみられるのは子どもばかりではありません。ジョージら (1985) は成人の愛着パターンを測定する方法として，アダルト・アタッチメント・インタビュー（AAI）という方法を開発しています。これは幼児期や児童期における養育者との経験，虐待や喪失などの心的外傷経験の有無，現在の親子関係などに関する20の質問から構成されている面接法です。ここでの語りを分析して，安定型であるF（愛着関係や愛着経験を価値あるものとみなし，それらを一貫性をもって語る。子どものB群に相当）と不安定型で

ある Ds（初期の愛着関係や経験がパーソナリティに影響していることを積極的に否定する。子どものA群に相当），E（両親や愛着に関する情報へのとらわれがひどく，客観的にとらえることができない。子どものC群に相当），U（喪失体験や虐待された経験をもっていて，それらを克服できずにいる。子どものD群に相当）の4つのパターンに分類されます。そして母親のパターンと子どものパターンの一致率が70％ほどあるというような研究結果も示され，「**愛着の世代間伝達**」という現象も注目されています。

（2）愛着の障害と精神病理・問題行動

　さらに重要な知見は，愛着の個人差が精神病理や問題行動やさまざまな領域の発達と密接に関連していることが明らかにされたことです。つまり，愛着が健全に発達しない場合，さまざまな適応上の問題が発生するということです。最近では愛着障害という用語も頻繁に使われるようになってきましたが，まだ一定した定義はなされていないようです。注意しなければならないことは愛着障害と不安定愛着とは同じではないということです。ストレンジ・シチュエーションで分類されるA，C，Dを不安定愛着と一般的に呼んでいますが，それらのうち，より歪みの程度の強いものを愛着障害と呼んでいると考えて，今の段階では大きな間違いはないでしょう。本論でもそのような意味で使用しています。

　ラドニアら（2000）は健全に発達していない愛着を愛着不全という概念で捉え，この愛着不全は①**自己制御**と②**対人関係**の2つの側面で大きな欠損をもたらすとしています。自己制御の領域では衝動統制，自己鎮静，進取的精神，忍耐力，抑制などの面で，対人関係の領域では共感性，信頼，愛情，相互性，表現，尊敬などの面で大きな損傷を受けるとしています。そして，このような愛着不全児の特性は，衝動性，多動性，不注意，貧困な自己イメージ，友達をつくらない，反抗的で挑戦的，侵入的で破壊的，感情の行動化，否定的注目を求める，他者を操作するといったもので，これはADHD（注意欠陥・多動性障害）児の情緒的，行動的特徴とまさに一致しており，ADHDの徴候は愛着不全によりもたらされたものと考えられると彼らは主張しているのです。

　愛着障害と暴力や反社会的行動との関連も指摘されています。レイン（1993）は人生の早期に愛着の問題を経験した10代の少年が暴力犯罪を犯す確率はそ

うでない少年の3倍以上に達すると指摘しています。不安定愛着のうちでとくにD群の子どもたちに暴力犯罪が多いという指摘も数多くなされています。リオンス-ルースら（1993）は，乳児期にD群と分類された幼稚園児は乳児期に安定群に分類された子どもより，仲間に対する敵意的，攻撃的行動が6倍も多かったと述べています。

　リヴィー（2000）はDタイプの子どもたちは「巨大な挑戦者」だと言っています。彼らは親の権威や社会のルールを否定します。彼らは典型的な反抗挑戦性障害の子どもたちよりも怒りや不服従を強く示します。養育者や他者をコントロールしようとする傾向はDタイプの子どもたちの主要な行動特徴で，これらの子どもたちを世話する人々に対する一貫した挑戦です。彼らは生活の手段としてうそをつきます。彼らのうそは罰を避け，力を得るための習慣的な方略になっています。彼らはうそをつく必要のないときでさえしばしばうそをつきます。そうすることで「有利な立場」に立っているという興奮や感情を楽しんでいるようです。また，重篤なDタイプの子どもたちには動物虐待や火付けなども見られると述べています。

（3）愛着とさまざまな領域の発達

　すでに述べてきましたように，養育者との健全な愛着の形成は人間の正常な発達にとって本質的であるさまざまな領域の発達を促進すると考えられています。リヴィーら（2000）は養育者と子どもとの健全な愛着から生じる付加的な恩恵として，次のようなものをあげています。①将来の人間関係において使用できる基本的信頼感と相互関係，②感情や行動を自己制御するための能力，③自己価値や自律性の健全な感覚を含んだアイデンティティの形成，④共感，同情，良心といった一連の道徳的価値の確立，⑤トラウマやストレスに抵抗するための臨機の才や弾力性の発達，⑥健全な脳の発達に必要な刺激的な相互作用の経験。

　ペリー（1995）は乳幼児の脳の発達について，まず脳幹が発達し，ついで中脳，辺縁系，皮質と発達していく過程において，情緒的反応や親密さや愛着は養育者と子どもの中脳や辺縁系との相互作用のなかで生じると述べています。脳のこれらの領域は愛着が生じることで活性化される必要があるのです。このような相互作用が生じる臨界期あるいは感受期は子ども時代の初期であると述

べています。年齢が進めば進むほど愛着に対する受容性はより低くなると述べ，さらに認知的手段を用いて愛着を教えようとする試みは大脳皮質が初期の愛着の発達にとって重要ではないので成功しないだろうとも述べています。ショア (1994) もペリーの結論は幅広い神経生理学的研究によって支持されているとし，初期の愛着関係の性質は脳の重要な部分の神経学的発達に重要な影響をおよぼし，感情の発達や制御と密接にかかわっていると述べています。

ラドニアら (2000) も，形成される脳の回路の質や量，および組織化される方向性を経験が決定すると述べ，人生の最初の3年間における養育者と子どもとの間の刺激的な相互作用の量と質は子どもの情緒的発達，学習可能性，成人してからの諸機能のレベルを決定するうえで最も大きな役割を演じると述べています。

(4) 愛着の発達の規定因

それでは健全な愛着を発達させるための要因はどのようなものなのでしょうか。周知のように，乳児が母親への愛着をどのように発達させるかということを述べるとき，ボウルビィ (1988) は時々刻々に行なわれている母子の相互作用に焦点を当てています。それはドラマチックなものではなく，日々になされている小さな，視線を合わせるとか身体的接触といったごく普通の相互作用です。このような相互作用が強い健全な愛着を形成すると主張しているのです。

スターン (1985/1989, 1991) も母子間でなされる日々の相互作用に注目し，それを**アチューンメント**と名づけました。乳児の感情や行動の意味を読み取り，それに呼応して母親が応答するような相互作用のことで，スターンはこれを「感情の間主観的共有」とみなしています。

スターンの研究によれば，母親と乳児の遊びのなかで65秒に1回の割合でアチューンメントが起きているというのです。このように絶え間なく続く経験はその子どものその後の他者との情緒的コミュニケーションすなわち共感の基礎となります。

カレン (1994) はスターン，ボウルビィ，エインスワース，ウィニコットといった先駆的研究者たちは一様にアチューンメントを乳児の心理的発達のすべての側面において中心的な働きをするものだと考えていると指摘しています。アチューンメントが健全な愛着の形成，発達に寄与し，その愛着がさまざまな

心理的発達を支えていくと彼らは考えているのです。このような相互作用を営むための乳児の発するシグナルに対する母親の感受性，敏感性も子どもの愛着発達の重要な要因と考えられているのです。

第3節　子育て支援への愛着理論からの示唆

(1) 愛着の発達に問題のある親子への心理的介入

　これまで述べてきましたように，愛着理論や愛着研究が示していることは，子ども時代に健全な愛着を経験することが将来にわたってその個人の精神的健康を維持することになりますし，もし，健全な愛着を経験できなければ，さまざまな領域での発達に影響が及び，ひいては社会的適応にも問題が生じてくるというものです。そうだとすれば，健全な愛着の発達が阻害されている子どもたちに対してなんらかの対応をしなければなりません。当然，心理的介入が必要です。近年，愛着理論を応用したさまざまな心理的介入法が開発されています。そのひとつにリヴィーとオーランズによる「修復的愛着療法」があります。藤岡（2008）の解説を参考にまとめてみますと，この療法は，①愛着に問題のある子どもの理解を深める，②愛することや愛されることへの恐れを解決する，③親が子どもをサポートできるように親を支援する，④親自身の愛着関係の見直し，⑤両親の夫婦面接による夫婦の絆の再構築，の5つの要素からなっている，親子を含んだ統合的心理療法です。そのほか愛着理論を応用した心理的介入として，フライバーグ（1980）が提唱した「乳幼児－親心理療法」も使用されています。子ども，親，治療者の3者が治療場面に存在する治療法です。

(2) 誰かが愛着の対象になる

　愛着の発達に問題のある子どもとその親に遭遇したとき，何らかの支援ができるのは心理的介入をする専門家ばかりではありません。子どもに健全な愛着を経験させたいと思うとき，親子関係の修復がむずかしいケースでは，親ではない別の人物が愛着の対象になるという方法もあります。その有力候補は，保育園，乳児院，養護施設などの保育士，幼稚園，小学校などの教諭です。とりわけ幼ければ幼いほど新たなる愛着の対象を作りやすいとすれば，保育園，乳

児院の保育士や幼稚園教諭はその最有力候補です。

　たとえば，保育園通園児で，前節で述べたような行動特徴をもち，両親への愛着に問題があると思われる子どもがいたとき，親に対してなんらかの働きかけをするよりも，保育士自身がその子どもの愛着対象になるべく努力する方が，はるかにその子どもを救う早道だと思います。もちろん，早道だからといって簡単なことだという意味ではありません。これまで一度も信頼できる愛着対象をもったことのない子どもたちは，基本的に人間を嫌いになっていますし，人間を怖い存在と思っているでしょう。そして人間の一人である自分自身をも好きになれないでいる子どもたちです。内的ワーキング・モデルのところで述べたとおりです。親を愛着の対象にしている子どもたちは保育園でもすぐに保育士を二次的な愛着対象とします。しかし，そのような経験のない子どもたちは自然のうちに保育士を愛着対象にするようなことはけっしてありません。

　ですから，そのような子どもたちの愛着対象となるのは至難の業なのです。人を愛することができないばかりでなく，愛されることもできない子どもたちなのです。保育士の愛情がすぐに伝わるようなことはありません。保育士から見て「可愛くない」子どもたちかもしれません。保育士たちは，この「可愛くない子」という自分の感情と戦うことから始めなければなりません。なぜ可愛くない行動をするのかをよく観察し，その子どもの心理をよく理解することから始めなければなりません。よく知れば知るほど，その子どもに対する否定的な感情は払拭され，逆に愛情が深まっていくでしょう。

　だからといってすぐに子どもの愛着対象になれるわけではありません。積極的に子どもとの接触を試み，そのときどきの子どもの感情を読み取り，「今，怒っているのね」とその感情をなぞってあげるということを続けていかなければなりません。子どもから「この人には自分の気持ちが伝わる」と思われることが，子どもからの信頼を得る第一歩なのです。

(3) 親子を支援する基本的態度

　子どもの健全な愛着の対象になっていない親に対しても，日頃から接触する機会の多い保育士，教師，保健師は重要な支援者です。最も重要なことはそのような人たちにこそ常に「あたたかい目」を注ぎ続けるということです。子どもの親と常日頃からかかわっている教師，保育士，保健師などから見ると，

「困った親」と思われる親も少なくないかもしれません。子どもを虐待する親，ほとんど養育を放棄しているような親，完全に子どもを支配している親などとも遭遇することでしょう。そのような親に対してはどうしても冷たい目で見てしまいますし，批判的な発言もしがちです。しかし，そのような親たちこそ他者のあたたかい目を必要としているのです。先にも愛着の世代間伝達のことに触れましたが，そのような親のほとんどは自分自身も自分の親とあたたかい愛着関係を経験していないのです。あたたかい目で見られたことのない人たちです。もし，保育士，幼稚園教諭，学校の教師といった人たちが，そのような親にあたたかいまなざしを向け続けるならば，それだけでもきわめて有効な子育て支援です。そして，「先生と話をしたい」と思わせ，思いのたけを聞いてあげる機会があるとすれば，それは専門家のカウンセリングに勝るとも劣らないものになるでしょう。

愛着関係に問題のある親子の安全の基地になってほしいのです。そのためには無意識的，非言語的レベルでも，**愛情に満ちていて，感受性に富んでいて，反応豊かで，協調的で，しかもわが子を独立した存在としてみているような親のように振舞う**ことが大事だと思います（ホームズ，1993/1996）。治療者であれ，教師であれ，保育士であれ，愛情豊かな母親がアチューンメントを含む子どもとの相互作用を通して子どもの安全の基地になってきたプロセスを真似ればよいのです。あたたかいまなざしを向け続けることがそのような相互作用を可能にするのです。

長年，愛着障害の子どもの治療にあたってきたヒューズ（1997）は，子どもの状況や情緒的，行動的状態がどのようなときでも，治療者に子どもとのかかわりを可能にさせる方法として，①共感，②好奇心と関心，③ふざけ，の3つをあげています。もちろん，これも治療者ばかりでなく，子どもとかかわるすべての人に当てはまることでしょう。そして，実はこの3つは乳児と母親のアチューンメントの基礎になっているものだというのです。他者を愛し，自分を尊重できる人間は，このようなかかわりを通して育つのです。

●もっと学びたい人のための読書案内

ボウルビィ, J.（著）黒田実郎ほか（訳）(1976)『母子関係の理論Ⅰ：愛着行動』岩崎学術出版社

ボウルビィ, J.（著）黒田実郎ほか（訳）(1977)『母子関係の理論Ⅱ：分離不安』岩崎学術出版社

ボウルビィ, J.（著）黒田実郎ほか（訳）(1981)『母子関係の理論Ⅲ：対象喪失』岩崎学術出版社

繁多進（2007）「アタッチメントと行動発達」南徹弘（編）『発達心理学』朝倉書店

ホームズ, J.（著）黒田実郎ほか（訳）(1996)『ボウルビィとアタッチメント理論』岩崎学術出版社

数井みゆき・遠藤利彦（編著）(2007)『アタッチメントと臨床領域』ミネルヴァ書房

プライアほか（著）加藤和生（監訳）(2008)『愛着と愛着障害』北大路書房

第8章
ヴィゴツキー理論と子育て支援

第1節　ヴィゴツキー理論（発達の最近接領域）の概要

(1) はじめに

　子どもたちを育て教育する立場にある大人にとって，自分たちが教えたことばが彼らの思考のなかで定着しているのか，そしてそのことが彼らの成長を支援することになっているのかという問題は，誰もが共有する悩みの種の一つといえるでしょう。実際，子どもたちの多くが学校で教わる知識を単に暗記・模倣しているに過ぎず，その教授内容がテストなどで評価を受けるためだけに活用されて，彼らの発達の促進に役立てられていないという指摘は，心理学に限らず多くの識者らによってこれまでなされてきました。

　しかし20世紀の初頭，ロシアで活躍した心理学者のヴィゴツキーはこれらの見解と異なり，子どもたちの大人のことばをまねるという模倣行為が，後に自らの自律的な思考を支える出発点になるとし，このような学習の重要性を積極的に評価しました。本章では，とくに学齢期以降の子どもたちを対象に模倣と発達の関係を明らかにし，またこの発達を支えるうえでの大人の支援的かかわりのあり方について提案していきたいと思います。

(2) 自働教育という問題

　学校で教育を受ける多くの子どもたちが，教師から教わった知識を，自らの自律的思考のなかで使用することなく，そのまま丸暗記してしまうという問題は，学校教育が大衆化した当初から指摘されていました。たとえば19世紀の終わりから20世紀初頭にかけ，多くの学校臨床活動を行ない，知能検査を開発したビネーは，以下のような事例を紹介しています。

わたしの友人が学校を見学して，わかい学生に地理の質問をしてみるようにいわれたので，教科書に目をやりながら生徒にたずねた。「地中に百メートルの穴を掘ったとしたら，底の方は入口よりも熱いでしょうか，寒いでしょうか」だれもこたえるものがいないので先生がいった。「たしかに知っているのだとおもいますが，しかしあなたの質問のだしかたがよくなかったかも知れません。わたくしがやってみましょう」そして本をもってきいた。「地球の内部は，どんな状態ですか？」級の大半のものがすぐにこたえた。「地球の内部は火成溶岩の状態です」（ビネー，1974, pp.96-97）

　この事例のような教育についてビネーは「すべての授業は教義問答式に問いと答えとでおこなわれるが，もしだれかが思いがけない言い方で問いかけると，生徒はただ沈黙するばかりである。こたえるばあいには，子どもは教科書のなかにある問題Ａを正確にそのまま先生がたずねるのをまっていて，その問いが出されると，彼は，すぐにこたえを思いだすのである（ビネー，1974, p.96）」と述べました。そして，生徒たちがよく理解もしていないのに教科書通りにオウム返しに反応するこの種の教育を「**自働教育**」と呼んで批判しました。

　子どもたちを指導する立場にある多くの大人は，彼らがこの自働教育のような状態に陥ることを避けたいと望むでしょう。自分の教えたことばをただ九官鳥のように，思考を交えないまま繰り返すだけの子どもたちを育てたいという大人はいないと思われるからです。

(3) 模倣と「発達の最近接領域」

　しかしヴィゴツキーは，**模倣学習の意義**を評価していました。それは子どもたちの認知的成長を，大人が既存の社会のなかで使用していることばの模倣から始まり，後に自らの自律的思考において使用できるようになるまでの発達過程と捉えていたからです。

　ヴィゴツキーは，自らの行動を制御するためにことばを介して行なう思考操作を，他の動物にはない人間だけに特徴的な機能と捉え，これを「**高次精神機能**」と呼びました。この機能は，大人とのやりとりのなかで，大人が使用することばを子どもが使用することから始まります。すなわち，実際の対話のなかで使用されることば（「**外言**」）が，次第に子どもの自律的な思考活動に使用さ

れることば（「**内言**」）になることによって，この高次精神機能は子ども自身のものになるとされます。これらはそれぞれ，「**精神間機能**」および「**精神内機能**」とも呼ばれます（ヴィゴツキー，2003, pp.21-22）。

　つまりヴィゴツキーは，子どもの思考活動の源泉は大人との社会関係性にあると捉え，その関係における言語操作が後に，彼らの思考において内化されていくと考えたのです。このような大人との支援的関係のなかで展開される子どもの学習過程を，ヴィゴツキーは発達と捉え，「**発達の最近接領域**」という概念でモデル化しました。すなわち，子どもたち単独の思考活動（精神内機能）では操作困難であっても，大人との共同活動のなかで，精神間機能としてなら操作できる領域のことばを教授され，それを模倣することから発達が始まるとされたのです。したがって，発達の最近接領域とは，模倣学習を通して獲得された大人のことばが，後に子どもたち自身の思考活動において使用できるようになるという認知の成長過程を示すモデルだったと捉えることができます（ヴィゴツキー，2003, p.18）。

　そしてこのような，模倣から思考活動への移行は，即座に行なわれる場合ばかりではなく，相当な時間的隔たりが生じることもあると指摘されています。それが顕著に生じるのが，学校教育における科学的概念の学習です。

　科学的概念とは，学校教育において子どもたちに教授される体系化された諸知識（ことば）を意味します（中村，2004）。これは学的（学校的）概念とも訳出されているように（佐藤，2006），理科教育に限らず，教科教育のなかで教えられる知識を一般化したモデルと考えられます。ヴィゴツキーはこのような，日常経験のなかでは出会うことがない困難な意味内容の科学的概念を，学校で子どもたちが比較的容易に学習することをみいだしていました。しかしこれらの概念は，とくに彼らの日常経験文脈における既有知識（ヴィゴツキーはこれを「自然発生的概念」ないし「生活的概念」と呼びました）と結びつくことは困難であり，しばしば長期にわたって両者が乖離することがあると指摘しました。そしてその結果，多くの子どもたちが，教師が教えたままにことばをなぞるだけの模倣状態に陥ると指摘し，これを「**ことば主義**」と呼びました。これは先述の自働教育と同様の現象を示すものといえます。

　しかしヴィゴツキーは，このことば主義にみられる模倣も，学校教育以前の模倣と同様，子どもたちの高次精神機能を引き出す発達の出発点になり得るの

だと主張しました (ヴィゴツキー, 1975, p.114)。これまでの家庭教育とは異なり, 学校では科学的概念の学習を通し, 子どもたちにとってより習得困難な認知活動が要求されます。そのために, ことば主義が発生するのですが, この**ことば主義においてみられる生活的概念と科学的概念の食い違いが子どもたちの発達を駆動させ, 将来の豊かな自律的思考の萌芽となる**かぎりにおいて, 意義のあるものだとヴィゴツキーは捉えていたのだと思われます。

ことば主義のような状態は, 子どもたちの指導にあたる大人たちにとって,「自分たちが教えたことがきちんと伝わっていない」という不安を覚えさせるものといえます。しかし, 子どもたちが大人とのかかわりのなかで, 自らの自律的な思考活動を行なうためのことばを獲得する一過程と捉えるならば, このような状態になることが即, 学校教育がうまくいっていない証拠につながると短絡的に批判することもできません。もし学校の教育的かかわりに問題点をみいだすとすれば, 子どもたちを自働教育のようなことば主義の状態にすることそのものではなく, 子どもたち自身の自律的な思考活動においてもそのことばを使用できる状態へと移行させることがないまま, 放置してしまうことにあると思われるのです。

第2節 学校教育において目指される発達とは

(1) 思考の自覚性と随意性の獲得 (ことば主義が発生する要因)

では, ことば主義に多くの子どもたちを留め置くほど, 困難な学校教育の認知活動とはどのようなものなのでしょうか。ヴィゴツキーはこれを, 書きことばとみていました。

学校という組織は歴史的に, リテラシー (読み書き能力) を養成する目的をもって運営されてきました (コールとコール, 1993)。この種の書きことば教育には, 実際に対面しない相手との対話を目的とするという特徴があります。

話しことばでは, 対話相手と具体的な場面を共有しているので, ことばが示す対象に共同で注意を向けるという行為を交えることで, 新たなことばの学習は達成されます。たとえば「家」ということばの意味を, そのことばを知らない相手に伝えるためには,「家」といいながら, 相手と一緒に家をみればよいのです。しかし書きことばでは, 場面を共有しない相手と対話を行なうことに

なるため，ことばの伝達・学習はすべてことばによってなされることになります。「家」ということばの意味を書きことばを通して相手に伝える場合，「家とは，……なもの」というように，別のことばを駆使して説明をしなければなりません。しかも相手は直接，質問をすることができないわけですから，相手の反応を先取り的に予想して，この説明を行なう必要があります（中村，2004）[1]。

　このような活動を通して得られる子どもたちの高次精神機能の特徴を，ヴィゴツキーは意識・思考の**自覚性と随意性**の獲得として捉えました。自覚とは「勉強不足を自覚する」など，自分の能力や価値について自分自身が理解することを意味し，また随意とは，制限を受けず自由な状態のことを意味します（『広辞苑』）。しかしヴィゴツキー理論において自覚とは，学んだことばの意味を別のことばによって定義をしたり，他のことばとの体系的な関係を論理的に説明できる能力を（柴田，2006），また随意とは，このような自覚を通し，自らの思考活動をことばによって自由に支配し制御できるようになる能力を意味するとされます（中村，1998）。この自覚性と随意性によって子どもたちは，自分の知っていることばの意味を，自由に説明できるようになるとされますが，これは自分の頭の中にある思考内容（内言）を，その場を共有しない相手に的確に伝えるための書きことば（外言）になおす対話能力の獲得において必要な機能といえます（ヴィゴツキー，2003，p.208）。

　ヴィゴツキーは，このような対話が要求されないかぎり，具体的な生活場面で使用していることばの意味について自分で説明するような活動は生じにくいと指摘しました。つまり，学校教育でこのような対話を経験したことがない子どもたちにおいては，日常生活のなかで獲得してきたことばの多くが，無自覚な状態のままになっているのです。そしてこの，日常経験のなかで獲得してきたことばを自覚するということが，子どもたちが学校で直面し容易に行なうことができない困難な課題になるのだと考えられます。

　　子どもがこれまで無意識に行ってきたのと同じことを随意的に行うことが彼に必要になる場合，彼はそれを行いえないことがわかります。……一連の実験研究はこうしたことを－「ガラスの理論」と呼ばれるものを示しました。……

---

[1] この話しことばと書きことばの特徴の違いに関する分析については，『思考と言語』（ヴィゴツキー，2001，pp.401-410）も参照してください。

子どもが話しているとき，私たちが透明なガラスに気づかないように，彼はことばそのものに気づきませんが……書きことばでは，彼は自分がどのようにことばを構成しているのかに注意を払わなければなりません。つまり，書きことばでは，かれはこの透明のガラスをみなければならないのです。（ヴィゴツキー，2003, p.205）

　このガラスのメタファーが示すように，自らが使用することばの意味について，他のことばによって説明するという活動を行なってこなかった子どもたちに対し，ことばを自覚することを教え，彼らの思考を随意的なものとするのが，学校教育の役割になるとヴィゴツキーは指摘します。
　このような自覚性と随意性は，とくに学校教育が始まった当初は，教師との共同活動のなかでのみ，すなわち科学的概念の教授・学習過程においてのみ，可能となります（ヴィゴツキー，2001, p.266）。そのため生活的概念よりも先に，科学的概念の領域において，このような活動が行なわれるようになります。子どもが学校で学習した「アルキメデスの法則」について説明できても，日常経験のなかで知った「兄弟」の定義については説明できないことがあるというヴィゴツキーが指摘した現象は，そのいい例です（ヴィゴツキー，2001, p.244）。
　「アルキメデスの法則」のような科学的概念に属することばの意味は，上位・下位概念の体系性のなかで，すなわち他のことばの意味によって相互に定義されるという特徴があります。したがって，子どもたちにこの概念を教えるということは，ことばによることばの定義のような思考の自覚性・随意性を必然的にともなわせることにもなり，これらの能力の獲得を支援することになります。
　しかし「兄弟」のような，子どもたちの生活場面で出会う具体的な対象と結びついた生活的概念とは異なり，科学的概念の多くが彼らの日常経験と関連づけることが困難なテーマを扱ったものとなります。そのため，この科学的概念を使用した自覚性と随意性の活動は，形式的・模倣的なものに陥りやすくなります。つまり，この時点での子どもたちの思考の自覚性と随意性は，あくまでも教師とのやりとりのなかで科学的概念を扱うときだけに発揮されるものであり，日常経験のなかで培われてきた彼らの自律的な思考活動には使用されないという傾向があります。そしてこのことが，学校教育において長期間にわたり，

生活経験と学習概念の意味が乖離するという，ことば主義が発生する要因になると考えられるのです。

（2）ことば主義から広がる発達

　しかしこれまでも論じてきたように，ことば主義的に獲得された科学的概念は，子どもたち独自の思考活動になってゆく可能性があります。そしてそれは次第に，科学的概念だけではなく，生活的概念の領域においても，自覚性と随意性をもたらすことを意味します。ヴィゴツキーは発達の最近接領域を，科学的概念は豊かな日常経験に裏づけられた生活的概念と関連づけられることによって，また生活的概念は科学的概念の学習にともなわれる自覚性と随意性に巻き込まれることによって発達していくという，二方向の発達軸を備えるものとして想定していました。

　　科学的概念の発達は，自覚性と随意性の領域においてはじまり，その後個人的経験や具体性の領域へ，下へ向かって成長する。自然発生的概念の発達は，具体性と経験の領域においてはじまり，概念の高次の特性－自覚性と随意性－へ向かって運動する。これら二つの対立的路線の発達の間の関連こそ，疑いもなく，これらの発達の真の本性をあらわす。この関連は発達の最近接領域と発達の現下の水準との関連でもある。（ヴィゴツキー，2001，p.318）

　たとえば，「水」「太陽」「兄弟」のようなことばは就学前の子どもたちにとって，彼らの日常経験のなかで学習され使用されてきた生活的概念に属する知識ですが，一方で，定義的に意味づけられ，その意味のなかで他の新たなことばを定義づけていくという体系的な科学的概念の水準でも使用されるものでもあります。ヴィゴツキーは，「水とはどのようなもの？」というような自覚化を促す教師の教育的発問により，生活的概念を次第に子どもたちが随意的に使用していくようになる過程を，また「アルキメデスの法則」のように，模倣的に学ばれた科学的概念が日常経験によって裏打ちされていく子どもたちの成長過程を，学校教育における発達とみていたのだと思われます。
　そしてヴィゴツキーは，ことば主義にみられる科学的概念と生活的概念の不一致が，子どもたち自身に自覚性と随意性を，科学的概念に対しても生活的概

念に対しても，自律的に運用していこうとする動機づけになるとみていました（中村，1998）。すなわちヴィゴツキーは，その意味において科学的概念の模倣を，子どもたちの発達を促進させる可能性を秘めた過程として評価していたのだと考えられるのです。

(3) 異文化間交流を目指す教育機関としての学校

　学校教育における発達の意義についてヴィゴツキーは，子どもたちが思考の自覚性と随意性を獲得することを通し，自分の頭の中で考えた思考と対立する意見をもつ相手とでも共同活動を行なえるようになることと捉えていました（バークとウインスラー，1995/2001）。

　たとえば自分の思考と他者の思考が衝突するような場合，幼い子どもたちは自分の意見を相手に一方的に押しつけ，ケンカ別れに終わることが多いのですが，成長するにしたがい，次第に自分の思考と相手の思考を調整しながら，共同関係を築こうとする動きが出てきます（セルマン，2003）。このような対話を可能とするためには，自らの思考を，対立した意見をもつ相手にも理解してもらえるような言語化能力が必要となります。ヴィゴツキーは，このような双方の意見が食い違う対話においてこそ，自覚性と随意性が発揮され，また子どもたちの発達も促進されると主張していました。

　　子どもの考えが他者の考えと衝突せず，他人の異なる考えに順応しようとすることがない限り，子どもは自分自身を自覚することがないのです。（ヴィゴツキー，2004，p.126）

　自覚性と随意性は，具体的な生活場面を共有しない相手と互いの意志を伝えあう，主に書きことばを通した対話のなかで養成される高次精神機能です。しかし，ヴィゴツキーは必ずしもこれらを，書きことばだけに限定された精神活動とは捉えていませんでした。むしろ話しことばも含め，自分の考えている内容を的確に他者に伝え，また相手の疑問に対応するために，自分の思考を柔軟かつ論理的に制御していくという，重要な対話能力と位置づけていたのだと考えられます（ヴィゴツキー，2003，p.206）。

　このような対話を可能とすることは，子どもたちに，現在生きている文脈に

住む人々だけではなく、異なった文脈・文化に住み、自らの思考とは異なった思考をもつ人々との共同活動をも可能にすることを意味するでしょう。ファン・ウールス (1998) は、自覚性と随意性に基づく高次精神機能を、子どもたちが特定の文脈で獲得したことばを異なった文脈の活動においても柔軟に適応できるという意味で、彼らの活動の「再文脈化」を可能にする能力と捉えましたが、広い世界の異なる文化に属する人々との対話を可能とするための、自己の思考のモニタリングを通した柔軟な思考力を得ることは、まさに自らの生きる世界を再文脈化し、拡張していくことにつながるのだと考えられます。その意味において学校とは、単なる知識の伝達にとどまらず、子どもたちにとっての異文化間交流を可能にする精神活動を養成する教育機関であり、またそのような思考を発達させることを支援するという点において存在価値があるのだということができます。

第3節　教育実践へのヴィゴツキー理論からの示唆

(1) 子どもたちの発達を促進する教育実践

　ヴィゴツキーはこれまでみてきたように、ことば主義にみられる科学的概念と生活的概念間の不一致を発達の原動力としてみていました。しかし、具体的にどのような教育介入を行なえば、この発達を組織化していくことができるのかという点に関しては、明確な分析は行なわれませんでした (中村, 1998)。ヴィゴツキーにおいてこの発達的移行は、特別な教育的配慮なしに、子どもたち自身の自発的な能力において行なわれると捉えられていたようです。

　しかし現代の学校教育の状況をみると、この見解はやや楽天的すぎる印象があります。子どもたちの認知発達が達成される時期とみられていた青年期以降ですら、その多くが日常経験のなかで培った既有知識との関連性を無視し、学校概念の意味を暗記したままの状態でいるという、かつてビネーが指摘した自働教育のような実態に陥っているとする指摘がなされているからです (ベンツェとホドソン, 1998；田島・茂呂, 2003；田島, 2008)。ことば主義にみられる模倣学習は、あくまでも子ども自身の自覚性と随意性という精神内機能に移行して初めて発達的意義を発揮するのであり、そこに至らせず、多くの子どもたちをことば主義のままに止めてしまう現在の学校教育の実態は、明らかに問題が

あるといえます。その意味で，この発達を促進する教育介入のあり方を検討することは，今日の学校における子どもたちの成長を支援するうえで重要と思われるのです。

ヴィゴツキーがことば主義からの発達を促進させるための教育介入について，直接的な見解を示さなかったことは事実です。しかし，自覚性と随意性の発達にかかわる，書きことばの教育については示唆を行なっていました。彼は子どもたちの書きことばの発達を促進するうえで，離れた所に住む相手にメッセージを送る手紙などの具体的なコミュニケーションを設定することが重要であると述べていたのです（ヴィゴツキー，2002, pp.75-81, 2005, pp.250-251）。

また，このヴィゴツキーの実践的示唆を裏づける実証データも，近年，明らかにされてきました。学校で学習した概念について，ことば主義的状態に陥った学習者であっても，**その内容を知らない他者を相手に想定して概念の意味の説明を行なう対話経験を経ると，生活的概念のことばと科学的概念を関連づけ，自分なりの解釈を行なえるようになる**（すなわち，科学的概念に対し自覚的になる）者が増加することが，実験データから明らかになっているのです（田島・茂呂，2006；田島，2008）。

(2) 発達を促進する実践としての相互教授法

そして，このような発達を促進させる可能性のある教育介入としては，「**相互教授法**（パリンサーとブラウン，1984）」があげられています（田島，2007）。相互教授法は，熟達した読者が個人内部で行なうような読解手続きを，生徒間の対話のなかで行ない，彼らにテキストの内容を深く解釈させることを目指した実践です。この実践において教師は，一方向的に知識を教えるという伝統的な教授スタイルをとらず，生徒間の対話を促進する役割に徹します。相互教授法ではこのように，学習した概念について生徒自ら解釈し，他者に対して表現を行なう機会が与えられるため，彼らの自覚性と随意性を発達させることができると考えられるのです。

田島（2006, 2007）は，この相互教授法を発展させた実践である「**説明活動（森田，2004）**」の効果を検証しました。本実践は，教師と生徒（聞き手）の役割を生徒たちに担わせ，お互いの立場から，対話を通して概念の内容を深めていくことを目的としていました。この教師役と聞き手役の両方を生徒たちに任

せ，お互いの立場から議論を深めさせていく点が，相互教授法を発展させた箇所であるといえます。説明活動で教師役を担わされた生徒たちは，聞き手役が概念内容を知らない相手であることを想定して，学習対象となる科学的概念の説明を行なうことになっていました。また他班の説明を聞く聞き手役の生徒たちも，自分たちが概念を知らないつもりで，説明される概念解釈の不明確な箇所の質問を行なうことが求められました。

　小学5年生を対象に実施された説明活動では，最初は多くの教師役の生徒たちが，教科書などのテキストからそのままコピーしてきたような説明を行ない，また聞き手役の質問に応じることができなかったため，ことば主義的状態に陥っていたことを露呈しました。しかし自分たちの概念解釈を相手にうまく説明することができず，また同時に聞き手役として他班の発表への質問を行なうという経験を経た生徒たちの多くは，後に，生活的概念と結びつけた概念解釈を行なえるようになったのです。

　またこの実践に参加するなかで，生徒たちの対話の質も変化していきました。最初の頃の対話では，質問を無視して自分たちの見解を一方的に主張するようなやりとりが多くみられたのですが，後に他者の質問と自分の解釈を論理的に統合するようなやりとりに変化していきました。これは，思考の自覚性と随意性の獲得意義とされた，見解の異なる他者と自分の思考を調整しながら，共同活動を行なえるという対話能力の発達が生じたことを意味するものと考えられます。

　以上のことから，**他者との対話のなかで，自らの学習概念の内容について表現を行ない，相手に伝えるという経験を子どもたちに経させることが，彼らの自覚性と随意性を発達させる**のだといえます。逆をいえば，このような機会がなければ，彼らはいつまでもことば主義のままで止まる可能性もあるわけです。

第4節　まとめ

　本章では，ヴィゴツキー理論の紹介を通し，学校教育を通して達成される子どもたちの発達について検討を行ない，模倣の発達的意義と，その発達を促進するうえで効果的と思われる実践のあり方について明らかにしました。

　またここでは主に，具体的な支援方法に焦点を絞って子育て支援について議

論を進めてきましたが，**子どもの学習にかかわる大人の情動的な態度**も，重要な要素になると思われます。茂呂（2008）は，子どもたちの発達の最近接領域が作動するためには，大人との信頼関係を保持していきたいという情動的動機づけが必要になると主張しています。またバークとウインスラー（1995/2001）も，大人の受容的であたたかな支援態度が，子どもたちのより高い応答性を生み，彼らの学習を促進していると指摘しています。この方面の実証的検証はいまだ十分になされているとはいいがたいのですが，子どもたちへのあたたかな関心が子どもたちの大人への情動的信頼感を醸成し，このことが彼らの思考の自覚性と随意性の獲得を促進することにつながると考えられます。その意味では，本書第7章で扱われた「愛着理論（ボウルビィ，1969/1976）」と子どもたちの発達支援との関連性についても，今後は検討が必要になると思われます。

第9章

動機づけ理論と子育て支援

第1節　動機づけの分類

(1) 子育ては本能ではない

　そもそも，子どもを育てる動機づけとは何でしょうか。ほかの比較的進化の進んでいない動物と同じように，人間も子どもを育てるのが本能であるとすると，子育て行動（養育行動）は誰にでも存在することになります。ところが，人間の場合，養育行動が本能でないことは，心理学では自明のことになっています。**子育て（養育）行動は観察学習である**と端的に言ってよいでしょう。そうであるとすると，子育ての動機も学習されると考えられます。

(2) 動機づけの2つの軸

　筆者は，動機づけを**生得性と習得性，生物性と社会性**の2軸に分けて，以下のように考えています。

　生得性－習得性の軸は，生まれつき備わっているのか経験や学習によって獲得されるかの軸です。**生得性とは，食欲，渇きなどの生理的動機づけ**で，性を除くと身体的欠乏状態とそれを修復しようとするホメオスタシスの働きがかかわる動機と考えてよいでしょう。生まれてすぐの赤ん坊も空腹になると泣いて空腹を満たそうとするので，習得性ではなく生得性が高いといえます。食欲は，食べる量の多少には個人差がありますが，特殊な状態にある場合を除いてどんな人にも食欲はあるというように，個人差は比較的少ないものです。しかしながら，摂食障害者に見られるように，生得的であってもその後の経験によって変化することは十分ありえます。

　習得性とは，生まれたときはまったくなかったものですが，その後の経験で獲得していくという意味です。たとえば，お金がほしい，社会的な地位がほし

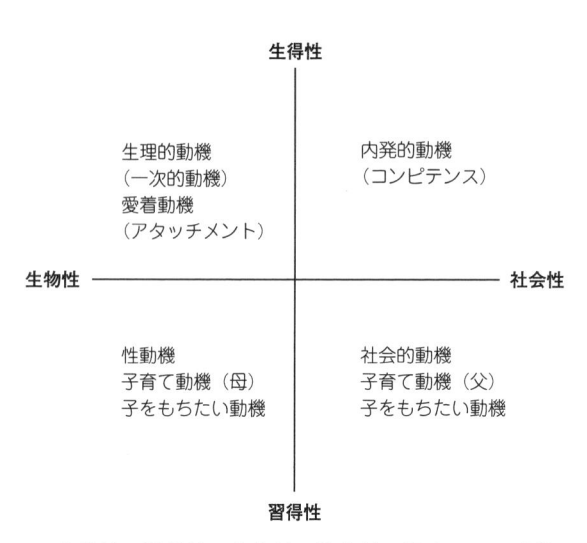

```
              生得性
               │
   生理的動機    │   内発的動機
  （一次的動機） │  （コンピテンス）
   愛着動機     │
  （アタッチメント）│
生物性 ─────────┼───────────── 社会性
               │
   性動機      │   社会的動機
   子育て動機（母）│   子育て動機（父）
   子をもちたい動機│   子をもちたい動機
               │
              習得性
```

図9-1　生得性-習得性，生物性-社会性の視点からの動機の分類

い，きれいになりたいなどは，習得性動機です。この軸は，生得的ではないので，これが満たされなくても個体が維持されない（死ぬ）ことはありません。ただし，人間の場合，生理的な動機以上に重要になることもあります。社会的地位を失った人や顔を損傷した女性が自殺することがあるのはそうした例といえます。習得性動機は，個々人によって経験は異なり多様であるので，個人差が大きいものです。たとえば，お金に執着する人もいれば，無頓着な人もいるというようにです。

　生物性-社会性の軸は，**個人内部の生物学的性質を帯びているか，対人・社会的な性質を帯びているか**の軸です。たとえば，眠りたいというのは，個人内部に生じる生物学的な色彩が強いため生物的動機といえますが，認められたいという承認動機は，周囲の人間がかかわるので，社会的動機といえます。しかしながら，食欲などは身体的な欠乏状態が関係するので生物性に関係しますが，周囲の人間がおいしそうに食べているのを見ると満腹でも食べてしまうことがあるというように，社会性がまったく関与しないことはありません。したがって，すべての動機がそのどれかにきちっと当てはまるのではなく，各次元は相対的な強さを表すにすぎません。これらの関係を示したのが，図9-1です。子育て動機がどのように位置づけられるかは，多少複雑なので後に示しましょう。

第2節　内発的動機づけと外発的動機づけ

(1) 有能感と効力感

　以上のような枠組みとは異なる考え方が，**内発的動機づけ － 外発的動機づけ**の枠組みです。この枠組みでは，動機を行動と結合させて考えるのが特徴です。内発的動機づけは，当初，ホワイト（1959）の唱えた概念で，「環境と効果的にかかわれる能力」と定義し，**コンピテンス（有能感）**と名づけました。この用語は，認知的な意味合いだけでなく，動機づけ的な意味合いを含んだ用語です。動機づけの意味合いを強調するときには，**効力感**という言葉が使われます。この効力感の概念は，その後の心理学に大きな影響を与えました。この概念は，その後，興味や好奇心，挑戦，習熟，自律性（自己決定），関係性などの概念を含む広範囲の領域に変化していきます。

　内発的動機づけの概念は，もともとハル（1943/1960）の動因理論による動機づけの概念へのアンチテーゼとして考えられました。ハルの動機と行動の考え方は，以下のようなものです。生体内に身体的な欠乏状態が生じるとホメオスタシスの機構が働き，心理的な動機（動因）が生体内部に生じます。生体は，動機を充足させようとして行動を起こさせます。その行動は，目標（誘因）に到達して，生体は，それを獲得し満たされます（動因低減）。動因低減が起こるとひとまずその行動は，終結します。動因低減は，ハルによれば，**強化**と呼ばれます。強化とは，目標（誘因）に至るまでの行動の出現傾向を強めることを意味します。そうした過程が何回も繰り返されると，その行動は習慣として定着されていきます。このように，行動が生起して習慣化されていく過程では，**動機（動因）**とそれを満たしてくれる目標での**報酬（誘因）**の存在が不可欠となります。この考え方では，動機づけには動機（動因）と外的報酬である（誘因）が重要であり，外的な報酬を得るために行動が生じると考えたのです。すなわち**行動とは，目標（報酬）を得るための手段になっている**という考え方です。また，それ以外の動機づけ行動も，身体的欠乏状態から生じる動機を満たすことになるから，生じるとも考えました。

　一方，先に述べたホワイトの内発的動機づけの考え方は，必ずしも外的な報酬がなくても，あるいは課題に失敗しても，**行動することに快がともなえば行**

動は生じるというものです。たとえば，歩き始めた 1 歳児が何度も何度も転んでなおかつ歩こうとすることなどがこれにあたります。見方を変えると，行動が目的になっているのか，手段になっているのか，と言うこともできます。内発的動機づけに基づいた行動は，行動することそのものが目的になっているのに対して，外発的動機づけに基づく行動は，行動することが目的を得るための手段になっているものを意味します。

(2)「そこに山があるから」

　もう少しわかりやすい例を示しましょう。1953 年，ニュージーランドの登山家ヒラリーは，シェルパのテンジンとともに世界最高峰のエベレスト山に初登頂しました。彼は，それを称えられ，イギリスのエリザベス女王から叙勲され，上流階級の称号も与えられました。その彼が，下山して記者団に囲まれ，彼らから「あなたは，なぜ山に登るのですか?」と聞かれました。彼は，すぐに「そこに山があるからです」と答えたのです。これは有名な台詞で，世界中に広まりました。それだけ多くの人に感銘を与えたのでしょう。彼が言いたかったのは，「山に登るのは，山に登りたかったからで，他に理由なんてありませんよ」ということに違いありません。山に登ることが目的であるから，これがまさしく内発的な動機に基づいた行動ということになります。しかし，たとえば，もし彼が有名になりたいため，称号をもらいたいためにエベレストに登ったとしたら登ることが手段ですから，外発的動機に基づいた行動になります。

(3) やる気をそこなう「ごほうび」とは

　内発的動機づけと外発的動機づけは，条件によっては簡単に入れ替わることがわかっています。幼児を使ったレッパーら (1973) の研究では，興味をもってやっていたお絵かき（内発的動機づけ）にごほうびを予期させてあげること（外発的動機づけ）によって，お絵かきが外発的動機づけに基づく行動に変化してしまいました。その結果，ごほうびがもらえなくなるとお絵かき行動をやめてしまったのです。逆に，たとえば受験のため（合格が目的）いやいや行なっていた英語の学習（外発的動機づけ）も，わかるようになってくると，その科目に興味をもって勉強するようになり，合格後も勉強を続ける（内発的動機づけ）ということもあります。

子育て行動は，内発的なものにも外発的なものにもなりえます。しかし，子育て行動には喜びを見出してほしいという意味では，内発的動機に基づいた行動であってほしいというのが筆者の個人的な願いです。

　さて，こうした動機づけ概念を枠組みにして，子育ての動機づけについて考えてみましょう。ここでは，まず子を産みたい（もちたい）という動機から始めます。

第3節　子を産みたい（もちたい）という動機づけ

(1)「授かりもの」から「作るもの」へ

　母親も父親も，自分の子どもを育てたいという願いを行動に移すには，まず自分の子を産まなければなりません（父親は母親に産んでもらわなければなりません）。子をもちたいという動機づけは，子育ての動機づけの出発点ともいえるでしょう。その点から考えると，子を産む動機づけについても考えてみる必要があります。この動機づけを第1節で述べた2つの軸，すなわち「生得性－習得性」の軸と「生物性－社会性」の軸で分類してみましょう。「生得性－習得性」の軸では，すべての人が子どもをもちたいと思っているわけではないので，習得性と考えてよいでしょう。一方，「生物性－社会性」の軸の判断は難しいといえます。学者によっては，自分の遺伝子を残したいという動機に基づくという人もいて，その考え方からすると生物性が強いことになります。しかし「子どもをもって一人前になりたいから」とか「跡取りを作りたいから」というのであれば，社会性が強くなります。ここでは，一応両方にかかわると考えておきます。

　近年，「できちゃった結婚」という言葉がよく使われます。これは，妊娠したから，仕方なく結婚しようという現代の若者を揶揄した言葉のように思えます。昔は，子どもは授かりものと言われました。かつての日本のように医療も発達していない時代には，せっかく生んでも成人になるまで生きられないことも少なくはなかったようです。授かりものであるから，大事に育てようという意識が働いたに違いありません。現代は，一家庭のこどもの数（出生率）は，約1.3人です。これは，医療が進んだこともあり，子どもの死亡率が昔と比べると激減したから（というのも一つの理由）でしょう。少なく産んでも子ども

が成人まで生き続ける確率は高いのです。こういう時代では，子どもは授かりものではなく，二人で計画して作るもの，と考えるようになってきたのです。しかし，「できちゃった結婚」に限らず，子どもを作ろうと思って妊娠したのではなく，避妊に失敗した結果，不本意ながら妊娠してしまうケースもあるでしょう。この場合は，動機づけ論的にいえば自分の意思に反して妊娠したということになります。この反対の極にあるのが，子どもを作ろうと思って妊娠した場合です。

　この2種類の出産への親の姿勢と，子育てとの関係に関するデータはほとんどなく，軽々に論ずることはできません。しかし，動機づけ論の視点からは，望まれて生まれた子と，やむをえず生まれてしまった子に対する子育て行動は，その善悪は別にして，異なってくるのは想像に難くありません。「生みたい」と自己決定して妊娠した場合，親はその子育てに責任をもとうとするでしょうし，育児への積極的な関与をするでしょう。一方，やむをえず妊娠した場合，その不本意さが育児に影響することは十分考えられるからです。できちゃった結婚でも，子どもが望まれて生まれるか否かが，大きな意味をもつと考えてよいでしょう。

　さらに，もっと大きな問題として，両親同士の愛情の有無があげられます。当人同士が愛し合っている場合と愛し合っていない場合では，生まれてくる子どもの子育てに大きな違いが生ずることは当然といえます。いずれにしても，この点に関する研究は，さらに検討する必要があるでしょう。

(2)「結婚しても子どもはもたない」という考え方

　結婚すると，一般的には子どもをもつことになりますが，近年の少子化の背景として，結婚しても子どもをもつ必要はないという考えもあります。図9－2－1は，平成4年（1992年）から平成16年（2004年）までの「結婚しても必ずしも子どもをもつ必要はない」という考え方に対する賛否を問うた答えの推移です（内閣府大臣官房政府広報室，2005）。これによると，「賛成」と「どちらかといえば賛成」を合計すると，平成4年（1992年）では約30％であるのに対して，平成9年（1997年）では約10％上がって42％を超え，それ以降はほぼ横ばい状態で推移しています。この数字は，1990年の出生率が1.54であるのに対して，初めて1.3人台になるのが1997年であることと符合しています。

1. 推移

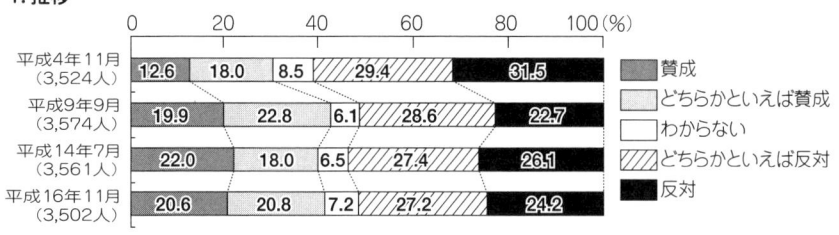

調査時期	賛成	どちらかといえば賛成	わからない	どちらかといえば反対	反対
平成4年11月 (3,524人)	12.6	18.0	8.5	29.4	31.5
平成9年9月 (3,574人)	19.9	22.8	6.1	28.6	22.7
平成14年7月 (3,561人)	22.0	18.0	6.5	27.4	26.1
平成16年11月 (3,502人)	20.6	20.8	7.2	27.2	24.2

2. 性別・年齢別 (平成16年)

(%)

区分		人数(人)	賛成	どちらかといえば賛成	わからない	どちらかといえば反対	反対
女性		1,886	21.5	22.7	7.0	27.3	21.5
	20〜29歳	178	32.0	36.5	5.1	19.1	7.3
	30〜39歳	311	29.9	24.8	5.8	29.6	10.0
	40〜49歳	311	26.7	26.0	5.5	30.2	11.6
	50〜59歳	420	20.2	22.1	5.7	31.4	20.5
	60〜69歳	394	16.0	19.5	9.6	24.6	30.2
	70歳以上	272	8.8	12.9	9.6	24.3	44.5
男性		1,616	19.6	18.6	7.5	27.0	27.2
	20〜29歳	177	32.2	23.7	9.6	19.8	14.7
	30〜39歳	253	26.1	28.5	7.9	22.9	14.6
	40〜49歳	224	21.9	20.1	6.3	31.3	20.5
	50〜59歳	342	22.2	17.0	6.4	28.7	25.7
	60〜69歳	366	12.0	15.6	9.0	28.1	35.2
	70歳以上	254	9.8	10.6	5.9	28.7	44.9

(注) 平成16年の調査対象は，全国20歳以上の男女3,502人（有効回収率70.0％）。平成16年11〜12月個別面接聴取調査。

資料：内閣府大臣官房政府広報室「男女共同参画社会に関する世論調査」2005

図9−2 「結婚しても必ずしも子どもをもつ必要はない」という考え方について

　図9−2−2は，平成16年（2004年）のその考え方への賛否の年代順の数値です。この意見に賛成である者は，男女とも20代が最も多く30％を超え，年代が進むにつれて減少し，70代では男女とも10％を切っています。この原因として，女性の家族に対する考え方の変化が考えられます。

　図9−3−1は，同じ年に総理府の行なった調査で，「女性は結婚したら，家族を中心に生活した方がよい」という考え方を図示したものです。「賛成」と「どちらかといえば賛成」の合計は，平成4年（1992年）ではほぼ67％であるのに対して，年々減少して平成16年（2004年）には，約52％に減少して

1. 推移

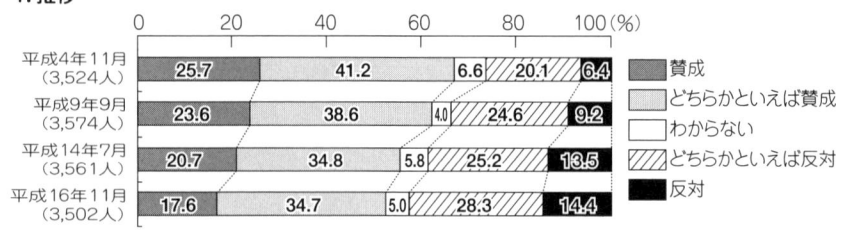

調査時期	賛成	どちらかといえば賛成	わからない	どちらかといえば反対	反対
平成4年11月 (3,524人)	25.7	41.2	6.6	20.1	6.4
平成9年9月 (3,574人)	23.6	38.6	4.0	24.6	9.2
平成14年7月 (3,561人)	20.7	34.8	5.8	25.2	13.5
平成16年11月 (3,502人)	17.6	34.7	5.0	28.3	14.4

2. 性別・年齢別 (平成16年)

(%)

区分		人数(人)	賛成	どちらかといえば賛成	わからない	どちらかといえば反対	反対
女性		1,886	16.8	34.5	4.0	29.4	15.4
	20〜29歳	178	11.8	21.3	3.4	39.3	24.2
	30〜39歳	311	9.0	33.4	2.9	38.3	16.4
	40〜49歳	311	9.3	38.6	3.9	31.5	16.7
	50〜59歳	420	10.5	31.9	4.5	33.6	19.5
	60〜69歳	394	22.8	38.8	4.8	20.8	12.7
	70歳以上	272	38.2	37.5	3.7	16.2	4.4
男性		1,616	18.7	35.0	6.2	27.0	13.2
	20〜29歳	177	13.0	27.7	9.6	29.9	19.8
	30〜39歳	253	9.5	33.6	5.5	37.5	13.8
	40〜49歳	224	16.1	33.0	7.1	28.1	15.6
	50〜59歳	342	16.4	29.2	6.4	31.6	16.4
	60〜69歳	366	24.3	39.1	4.4	21.3	10.9
	70歳以上	254	29.1	44.9	5.9	15.4	4.7

(注) 平成16年の調査対象は，図9‐2に同じ。
資料：内閣府大臣官房政府広報室「男女共同参画社会に関する世論調査」2005

図9‐3 「女性は結婚したら，家族を中心に生活した方がよい」という考え方について

います。それに対応して「反対」と「どちらかといえば反対」は，約26％から約43％へと増加しています。図9‐3‐2が示すように，これも，「賛成」と「どちらかといえば賛成」を合わせると，基本的に年代が高いほど高く，世代間の意識の違いがみられます。一般的にいえば，若い人ほど，結婚に対する見方に個性尊重，個人主義的傾向が高くなってきていることの表れといえるでしょう。

第4節　子を育てたいという動機

(1) 子育ての利点と負担

　さて，次に，子を育てたいという動機を「生得性 − 習得性」と「生物性 − 社会性」の2つの軸で分類したとき，子を育てることの動機は，どこから生まれるのか考えてみましょう。「生得性 − 習得性」の軸では，誰でも子どもを育てたいわけではないので習得性と言ってよいでしょう。一方，子どもを育てたいというのは，少なくとも女性に関しては「生物性」が高いと考えられます。これは，子どもの母親へのアタッチメント（愛着）が生物的色彩の強いことに関係すると考えてよいでしょう。もちろん，他人の子どもを見ていて子どもがほしくなることもあるので，まったく社会性が関係しないわけではありません。

　ここでは，子育てをしてよかったこと，逆に負担であったことについての，母親に対する調査結果を通じて，子育ての動機づけについて考えてみたいと思います。この問題は，直接に子育ての動機づけを聞いたものではなく子育てをした結果の気持ちですが，それは後の子育ての動機づけに影響するので，ここで取り上げることにします。表9 − 1は，1歳6カ月児の親に聞いた結果を示したものです。よかったと思うことの中でもっとも多かったのは「子どもとのふれあいが楽しい」であり，次いで「家族の結びつきが深まった」「毎日の生活にはりあいができた」と続きます。一方，負担については，「自分の自由な時間が持てない」がもっとも多く，「子育てによる身体の疲れが大きい」「目が離せないので気が休まらない」と続きます。よかったというのは，行動の促進につながる動機であり，負担に思うのは行動の抑制につながる動機と言えます。相対的にどちらが強いかによって，その人の子育てへの態度が決まっていくと考えられます。ここで，促進する動機はほぼ内発的動機づけと言ってよいし，抑制する動機は内発的動機づけを阻害する動機と言ってよいでしょう。

　それぞれの第1位である「子どもとのふれあいが楽しい」と「自分の自由な時間が持てない」は各々83.0％と63.7％であり，多くの母親が育児を楽しいものととらえ，その割合からみても自由を拘束するものと捉えている母親より多いことは，子育てを内発的動機づけに基づくものととらえていると考えてよいでしょう。しかし，母親の就労状態によって負担感が異なってくることは，

表9-1　子どもを育てていてよかったと思うこと・負担に思うこと（平成14年度）

1. 子どもを育てていてよかったと思うこと　(%)

区分		割合
よかったと思うこと（複数回答）がある	子どもとのふれあいが楽しい	83.0
	家族の結びつきが深まった	66.8
	毎日の生活にはりあいができた	48.8
	子育てを通じて自分の視野が広がった	45.8
	上の子に兄・姉の自覚がめばえた	41.9
	子育てを通じて自分の友人が増えた	32.6
	その他	5.1
よかったと思うことは特にない		0.7

(注) 調査対象は，平成13年1月10～17日，7月10～17日の間に出生した子についての継続調査。平成14年度時点で1歳6カ月。
表9-1は第2回調査。

区分	第1回調査（平成13年度）		第2回調査（平成14年度）	
	回収数	調査時期	回収数	調査時期
1月出生児	23,423	平成13年8月	21,923	平成14年8月
7月出生児	23,592	平成14年2月	22,003	平成15年2月
計	47,015		43,926	

資料：厚生労働省大臣官房統計情報部「第2回　21世紀出生児縦断調査（平成14年度）」2004

2. 母の就業別，子どもを育てていて負担に思うこと　(%)

区分		総数	無職	勤め（常勤）	勤め（パート・アルバイト）	自営業・家業	内職
総数（人）		43,842	29,973	6,525	4,422	1,955	608
負担に思うことがある（複数回答）	自分の自由な時間が持てない	63.7	66.4	60.8	54.8	57.7	57.1
	子育てによる身体の疲れが大きい	39.3	40.9	36.5	33.9	38.6	34.0
	目が離せないので気が休まらない	34.1	37.1	24.5	28.9	34.1	32.1
	子育てで出費がかさむ	27.0	26.8	23.6	34.1	23.5	33.1
	夫婦で楽しむ時間がない	24.9	25.8	24.5	21.8	21.8	20.4
	仕事が十分にできない	16.3	11.0	22.8	30.1	36.1	40.8
	子どもが病気がちである	6.4	4.5	12.2	11.0	7.0	3.9
	子育てが大変なことを身近な人が理解してくれない	6.0	6.3	4.9	5.4	6.8	6.7
	その他	3.9	3.9	4.5	3.6	3.1	3.3
負担に思うことは特にない		12.3	11.5	14.2	13.8	14.0	11.8
不詳		2.3	2.1	2.7	2.4	2.5	1.5

注目すべきことです。表9-1-2に記されている「無職」は，専業主婦を表わすと考えてよいでしょう。負担感は，「出費がかさむ」「仕事が十分にできない」では何らかの就労をする母親が高く，それ以外の項目は専業主婦が高くなっています。つまり，子育てそのものから来る負担感は，専業主婦の方がはるかに高いと言ってよいのです。核家族化した家族の中で，子育てで息を抜く暇がなく，閉塞状況にあることがうかがわれます。こうした理由もあって，子育て支援の動きが母親の育児そのものの軽減を図る施策に移行しているのでしょう。

(2) バランスのとれた子育てを

また，最近では，父親の育児参加を促す動きもみられます。図9-4は，就学前の子どもがいる雇用者の育児休業に関する意識調査です。父親（雇用者男性）は，ぜひ育児休業をとりたいが26％強，できればとりたいが40％弱です。したがって，約2/3の父親が育児休業に積極的であり，むしろ母親よりその傾向は強いくらいです。しかし，図9-5が示すように，父親の帰宅時間でもっとも多いのは21時台で，0時台という者も6％弱います。職場の事情で協力したくても協力できないというのが実際の姿なのでしょう。

また，母親はどのように自分の生き方と子育ての折り合いをつけて考えているのでしょうか。図9-6は，母親の子育て観について尋ねた調査です。この調査からは，子育てだけではなく，自分の生き方も重視していることがうかがえます。かといって，子どもが重要だと思っていないのではなく，3歳までは母親が一緒にいてあげることも重要だと考えています。つまり，母親は自分の中で，子育てと自分の生き方の調和をとりながら，バランスよく生活していると言えるのです。

1. 産後8週間中における育児休業の取得について（次に機会があった場合）

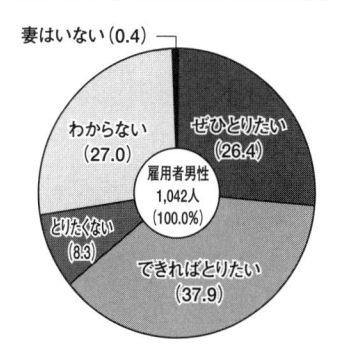

- 妻はいない (0.4)
- わからない (27.0)
- ぜひとりたい (26.4)
- とりたくない (8.3)
- できればとりたい (37.9)

雇用者男性 1,042人 (100.0%)

2. 産後8週間中における夫の育児休業の取得について

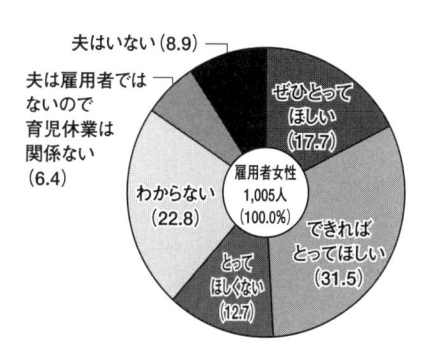

- 夫はいない (8.9)
- 夫は雇用者ではないので育児休業は関係ない (6.4)
- わからない (22.8)
- とってほしくない (12.7)
- ぜひとってほしい (17.7)
- できればとってほしい (31.5)

雇用者女性 1,005人 (100.0%)

独立行政法人労働政策研究・研修機構「育児や介護と仕事の両立に関する調査」2003

図9-4 男性の育児休業についての意識 (平成15年)

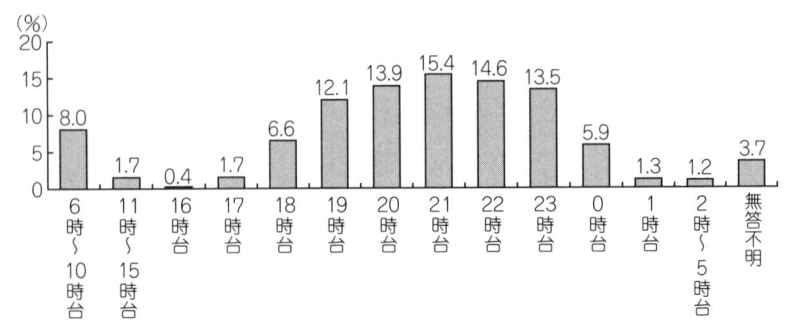

資料：ベネッセ教育研究開発センター「第3回　幼児の生活アンケート」2005

図9-5　父親の帰宅時刻（平成17年）

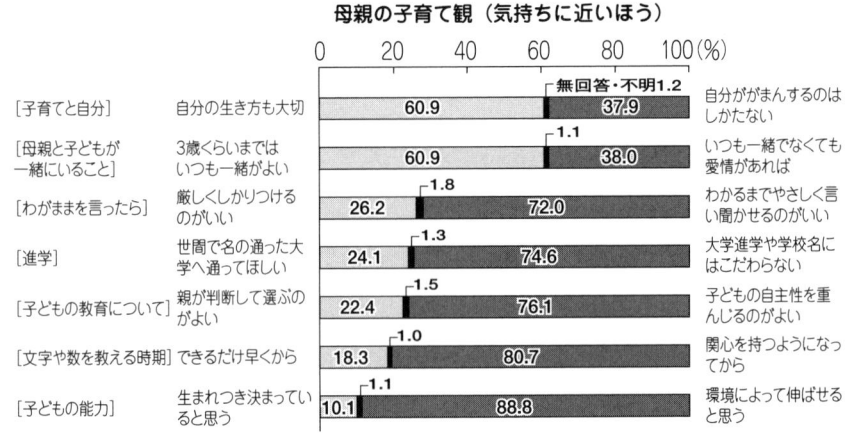

父親の帰宅時刻データ：
- 6時～10時台：8.0%
- 11時～15時台：1.7%
- 16時台：0.4%
- 17時台：1.7%
- 18時台：6.6%
- 19時台：12.1%
- 20時台：13.9%
- 21時台：15.4%
- 22時台：14.6%
- 23時台：13.5%
- 0時台：5.9%
- 1時台：1.3%
- 2時～5時台：1.2%
- 無答不明：3.7%

母親の子育て観（気持ちに近いほう）

項目	左の選択肢	左%	右%	右の選択肢
[子育てと自分]	自分の生き方も大切	60.9	37.9	自分ががまんするのはしかたない
[母親と子どもが一緒にいること]	3歳くらいまではいつも一緒がよい	60.9	38.0	いつも一緒でなくても愛情があれば
[わがままを言ったら]	厳しくしかりつけるのがいい	26.2	72.0	わかるまでやさしく言い聞かせるのがいい
[進学]	世間で名の通った大学へ通ってほしい	24.1	74.6	大学進学や学校名にはこだわらない
[子どもの教育について]	親が判断して選ぶのがよい	22.4	76.1	子どもの自主性を重んじるのがよい
[文字や数を教える時期]	できるだけ早くから	18.3	80.7	関心を持つようになってから
[子どもの能力]	生まれつき決まっていると思う	10.1	88.8	環境によって伸ばせると思う

※無回答・不明：1.2、1.1、1.8、1.3、1.5、1.0、1.1

(注) 調査対象は、首都圏（東京・神奈川・千葉・埼玉）の0歳6カ月～6歳就学前の幼児をもつ保護者2,980人（回収率41.4%）。平成17年3月調査。

資料：ベネッセ教育研究開発センター「第3回　幼児の生活アンケート」2005

図9-6　母親の子育て観（平成17年）

第10章

胎児期・新生児期の発達と子育て支援

第1節　胎児の発達[1]

　胎児は，母親の胎内で成長するために，普通変化を目で見ることができません。しかし私の手元に4種類の，胎児の発達を見事に示した写真集があります。ニルソン（1990/1992）とシアラス（2002/2002）の美しい写真集，そしてキャンベル（2004/2005）の3次元超音波による胎児の映像集です。タラック（2006/2008）の本は最新版といえるでしょう。技術の進歩は，胎児の発達をはっきりと目で捉えることを可能にしています[2]。

　胎児期は細かくいうと3つの時期に分けて述べられることが一般的です。それは発達を考えるとき，十分意味があるのです。まず①**受精から受精卵の子宮への着床までの8～10日間（胚期）**です。この時期は，まだ心理学的な関心を引く点は少ないかもしれません。次に②**胚期の終わりから8週の終わりくらいまで（胎芽期）**で，まだ5gくらいしかありません。しかし，この時期に器官の原形がほとんど形成されるために，母親が飲んだ薬などの影響を受けてしまいます。最後が③**胎芽期の終わりから出生まで**（厳密にいうと，この時期が**胎児期**と呼ばれる）で，ここで3000gくらいまで大きくなるのです。母親が栄養をとることができないと成育不全になったりする可能性があります[3]。

　まず胎児の聴覚と嗅覚の発達について見てみましょう[4]。レカヌエットたち

---

[1] 欧米の文献は，ほとんどが受精日を起点とした胎齢を使用しています。ほぼ妊娠の期間は38週ということになります。受精日は推測ですから，超音波による胎児の大きさの測定で精度を高めます。日本では最終月経初日を起点とする慣例があり，受精日を起点とする数え方とは約2週間のずれが生じますが，本章での記述は内容を一貫させるために，受精日を起点とした胎齢を使用します。

[2] 私自身も胎児と新生児の発達に関するDVDを作成しました（川上，2006）。

[3] 胎児期の身体発達については，前にまとめたことがあります。本書の性質上，ここで詳しく述べる余裕がありません。川上（2002），川上・高井‐川上（2003）をご参照ください。

(1995) やキシレブスキー (1995) によれば，胎児の聴覚を研究するときに使われて来た指標は，"心拍"と超音波でみる"胎動"です。心拍を指標としたとき，胎児の聴覚が機能するようになるのは30週くらいと考えられています（キシレブスキーほか，1992, 2000）。目覚めたり，眠ったりしている状態を覚醒水準といいますが，胎児にもそれが認められています（ニジャイス，1995）。胎児の覚醒水準が見極められるのは36週くらいから（キシレブスキーほか，1998）ということも忘れてはなりません。覚醒水準を無視して実験すると当然結果が異なりますから，何週にはこれができるなどという安易な論調には注意が必要です。

デキャスパーら (1994) は，胎児期後半に母親が4週間詩の音読を続けると，胎児がそれを覚えている可能性を示しました。胎児の心拍は，4週間後に聞いた詩を呈示されると減少（じっと聞いているということ）しましたが，新しい詩のときはそれが起こりませんでした。しかし，これを"胎教"などと結びつけることはできそうにありません。九州大学のコヤナギたち (1994) は，胎児の目の動きの分析などによる自らの研究をまとめていますが，**胎児の中枢神経系（脳と脊髄）がほぼ完成するのは出生直前**だからです。デキャスパーらが対象にした胎児たちは，物語を覚えていたというよりも，音に慣れていたといった方がいいのかもしれません。

フランスのザールたちは，胎児・新生児の嗅覚について，徹底的に研究しています。ザールら (1995) は，胎児の嗅覚を研究する代わりに低出生体重児を対象にしてペパーミントに対する反応を調べました。その結果，だいたい30週くらいから反応が出てくることがわかりました。

ザールたちの研究は，どれも一工夫されているのですが，ある論文では新生児が母親の羊水の匂いを覚えていること，しかし生後4日くらいになると母乳の方が魅力的になることを示しています（マリアーほか，1998）。別の論文では，母親が妊娠中にアニス（香草）を食べた場合，新生児がアニスの匂いを好むことを示しました（ザールほか，2000）。母親がアニスを食べなかった新生児はアニスを好みませんでした。母親の食生活が胎児に影響しているわけです[5]。

ここで，私たちの研究をひとつだけご紹介します。情動にかかわるものです。

---

[4] 胎児の発達全般については，少し古いし，翻訳もないのですが『胎児の発達』（レカヌエットほか，1995）という本が最もよくまとまっています。

[5] 嗅覚の発達についての研究展望は，川上・髙井‐川上 (2003) を参照してください。

乳児の浅い眠りの状態での,外的な刺激がないときの微笑を "**自発的微笑**" といいます。その "自発的微笑" の起源を探るために,4次元超音波で胎児の微笑を分析しました。23週1日目の胎児が完全な "自発的微笑[6]" を示しました(川上ほか,2008)。もっと小さな胎児も微笑している可能性があります[7]。

　子育て支援の観点から胎児の発達を考えるとき一番重要なのは,**母親の生活ぶりが胎児に大きく影響する**,ということです。とくに胎芽期は決定的に重要です。どのくらいの母親が,この事実を知って生活しているでしょうか。しかし残念ながら,胎児期の研究はまだ十分ではなく,この時期にこのような影響があると決定的にいえるものは多くありません。すでに述べたように,胎児に教えるという意味の "胎教" はないでしょうが,母親の生活の胎児への影響は大きいので,私は "**胎響**" ということばを提唱しています。"胎響" についてさらに見ていきましょう。

第2節　胎児に影響する要因

　米国の発達心理学者フィールドが書いた『驚くべき乳児』(2007)という本があります。彼女は,マッサージ・セラピーや母親の "うつ" が子どもに及ぼす影響を専門に研究しているのですが,一人でこれほどの本が書けるという力量に圧倒されます。この本のなかで,胎児の発達に影響する要因として,母親の受けるストレス,ホルモン,民族差や社会経済的水準,薬物などが取り上げられています。そのうちのいくつかを考えてみましょう。

　母親の慢性ストレスは見つけにくいですが,胎児の脳や器官の成長を妨げ,その結果として,注意欠陥・多動性障害(ADHD)などを引き起こすと考えられています(ルーとルー,2008)。

　妊娠期間中,プロラクチン(乳汁の生成にかかわると考えられている)というホルモンの分泌にかかわる下垂体前葉が通常より40～50％大きくなり,それが母親に影響しているだろうと考えられています(ハーディ,1999/2005)。ただし霊長類では,妊娠中に生成されるホルモンの影響については,まだよくわ

---

[6] 胎内では "外的" 刺激があるかどうか判断がむずかしいですが。
[7] 私たちの自発的微笑の研究について詳細は,Kawakami ほか (2006);Kawakami ほか (2007);Kawakami ほか (2008);高井 (2005);高井ほか (2008) をご覧ください。

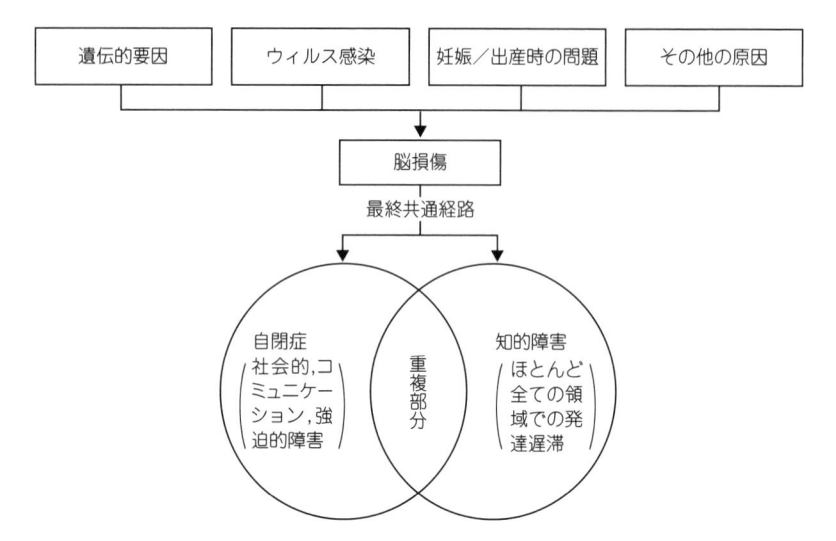

```
┌─────────┐  ┌─────────┐  ┌──────────┐  ┌──────────┐
│遺伝的要因│  │ウィルス感染│  │妊娠/出産時│  │その他の原因│
│         │  │         │  │ の問題   │  │          │
└────┬────┘  └────┬────┘  └────┬─────┘  └────┬─────┘
     └────────────┴────────────┴─────────────┘
                        │
                  ┌─────┴─────┐
                  │  脳損傷   │
                  └─────┬─────┘
                   最終共通経路
```

図10-1　**自閉症の原因についての仮説**　(バロン＝コーエンとボルトン, 1993/1997)

かっていません。また，主要な男性ホルモンであるテストステロンの胎内における増加が，子どもの利き腕（左利き）やある種の学習障害と関連する可能性も示唆されています（フィールド，2007）。胎内のテストステロンの影響については，自閉症研究で著名なバロン＝コーエンが膨大なデータとともに，「自閉症とテストステロン」についての関係を考察しています（バロン＝コーエンほか，2004）。もちろんバロン＝コーエンは，それだけが自閉症の原因と考えているわけではありません（図10-1参照）。さまざまな要因が複雑に関連している可能性があります。また，胎児期にアンドロゲン（男性ホルモンを一括したもの）にさらされて雄性化した女児は，幼児期の玩具の選び方が男児的だというデータも示されています（ビョークランドとペレグリーニ，2002/2008）。ホルモンの影響についてはまだわからないことも多いのですが，子どもたちの発達を理解するためには，生理学的知識も必要なのです。

　とくに**胎芽期に薬物が影響を与える**ことは，すでに述べました。フィールドの本でも胎児の発達に影響を与えるものとして，コカイン，アルコール，ニコチン，カフェイン，ホルモン，エイズが項目として上がっています。アルコールの摂取は，中枢神経系の障害と特有の容貌を示す"胎児性アルコール症候群"を引き起こすことがあります。また妊娠中の煙草は，低出生体重，死産，乳児

の突然死と関連すると考えられています。

　米国のベンデルスキーは，コカインと子どもの発達との関係を専門に研究しました。彼女たちの研究を中心に1冊の本がまとまっています（ルイスとベンデルスキー，1995）。まだ日本ではそれほど問題になっていませんが，米国では残念ながら大きなテーマです。そして米国の問題は，幼児虐待やエイズが示すように，その後日本の問題になる可能性があります。コカインは，社会経済的水準が低く，アルコールや煙草も常用し，産婦人科で診察を受けないような母親を蝕んでいます。コカインは，胎児の認知能力に影響を与えるだけでなく，生まれてきた赤ちゃんにうまく対応できない母親も作ることになり，悪循環を引き起こすのです。

　産前の"うつ"や怒りは，出産にいい影響を及ぼしません。逆に母親が楽観的だと，いいお産につながります。そして母親のうつを軽減するものとして，マッサージ・セラピーや鍼が紹介されています（フィールド，2007。マタニティ・ブルーズなどの産後のうつについては後で述べます）。また，心理的サポートも，うつの軽減につながります（ルーとルー，2008）。

第3節　出産前後

　図10-2は，霊長類の骨盤の出口の大きさに対する新生児の頭の大きさ（黒

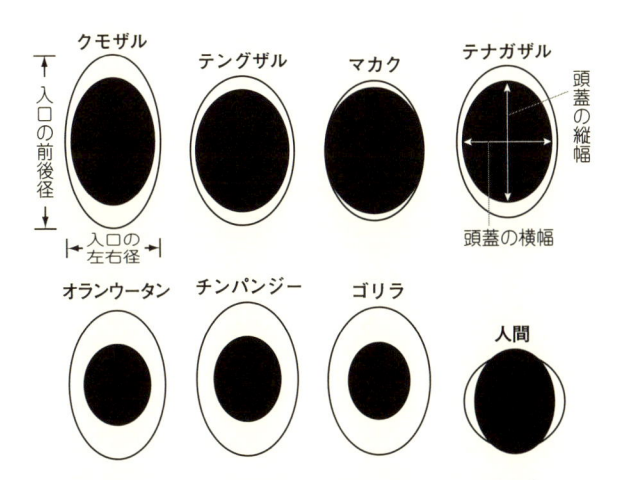

図10-2　霊長類の骨盤の出口の大きさに対する新生児の頭の大きさ（ハーディ，1999/2005）

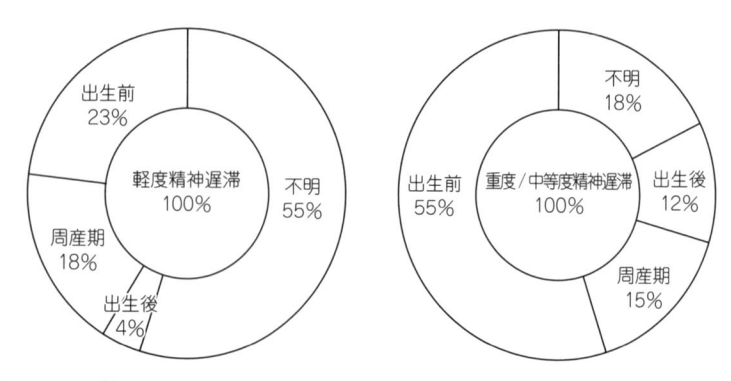

図10-3 精神遅滞の背景要因（ハグバーグとカイラーマン，1983〔原，1999より〕）

い楕円）を示しています。ヒトのお産がいかに大変であるか，視覚的に理解できるでしょう。産前産後の時期を周産期といいます。周産期が母子双方にとって注意を要する時期だといわれるのは，ともに大仕事をなし遂げる前後ですから，当然でしょう。

　図10-3は，軽度精神遅滞と重度／中等度精神遅滞の原因を示したものです（原，1999）。重度／中等度精神遅滞の70％の原因が出生前と周産期にあるというデータは，ここまでがいかに大切な時期かを物語っています。胎児の経過観察によって，出産時点に発生するトラブルの大多数の兆候が，すでに出産以前から存在している（原，1999）ことも明らかになっています。産婦人科医の指導による妊娠中のケアが必要なのです。

　出生直後の新生児の状態を10点満点でつけるアプガー・スコアというものがあります。これについて，海外の発達心理学のいいテキスト（たとえばコールほか，1989）には，必ず書いてあるのに，日本のテキストにはあまり説明がありません。アプガーという産婦人科医が，1953年に発表した方法で，心拍数・呼吸・筋緊張・反射・皮膚の色を0～2点で評定するものです。10点に近い方が良好なお産ですが，お産がすべてではなく，私はアプガー・スコア1点だった元気な赤ちゃんを見て，その生命力に感動したことがあります。

　出産を迎えるまでの女性に心理学が寄与できるものとして，家庭内暴力へのアプローチがあります（ルーとルー，2008）。パートナーの暴力は，虐待と連動もしています。質問紙よりも面接を用いた方が暴力について把握しやすく，問いの内容にも注意が必要です。"虐待""ドメスティック・バイオレンス（DV）"

"レイプ"などの言葉を含まず,「これまで,だれかに,たたかれたり,蹴られたりしたことがありますか？」のような聞き方は,問題を引き出す可能性を高めます。

第4節　新生児の発達

　私たち大人は,視覚から情報を最も多く取り入れているわけですが,それまで胎内にいた**新生児の視覚は,感覚のなかで一番未発達**です。視力は,大人の10から30倍弱い（ヒトの顔の輪郭がだいたいわかる程度）と考えられています（スレイターほか,2007）。生後半年には,ほぼ大人の視力になりますが,完全といえるのは3歳を待たなければなりません。色の弁別は生後数カ月で可能になり,奥行き知覚は出生時からできるものもあれば,数カ月かかるものもあります。

　3カ月の胎児が触覚刺激に反応することからも明らかなように,触覚は早い時期から働いています（スレイターほか,2007）。だからこそ低出生体重児に,マッサージ・セラピー（フィールド,1995）やカンガルー・ケア（アンダーソン,1995）をすると発達が促進されるのです。

　新生児の口に甘いもの,すっぱいもの,にがいもの,などを含ませると,大人と同じような表情を見せます（スレイターほか,2007）。また新生児の低周波を聞き分ける能力は,大人と同様ですが,高周波を弁別する力は乳児期の間に発達します（スレイターほか,2007）。新生児の嗅覚については,すでに述べましたので繰り返しません。すなわち新生児は,ほとんどの感覚をすでに備えているといえます。かつて考えられていたような"無力な存在"ではないのです。

　私たちは,生後5日くらいにフェニルケトン尿症などのスクリーニングのために行なわれる採血場面に注目しました。そのときに音や匂いを呈示したり,抱いてみたら採血のストレスが緩和できるか調べてみたのです。ホワイトノイズという雑音[8]やミルクやラベンダーの匂いを呈示したり,抱くとストレスが緩和されることがわかりました（Kawakamiほか,1996；Kawakamiほか,1997a；Kawakamiほか,1997b）。**刺激を呈示されると新生児の注意がそちらに向き,ス**

---

[8] ホワイトノイズとは,すべての周波数で,ほぼデシベル値が等しい人工的に作られた音。テレビのチャンネル間の雑音は,これに近いといえます。

トレスが緩和されるのだろうと私たちは考えています（川上・高井‐川上, 2003）。つまり**新生児は，知的な存在**だといいたいのです。

第5節　新生児と母親の関係

　乳児を対象としてやりとりの重要性を示す，**スティル・フェイス**という実験法があります。ベビーチェアーに座った赤ちゃんと母親が顔を見合うのですが，一定の時間が来ると母親は無表情になり，声も出しません。だから，スティル（静止した）・フェイス（顔）というわけです。スティル・フェイスになると，赤ちゃんは戸惑います。いつもにこやかなお母さんが反応してくれないのですから，赤ちゃんは，不安げに自分の手を見つめたり，よだれを流したりします。ついに泣き出してしまう子もいます。母親がうつになるということは，スティル・フェイスがずっと続くということと同じなのです（ベンデルスキーとサリバン, 2007）。

　産後のうつは，以下の3つに分けられます（ホプキンスほか, 1984；キャンベルほか, 1992）。

① マタニティー・ブルーズ：出産後3日くらい涙が止まらない，などの症状が出るもので，一時的なものと②につながる場合があります。半数以上の母親がなるというデータもあります。

② 産後抑うつ症：うつ症状が産後に出るもので，約10％の母親が，この状態になるといわれています。2カ月くらい続くというデータもあれば，1年くらいというデータもあります。

③ 精神病的抑うつ：0.01〜2％の母親が示す症状で，妄想をともないます。

　三田村ら（2008）は，産後抑うつ症の要因として，10代の妊娠，妊娠中や分娩直後の離婚，他の精神疾患，マタニティー・ブルーズなどを挙げています。また岡野（2008）は，表10-1のようなチェックリストを作り，早期の対策を提案しています。出産という大仕事をなしとげ，さらに大変な育児を始めた母親に対し，周囲の援助が不可欠ということでしょう。

表10-1 産後うつチェックリスト（岡野，2008）

産後うつ，あなたは大丈夫？

① □ 一日の大半を憂うつに感じることが毎日続く
② □ いつもは楽しんでいることに興味や喜びがわかない。赤ちゃんをあやしていても楽しくない
③ □ 食欲がわかない
④ □ 育児で夜間起きてもなかなかその後眠れない
⑤ □ 毎日，そわそわして落ち着かない。または，逆に普段よりも動作がゆっくりしている
⑥ □ 妊娠前よりも疲れやすく，気力もわかない
⑦ □ 母親としての自分に価値がないと感じる
⑧ □ 簡単な献立を考えたり，優先順位を決めたりするのが難しい
⑨ □ 育児がうまくいかず，死ぬことや赤ちゃんを傷つけたいと考えてしまう

ドクター岡野の診断

米国の「DSM-IV」という診断基準をもとにしています。①，②のうちのどちらかを含め，五つ以上の症状がほとんど一日中あり，それが毎日，2週間以上続き，家庭や職場での生活に支障が出ているようであれば，「うつ病・産後の発症」と診断される可能性があります。五つ未満でもうつ病の可能性があるので専門医を受診してみましょう。

第11章

育児不安と子育て支援

第1節　育児不安とは

(1) 子育てと育児不安

「私が抱いても泣きやまず，母親失格かもと落ち込む……」「最近，イライラして感情的にしかりつけることがある……」「1歳の子が危険なことをよくするので，何度言っても同じことの繰り返しで，ホトホト疲れてしまいます」

　子育ては，それにかかわる人にとって，多くの喜びや幸福感をともなう営みです。小さな赤ちゃんを腕に抱いたときに感じる赤ちゃんの体温やにおい，大きな口を開けて離乳食をもっともっとと要求する表情，両手を挙げて一歩一歩こちらへ向かって歩くときの笑顔などは，養育者にとって何にも代え難い喜びや幸福感をもたらしてくれるといえるでしょう。また，子育てから得られる達成感や充足感は，子どもの成長だけでなく，自分自身の親としての成長の証としても実感できるでしょう。全国の子育て家庭5000世帯以上を対象に行なった調査（社会福祉協議会，2008）では，母親の98.1％が子育てを楽しく幸せなことだと感じており，93.9％が子育てによって自分も成長していると感じていました。

　一方で，子育ては，楽しいばかりではありません。夜中に何度も起きて授乳をしたり，どうして泣いているのかわからなくて途方に暮れたり，熱や発疹が心配になったり，予想外のいたずらに腹が立ったり，思わぬ怪我に養育者としての責任を痛感したりなど，子育ての大変さも決して小さくはありません。冒頭であげたのは，子育てに奮闘する母親たちの声です。「抱いても泣き止まない」「何度言っても同じことの繰り返し」など子育ての大変さが訴えられており，それに対する気分の落ち込みやいらだち，疲労が語られています。本来，

親子関係とは親和的な側面と反発的な側面の両方を持ち合わせています（根ヶ山，1995）。したがって，**子育てのなかで感じる嫌悪感や不快感情とは，ほとんどの親に経験されるもの**（ディーター‐デカート，1998；菅野，2008）と捉えていいのです。

このような，子どもの状態や将来あるいは育児のやり方や結果に対する漠然とした恐れを含む情緒の状態を「**育児不安**」といいます（牧野，1982）。育児への自信のなさ，心配，困惑，母親としての不適格感，子どもへの否定的な感情といった心理的なものから，攻撃性・衝動性をともなう行動まで，育児不安の表れ方はさまざまです（厚生労働省，2003）。また，育児不安を捉える視点も研究の立場によっていくつかあります。たとえば，貧困や離婚といった大きなライフイベントとしてのストレスか，予定通りにいかないなど日常の小さな厄介かという視点（クルニックとグリーンバーグ，1990），あるいは，子どもの心身の状態についての心配（子ども関連育児ストレス）か養育者側の危機や問題（母親関連育児ストレス）か（数井，2002；佐藤ほか，1994）という視点などです。

(2) 育児不安と虐待

児童虐待とは，児童虐待防止法において，子どもを殴る，蹴るなどの身体的暴行や，性的暴行によるものだけでなく，心理的虐待やネグレクトも含むものであると明確に定義されています。具体的には，次の4つの行為類型で捉えられています（表11-1を参照）。

全国の児童相談所が対応した虐待についてまとめた報告（厚生労働省，2006）によると，身体的虐待が虐待全体の41.2％，性的虐待が3.1％，心理的虐待が17.2％，ネグレクトが38.5％でした。性的虐待や心理的虐待は発見や認定が難しいことも影響していると思われますが，子どもの身体への暴行や育児放棄としてのネグレクトが虐待の行為類型としては多数を占めるようです。また，主たる虐待者としては，実母が62.8％，実父が22.0％，実父以外の父6.5％となっています。これも，実母が虐待しやすいと捉えるのではなく，実母が子育てを中心的に担っている場合が圧倒的に多いための数字と考えられるでしょう。

さて，子育て支援に何らかのかたちでかかわる際，虐待について知っておくことは重要です。しかし，その一方で，**育児不安と虐待を安易に直結するものと考えるのは危険**です。育児不安が高まると子どもを虐待するなどと言われる

表11-1 児童虐待の行為類型

身体的虐待	児童の身体に外傷が生じ，又は生じる恐れのある暴行を加えること。 　例）殴る，蹴る，やけどを負わせる　など
性的虐待	児童にわいせつな行為をすること又は児童をしてわいせつな行為をさせること。 　例）子どもへの性交，性器・性交を見せる　など
ネグレクト	児童の心身の正常な発達を妨げるような著しい減食又は長時間の放置，保護者以外の同居人による虐待行為と同様の行為の放置その他の保護者としての監護を著しく怠ること。 　例）家に閉じ込める，室内の清潔面の問題，家や車に子どもだけを長時間放置する，保護者以外の同居人による暴行の放置　など
心理的虐待	児童に対する著しい暴言又は著しく拒絶的な対応，児童が同居する家庭における配偶者に対する暴力（配偶者の身体に対する不法な攻撃であって生命又は身体に危害を及ぼすもの及びこれに準ずる心身に有害な影響を及ぼす言動をいう。），その他の児童に著しい心理的外傷を与える言動を行うこと。 　例）ことばによる脅し，無視や拒否的態度，配偶者への暴力（DV）を見せる　など

「児童虐待の手引き（2007改訂，厚生労働省）」をもとに作表

ことがありますが，虐待はそう単純なものではありません。もちろん，虐待の事例のなかには育児不安が高まった結果というケースもありますが，経済的な背景（たとえば，貧困による過剰労働）や虐待者の過去の生育経験（たとえば，被虐待経験）や現在の家庭環境（たとえば，子育て家庭の孤立化や家庭教育力低下）など，複雑な要因が絡んでいることが少なくないのです。すでに述べたように，**子育てにおける嫌悪感といった育児不安は，ほとんどの養育者が経験する**といわれており，育児不安だけが虐待をひきおこすのではないのです。また，最近の傾向として注目されつつあるのが，**虐待不安**です。虐待不安とは，このままでは虐待してしまうかもしれない，あるいは，自分のしていることは虐待にあたるのではないだろうかという不安のことで，虐待そのものと区別し，育児不安のひとつとして考えられるでしょう。

　これまでの多くの育児不安に関する研究では，そこから引き起こされる虐待や問題のある養育態度などの重篤な結末ばかりに焦点化され，育児不安をない方がよいもの，あるいは，いかに育児不安を排除するかという視点で研究がされてきました。しかし，上で述べたように，ほとんどの養育者が経験するものであるなら，むしろ，子どもや養育者の発達上，何らかの意味があると考える

こともできるのです。たとえば、菅野（2001）は、母親の子どもへの不快感情は、母親が子どもの発達の状態や自らのかかわりを振り返る契機となっていることを指摘し、不快感情が子育てに重要な側面をもつことを明らかにしています。この立場からは、育児不安を排除の対象とするのではなく、バランスよく不安と折り合いをつけながら、子育てを楽しむやり方を模索するという方向性がみえてきます。

(3) 日常の小さな厄介としての育児不安

　育児不安といってもその問題の重篤度はさまざまです。ある研究（クルニックとグリーンバーグ，1990；クルニックほか，2005）では、子育てのストレスを、貧困や離婚といった大きなライフイベントからくるストレスか、予定通りにいかないなど日常の小さな厄介かにわけて分析しています。そのうえで、むしろ日常の小さな厄介に着目し、小さな日常の厄介から大きなストレスが構築されることを指摘しています（クルニックとグリーンバーグ，1990）。

　また、菅野（2008）も、子育てという営みの日常性に着目し、どのような親も子どもをイヤだと思ったり、子育てを大変だと感じたりすることがあると述べています。さらに、どのようなときに、母親が子どもをイヤだと思ったり、子育てを大変だと感じるかについて、生後０カ月から２歳までの変化を追いました（表11-2）。誕生後から生後半年頃は、「子どもがどうして泣いているのかわからない」といった泣きの原因のわからなさや、「忙しいときに限って」といった子育ての不慣れさについて、母親はイヤだと感じます。子どもとの生活に慣れるための移行期といえるでしょう。子どもがはいはいや歩行で移動で

表11-2　イヤになることからみた生後2年間の母子関係 （菅野，2008より）

	出生後すぐ	3カ月	6カ月	9カ月	12カ月	15カ月	18カ月	21カ月	24カ月
イヤになることとして多く語られたこと	なんで泣いているのかわからない	忙しいときに限って泣く	ひとみしり後追い	いたずらしてはいけないことをするおむつ替えをいやがる			自己主張・反抗好き嫌いの主張	いうことをきかない	
子どもの発達				移動可能に					
母親の子育てのテーマ	子どもとの生活への移行期 わからない → 慣れてくる → 関係の構築 心配・不安			危険からの回避 しつけ			関係の建て直し（子どもの個とどうつきあうか）		

きるようになる生後9カ月から1歳すぎの時期には，子どもがいたずらやしてはいけないことをするとき，母親はイヤだと感じます。これは，子どもを危険から回避させたり，しつけを意識したりする必要が出てきた時期といえます。さらに，1歳半から2歳にかけては，母親は子どもの自己主張や言うことをきかないことについて，イヤだと感じる時期です。それまでの赤ちゃん扱いの時代が終わり，親子の関係の立て直しが迫られているといえるでしょう。

このように，母親がイヤだと感じることを時期ごとに追っていくと，胎外の生活リズムを安定させる時期，移動ができるようになる時期，自我が芽生えて反抗を始める時期といったように，**イヤになる背景には子どもの発達が隠れている**のです。イヤになる内容が変化するということは，言い換えると，母親は，ひとりで子育てに疲れてイヤになるのではなく，子どもの発達に寄り添いながら，その時期その時期の子育てのテーマと直面するからこそ，イヤになるという感情も生じるのです。

第2節　育児不安研究から子育ての実際を観る

(1) 親としての発達：発達過程としての育児不安

すでに述べたように，育児不安とはほとんどの養育者によって，当たり前に経験されるものです。これは，育児不安を楽観視しようとするものではありません。むしろ，子育ての実情に目を向けようとするものです。日本では，母親の子どもへの愛情を絶対視する傾向が強くあります。母親としての愛情の至高さが主張されることはあっても，母親といえども一人の人間であるという事実が忘れられ，母親としてのあり方の多様さや否定的な側面が見落とされがちなのです（大日向，1988）。そのような社会的な風潮のなかで，母親は子育てに悩んだり，子どもをイヤだと感じたりしたとき，不安や嫌悪感を抱える自らを否定し，母親失格と感じることすらあるのです。子育てとは，そもそも，人を育てるという大きな責任を負う営みです。**その責任の大きさゆえ，楽しみや喜びも大きい分，子育てに抱く不安や子どもへの不快感情も大きい**といえるでしょう。

はじめから子育てに慣れている人はいません。妊娠や出産を経れば，自動的に親になれるというものではないのです（大日向，1988）。子どもが発達するの

と同じように，実は，養育者も親として発達しているのです（たとえば，氏家，1996）。

　「妊産婦検診のとき，医師に『お母さん』と呼ばれて，自分のこととわからず，キョロキョロしてしまった……」「赤ちゃんが生まれて，はじめてだっこしたとき，ちょっと照れくさくって，小さな声で赤ちゃんの名前を呼んだ……」

　上記はいずれも，はじめて赤ちゃんを授かった母親が語ったものです。ひとつめの例では，それまで「お母さん」と呼ばれたこともなく，まだその自覚も形成途上の女性が，「お母さん」と呼ばれたことそのものに，驚いたり，恥ずかしく感じたり，あるいは，抵抗を感じているのかもしれません。「お母さん」と呼ばれたことの戸惑いや違和感が表れています。また，ふたつめの例についても，親になったばかりの戸惑いがよく表れています。子どもの名前は妊娠中に夫婦で何度も話し合って決めておいたものでした。生まれたばかりの我が子に対して，声に出して呼びたい気持ちがある一方，子どもに名前で呼びかけるという「母親らしい」行動を照れくさく感じたのかもしれません。それで，「小さな声」だったのでしょう。
　「親としての発達」をテーマのひとつとした縦断研究プロジェクトからいくつかの分析結果を紹介しましょう（岡本・菅野，2008）。妊娠期の報告（岡本ほか，2003；岡本，2008）からは，妊婦が胎動についての日記を記すなかで，日記で用いる表現が出産に向けて徐々に変化することがわかりました。たとえば，妊娠中期ごろまでは，お腹のなかの赤ちゃんに対して，まだ「人間の赤ちゃん」というイメージがもてないのに対し，妊娠後期に入ってやっと赤ちゃんのイメージを精緻化・具体化させていきます。その一方で，妊娠期間を通して，「実感がわかない」「ピンとこない」と書き続けた妊婦もいました。また，日記のなかで妊婦自身を「私」と書くか「ママ」と書くかについても，はじめは全員の妊婦が「私」を用いていました。出産に向けて徐々に「ママ」が増えるものの，出産直前においても「私」と「ママ」という表現が半数ずつでした。つまり，妊娠して，赤ちゃんの誕生を心待ちにしていたとしても，自分のことを「ママ」と思い込み，親としての自覚を得るには，もう少し時間がかかるということなのです。

同じプロジェクトの出産後の分析（青木, 2008）においても，妊娠期から出産後にかけて，さらに，子どもの発達とともに，養育者が抱く子ども観・親観といった子育てのイメージが変化することがわかりました。妊娠期には抽象的だった子育てのイメージが，出産後は具体的で多層的なイメージへ変化しました。さらに，乳児期には，親子の対立と親の否定的感情がともなって増加していたものが，幼児期になると，親子が対立しても親の否定的感情はそれほど増えなくなりました。妊娠期のイメージだけの子育てが，出産後具体的なかたちで始まり，さらに，親子の対立にも徐々に慣れてくる様子がよくわかります。

　「親になる」ということは，とても緩やかなプロセスであり，かつ，具体的な子どもとのやりとりや子育ての試行錯誤を経て，徐々に「親らしい親」として発達するものなのです。言い換えるなら，まだ親として発達途上で，子育ての経験に乏しい時期に，かつ，その責任の大きさを引き受けようとするなら，多くの養育者がごく当たり前に不安を抱くのも頷けるでしょう。

　現代の子育ては，育児情報は手に入れやすくなっている一方で，母親になる前の乳幼児との接触体験や育児体験が減少している（厚生労働省, 2003）との報告もあります。赤ちゃんをだっこしたり，おむつをかえたりしたこともない状態から始まる子育ては，すべてがはじめての経験であり，わからないことばかりでしょう。そんななか**不安が生じては，試行錯誤の末解消するということを，何度も繰り返し，積み重ねるのが子育て**なのでしょう。

(2) 子育ての孤立化と育児ネットワーク

　ただでさえ，子どもが小さい時期は活動範囲が極端に狭くなるものです。それに加えて，少子化が進み近所に子育て家庭が少なく公園が荒れている，核家族化が進み子育てを手伝ってくれる親世帯が近くにいない，出産直前まで職場と自宅の往復だけだったため近所との交流がないなどの理由から，人との交流が激減してしまう子育て家庭もあります。

　「子どもが小さく，家に引きこもっちゃって，1日誰とも話さない日があった……」「夜，主人が帰宅して，『おかえり』って言ったときに，ああ〜，今日はじめて声を出した，ってことに気がついて……。日中，子どもと二人っきりで，まだ小さくて話さないから，ずっと声を出してしゃべってなかった……」

「密室育児」といわれることもある子育ての孤立化は，ときに深刻な問題に発展することがあります。これは，社会や地域における子育て家庭の孤立化に加えて，家庭内においても，母親だけに子育てのすべてを任せるという母親の孤立化も見逃せない側面です。母親だけが子育てに奮闘し，誰にも相談できず，気分転換すらできないとしたら，小さな日常のストレスは蓄積する一方でしょう。

　たとえば，虐待についても，それが起こる場の密室性がとりざたされることがあります（密室育児をすると虐待をするということではありません）。虐待の原因はさまざまですが，虐待が起こりそうな状態になったとき，あるいは，起こったとき，密室はそれを隠してしまうため，エスカレートしたり，繰り返されたりすることがあるのです。日中，家のなかに小さな子どもと二人きりでいると，子どものちょっとしたぐずりやいたずらに対して，感情的になってしまいがちです。しかし，そこに誰か（夫でも親でも友人でも）いるだけで，冷静になれたり，子育てをがんばる自分を意識できたりするものです。人は，自分ひとりでいると自分の思いに捕らわれてしまいがちですが，**自分を見ている人がそばにいるだけで，その人を通して，自分で自分を見つめることができる**のです。

　さて，日本では，母親が第一養育者として中心的に子育てを担っている家庭が少なくありません。しかし，父親が育児にかかわることは，母親の育児不安が低減されたり（たとえば，牧野，1985；コウリィとシンドラー，2008），子どもの発達への好影響がある（たとえば，加藤ほか，2002）というだけでなく，父親自身が親として発達するうえで大きな意味がある（八木下，2008；森下，2006など）といわれています。父親がどのくらい子育てにかかわるかについては，それぞれの父親の子育てへの関心や意欲といった個人の問題だけ考えるのでは解決しません。子育てをする父親を周囲がどのように見ているかといった文化的な性役割の問題や，子どもが寝る前に帰宅できるか，公共施設の男性用トイレにおむつ台が設置されているかといった就業スタイルや設備環境などの社会の問題としても考える必要があります。

　また，多くの母親は子育てが孤立化しないよう，夫と協働するだけでなく，「ママ友」と言われるような子育ての仲間と話をしたり，自分や夫の親に手伝

いを求めたり，近所の小児科医に相談したりなど，さまざまな人とのかかわりのなかで子育てをします。このような子育てにかかわる人々のつながりを「**育児ネットワーク**」といいます。「育児ネットワーク」は，支援機能，規範機能，比較機能という3つのはたらきで考えることができます（金，2007）。つまり，**支援機能**は，「子育てに有用な情報が得られる」「同じ大変さを抱える養育者同士で励まし合える」といった子育てを助けるはたらき，**規範機能**は，「子どもは早く寝かせるべきだ（寝かせたほうがよい）」といったような子育ての基準を与えるはたらき，そして，**比較機能**は，「〇〇さんのところはこうやってるのね」というような他の人の意見や子育てを参照するはたらきといえるでしょう。子育ての仲間が支えとなるときはよいのですが，自分の子育てをとやかく言われて気が滅入るなど，育児不安を高めることもあります。

しかし，「密室育児」を解消するもっとも簡単な方法は，閉ざされた部屋を出る，つまり外へ出ることです。養育者は，外へ出ることで，自身の子育ての位置づけを確認し，評価することができるのです（金，2007）。

「ベビーカーに子どもを乗せて歩いてて，向こうから，同じくらいの子を連れた人が歩いてきたりすると，まったく知らない人なのに，つい目を合わせて会釈したり，『こんにちは』って言ったり……」「自分（母親）が話す人がほしかったから，公園に行った。知り合いができると嬉しいから，また来ようねって（子どもに言いながら帰宅する）」

子どもを連れて外出することは，授乳やおむつ，睡眠のタイミングなどを考えるとわずらわしい面もありますが，社会の側からすると，子どもの存在がある種の目印となって，声をかけたり，ほほえみかけたりしたくなる人も少なくありません。とくに，同じ立場の子育て世代や，子育てが一段落した世代などは，子育て真っ最中の人をあたたかく迎えてくれることが多いようです。それぞれの養育者にとって居心地のよい人づきあいや人との距離感を調整することで，折り合いをつけていくことを目指せるとよいのかもしれません。

第3節　育児不安への対応

(1) 育児不安への支援の基本的姿勢

　子育て支援活動における育児不安への対応は大きくふたつに分けて考えることができるでしょう。すでに抱えている育児不安の低減を目指す**治療的なかかわり**と，ある程度の育児不安を抱えていたとしても，それに折り合いをつけて子育てが営め，耐えきれないほどの育児不安を避けることを目指す**予防的なかかわり**です。たとえば，発達・子育て相談や専門的な療法などは治療的かかわり，子育て中の人が集うことができる場を提供するひろば活動や子育てサークル支援などは予防的かかわりといえるでしょう。

　支援者の基本的姿勢としては，まずは，育児不安を適切に受容することが重要です。そのとき，訴えられた育児不安を養育者の未熟さや過度に危機的な状態として受け取るのでなく，また，誰もが感じることだからそのくらいは我慢できるはずと軽視するのでもありません。**養育者の思いをそのままに受け止めることを心がけます**。そのうえで，それぞれの養育者の子育てのがんばりを認めたり，必要な情報を提供したり，育児不安の原因を追求しそれを取り除くような働きかけをしたりします。場合によっては専門的なかかわりや専門機関への紹介が必要になるかもしれません。

(2) 支援する人 － 支援される人の枠組みを超えて

　子育て支援ということばを使うとき，そこにはおのずと「支援する人 － 支援される人」という枠組みが想起されます。とくに，育児不安への予防的な側面で，子育てにかかわろうとするとき，かならずしも，この枠組みは必要ではありません。地域に多くみられる育児サークルなどは，支援者をもたないグループも多くあります。同じ立場の養育者たちが集まって，情報交換をしたり，子育てのコツを伝授し合ったりするなど，支援 － 被支援が相互的です。また，子育て座談会「ちょっとチャット」（岡本・寺西・町田，2008）や「ママさんサポーター」（三林ほか，2005）などといった活動では，短大生や学生が活動で重要なはたらきを担っています。養育者が一方的に支援を受けるのではなく，子育ての先輩として学生に子どもの扱いや子どもへの思いを教えるということが

自然に起こります。養育者は，学生に子育ての経験的な知識を与えるだけでなく，それを語ることで，自身の抱える育児不安を客体視できたり，自分なりの対処や意味づけができる機会となっているようです。

　支援 ー 被支援の枠組みを超え，互いに支え合うしくみをコーディネイトするということも，新しい子育て支援のかたちかもしれません。そして，その支え合うしくみが，子育て仲間同士や養育者ー学生というだけでなく，地域のさまざまな世代やさまざまな立場の人を巻き込んだものとなれば（そうなれば，「子育て支援」ではなく，むしろ「地域子育て」といったほうがいいでしょう），養育者が抱える育児不安も地域で共有できるかもしれません。

第12章
子別れの心理学と子育て支援

第1節 子別れの心理学という視点

(1) 子別れとは

　子別れとは，動物行動学で用いられる言葉です。いっしょに生活していた子どもが一定の成長を遂げたのち，ある時期を境に親から巣を追い出され，二度ともとのような共同生活に戻らないようになる変化のことをさしていいます。つまり，子どもと親の相互的自立を達成するためのメカニズムであり，親離れ・子離れと似ていますが，それとは違って親子間に積極的な反発性・対立の存在を認めること，親子をワンセットのシステムとみなし，それとそれをとりまくさまざまなシステムとの重なりに注目すること，などを特徴としています（根ヶ山，2006）。

　子別れはキツネなどの食肉類でよく指摘される現象ですが（池田・塚田，1995），ニホンザルなどでも，お乳を求める生後数カ月の子どもに対して母親が噛んだり振りはらったりして接近を許さない，といった行動のなかに認められます。哺乳とは母親が自分でとった栄養を子どもに分け与えるということですから，それを停止することは子どもの離乳につながることですし，子どもからの抵抗にあったりもしますが，やがて子どももその状態を受け入れて，自立を達成していくのです。親は親で，そうすることによって当該の子どもに対する世話の負担から解放され，やがて次の繁殖に入っていく準備ができるようになります。

　ところで，子どもはそのように泣く泣く親からひき離されるだけの存在ではなく，自ら自立を求める存在でもあります。それにしくじれば悔しがって肩を落とし，それに成功すると誇らしく胸をはることは，ハイハイを卒業して二足歩行を開始する時期の赤ん坊の様子を思い起こせばわかります。ですから，親

からの自立の促しに対して，それがほどよい反発性である限り，抵抗を見せつつもそれを自らの達成課題として頑張っていこうとするのが子どもなのです。

また，子別れによって親が次の繁殖サイクルに入るという選択肢の可能性もさりながら，**ヒトの場合親にとって今の子育てとの間でコンフリクトとなるものは，次の繁殖・子育てではなく親自身への投資である**という場合が多いのです。言いかえると，それはヒトの場合，子育て支援が母親の就労との関係で必要とされるということと，深く結びついています（根ヶ山，2002）。

(2) アロケア

子別れの観点が教えてくれる一つの大切な問題は，「**アロケア**」です。アロケアとは，**親以外の個体が子どもの世話を行なう**といった意味の動物学の用語ですが，ブロンフェンブレンナーのいうメゾシステム（子どもが生活する複数の環境からなるシステム）や，最近保育園での保育などとの関連で言われるようになったケアの分かち合いとも関連する概念です。実際に社会には，親・家庭以外にさまざまな子どもの養育の場があり，それらはまたまた多様な変数によって規定されています（NICHD, 2005）。そして，そのように家庭とそれを取り巻く異なる文脈の間をダイナミックに行き来する子どもの姿を丸ごと理解しようとする動きも，最近の新しい研究の流れです（アーナートとラム，2003；アーナート，リッカートとラム，2000；フィーガンスとマンラブ，1994；ネルソンとガーダック，1991；シュパンサー，2002など）。そのような視点は，子別れと子育て支援を結びつけて考えることに他なりません。

私はヒトの子育てを子別れとの関連で考察するうえで，ヒトが赤ん坊を行動能力の未熟な段階で産み落とすという特徴をもつ霊長類であることに注目しています。そのように**子どもが未熟で親子分離が生じやすいにもかかわらず，それをしっかり守ろうとするのが，ヒトの子育ての特徴**です。それは，親が子どもから離れつつ子どもを守るという矛盾的課題を突きつけます。その矛盾は，育児具・玩具・家などのモノや父親・祖父母などのヒト，そして保育制度・教育制度や医療制度などのシクミによって重層的に解消されている，というのが私の考え方です（根ヶ山，2002）。ここに子育て支援との接点があります。

親子関係は，相互に相手への接近を求め合うことだけで完結するような，求心的に閉じた系ではありません。それどころか，そういったヒト・モノ・シク

ミによって重層的に取り巻かれ，そのような周囲との間にダイナミックな関係をもちながら多様に展開される遠心性をともなった**開放系のシステム**なのです。そこにおいては，子どもも親（大人）と対等に主張し合い交渉する主体とみなしてやることが必要です。

(3) 家庭と保育園

そのような開放系のシステムにおける**育児としてのアロケアの典型が保育**ですが，それは単に家庭での養育の欠損を補うだけの場なのでしょうか？　アーナート，リッカートとラム（2000）は，ドイツの保育園に通う1,2歳児の園での行動と通園経験のない1,2歳児の家庭での行動を比較するとともに，親にインタビュー・質問紙により質問し，日中は両者に，養育者から注意を注がれたり刺激を与えられたりする時間には差がないものの，コミュニケーションやなだめ，近接などは保育園に通う子どもに少なく，その一方で保育園に通う子どもの母親はそれを補うかのように仕事外の時間帯で社会的相互作用をより多くもっていた，ということを見いだしています。さらに，泣きは1日を通して見たときには両群で差がなかったのですが，時間を区切ってみた場合には非通園の子どもでは朝よりも昼夜に多いのに対し，保育園に通う子どもでは朝昼よりも夜に多いということも明らかにされました。アーナートらはその論文の最後に，子ども自身が異なる環境で異なる行動を示し，それによって養育者から異なる反応を引き出しているのではないかという，重要な示唆を行なっています。

またデイノート＝スカウブとリクセン＝ヴァルラフェン（2008）は，家庭と保育園の両方で遊び場面を設定し，15カ月齢と23カ月齢の2回にわたってその両場面で同一児を観察しました。そして，15カ月齢では保育園での保育士の子どもとのやりとりは家庭での親によるやりとりよりも子どもの自律尊重やサポートなどにおいて貧弱だったものの，23カ月齢ではその差が消失し場合によっては逆により豊かにすらなること，両月齢期ともに保育士よりも親に対して怒りや不和などのよりネガティブな行動を示したことを明らかにしました。保育園が一対多の養育環境であることからすると，保育士のケアの量が低下することはある程度避けられないにしても，それが直ちにマイナスであるというのは早計であり，また多くの子どもが周りにいるということがもたらすよい効

果というものも忘れてはなりません。

　根ヶ山らによる1，2歳児の家庭と保育園という2つの環境での定常場面における泣きの比較（根ヶ山・河原・福川・星，2008）からも，家庭の方が子どもはより多く激しく泣いているという結果が得られました。そのような保育園と家庭での違いの存在は，親の生活場面でもある家庭と，子どもの養育に特化して設定された保育園（フィーガンスとマンラブ，1994）における大人と子どもの確執の有無と，複数の子どもが存在する公的な場としての保育園と私的な家庭空間の違いによるものではないかと考えられます。

　両場面間における子どものそのような行動の切り替えを，私たちは家庭における自己主張と保育園における自己制御という子どもたちの環境適応能力の表れであると考察しました。保育園と家庭との間でとる行動を子どもが自ら切り替えているということは，食事（河原・根ヶ山・福川・土谷，2008），おむつ換え（村上・根ヶ山，2007）などにおける研究からも確認されています。

　「内弁慶」という言葉があるように，同じ子どもが，家庭ではわがままで保育園では聞き分けのよい子だったりするものですから，親と保育士が同じ子どもに対して異なる印象をもってしまうことになります。その両場面を通じた姿がその子どもの全体像なのであり，ここでもやはり**親と保育士の情報の疎通性**が必要です。

　親と保育士の子どもに対する期待やまなざしは同じではないし，またその両者のコミュニケーションは必ずしも十分とはいえません（フィーガンスとマンラブ，1994）。そこにこそ両者をつなぐという子育て支援者の役割があると思います。子育て支援には，このような家庭と保育園，あるいは地域を視野に入れた子どもの生活空間全体に対する俯瞰的な取り組みも大切です。

第2節　「教え導く」支援と「励まし見守る」支援

（1）支援のネットワーク

　子育て支援というとき，その対象は当然ながら子どもと親です。支援するもの，たとえば保育士が親子を取り巻いています。そしてまた保育士を支援する相談員のような立場の人がそれをさらに取り巻いている場合があります。子どもと親はセットで親子（もしくは家族）システムを形作っています。保育士は

園長や他の保育士らと保育園というシステムを作っており，相談員もそれを統括する団体のシステムに所属しています。

さらにいうと，子どもは子ども同士の遊び仲間のネットワークをもち，家族は親族や近隣でのネットワークがあります。保育園には保育園同士のネットワークがあり，相談員も所属団体同士，もしくは学界や大学などとのネットワークをもっています。つまり，システム間の多様で重層的なネットワークのなかで支援がなされているのです。支援とは，このように実は複雑な入れ子構造をもったものなのです。

こういった支援は通常，親をターゲットにして行なわれます。今日多くの人は，子どもをもってはじめて子育てに本格的にかかわることになるわけで，その意味では「素人」です。しかも素人でありながら，はじめから待ったなしの真剣勝負を強いられるわけです。これは親にとって大変不安なことに違いありません。

(2) 教え導く支援

しばしば，「無理解な保護者」といった言葉で表わされるように，支援する側は未経験な親に対して厳しい目を向けがちです。子どもの専門家である支援者からみて，親のすることについてそのような印象をもつにいたる側面もなくはないでしょう。そしてそのことは，未熟な親に対する指導ということにつながります。これは，**「教え導く」支援**と呼べるような考え方です。しかし，この支援は，前提とする枠組や理論が親子の実情に合わなければ，簡単に権力化・暴力化し，親子を苦しめることになります。とくに，今の日本の子育てをめぐる考え方の枠組は，その多くが西欧発祥の理論に基づくものであり，その理論は当然ながら，それが生み出された文化社会の育児における価値観や子どもへのまなざしに裏打ちされたものです。いいかえるとその文化に属する親子のあり方をベースにして生み出された理論というわけです。

その考え方が日本的育児風土と食い違っている場合に，そういった問題が深刻化する可能性があり，支援には日本の子育て文化の独自性に対する曇りのないまなざしが必要とされます。**母親が支援に素直に応じようとしないような状況が反復される場合**は，このような文化摩擦を疑ってみてもいいかもしれません。

専門家による支援は，何も未経験な母親だけがその対象というわけではなく，他の専門家に向けられることもあり得ます。ある意味では，相談員と保育士との間，もしくは保育園長と保育士との間など，**知識やキャリア・地位などに落差のある専門家同士間でなされる支援**は，その中核にいる親子の情報が間接化し，かつ権力的構造が滑り込む可能性がある分だけ，より難しいとさえ言えるかもしれません。

(3) 励まし見守る支援

　このような「教え導く」支援以外に，支援には子どもや親のもつ育つ力，育てる力を損ねずそれに気づかせて素直に展開させてあげる**「励まし見守る」支援**もあります。前者が規制的であるのに対し，これは促進的です。子どもを育てるための支援に対して子ども（と親）が育つことを妨げない支援とも言えるでしょう。

　「とも育ち」という言葉があります。それは親子間でのことについて言われる場合もありますが，親と保育士間での場合にもあてはまります。支援とは，支援する側は安定して不変で，支援される側だけが変容していくような一方通行の過程ではありません。それは，子どもだけが変わっていって，親は不変であるという仮定が間違っているのと同じです。子どもが変われば親も変わるし，親が変わればまた子どもも変わるのです。さらに，親が変われば保育士も変わり，保育士が変わることによって親も変わるわけです。つまり，ひとことで言えば，**子ども・親・保育士は，どこが変わっても3者間にその効果が及ぶような，相互影響的な三つ巴の関係にある**のです。

　そうであるとするならば，支援も，支援する側自身のダイナミックな変化を前提として想定しておく必要があります。そういうダイナミックで相互影響的なプログラムを想定するということでしょう。支援する側は正しい関係像を知っていて，そのうえで未熟で無秩序な子どもと無知なその親を正しい子育てに導いていく，といった支援のイメージは，子育てに関しては血の通わない硬直化したものであるといわざるをえません。

　また，施設の側も，たとえば家庭と保育園を足して二で割ったようなものや，幼稚園と保育園を一体化したようなものなど，今後多様なスタイルが出てくることと思われます。支援のスタイルも，それに応じた進化を遂げる必要があり

ます。

第3節　子どもの身体の役割

(1) 子どもの能動性

　ところで，言うまでもなく，親子間は日常的に頻繁に触れ合い，交流する関係であり，また保育士と子どもも先生と園児として頻繁に日常的に触れ合っています。ところがその3者のうちの保育士と親とは，それらに比べれば触れ合うことの少ない関係です。

　ここで，家庭と保育園を往来するもう一つの重要な情報源に思いを致しましょう。それは，当の子どもです。子どもがその間を毎日行ったり来たりしているわけです。そして，その行き来のなかで，あたかもミツバチが知らず知らずのうちに身に花粉をまとって巣に帰ってくるように，家庭には保育園の情報を，保育園には家庭の情報を，それぞれ身に帯びて運んでいるのです。親は子どもの言動を通じて保育園・保育士のことを知り，保育士は同じく親や家庭のことを知ることができるのです。**子どもは重要なメッセンジャー**であるというわけです。

　先にも触れたとおり，教え導く支援という観点からは，相談員に指導される保育士，保育士に指導される親，親に指導される子ども，というように権力，といって悪ければ情報の流れの落差ができています。子どもはその構造の末端に位置していて，もっとも無力・無知・未熟な存在ということになると思います。しかしながら，子どもは実は素晴らしくたくましく能動的な存在です。励まし見守る支援という観点からは，子どもが親を変え，親が保育士を変え，保育士が相談員を変えるということもまたありうることなのです。それを支えているのは，能動的な生き物としての子どものバイタリティです。

　母子関係に悩む親，それは文字通り子育てや子どもについて無知だからということがあり得るでしょう。でも動物たちが，支援も受けずにちゃんと子育てをできているということには，一考の価値があります。彼らは本能的に，といって悪ければ普段の生活を通じてごく自然に，子どもを育てる能力を身につけているのです。しかし，それは実は親だけに備わった能力なのではなくて子どもにもあるものであり，むしろ**親の能力と子どもの能力の合力として子育てが**

成り立っているのです。

(2) 身体のハブ機能

　そこで活躍するのが，子どもの身体性なのです。私はこれまで，身体接触がもつ独自の意味合いについて注目してきました。接触は全身どこを使っても，また相手の全身のどこに向けても行なえる行動で，かつ相手に触れば必ず同時に相手から触られてもいるという同時双方向性を特徴としています。しかもきわめてパーソナルな行動で，快にせよ不快にせよ，体験者に強い情動をもたらします。それらの特徴から，接触を通じて，通常の言葉や表情などによるコミュニケーションのように，送り手と受け手に分化して特定のメッセージを垂直的に受け渡しするのではなく，同じ場に水平的に浸るようなコミュニケーションが生み出されます（根ヶ山，2002）。

　身体は誰にも同じ相似な構造として所有されています。同じであることを前提としているわけで，それは複数の人が共存していると感じられることの原点です。大人も子どもも，保育士も親も，皆ひとしなみに身体をもっていますし，子どもの身体はもっとも主張的で雄弁です。大人は子どもの身体性が発散するパワーに引っ張られて，あたかも2つの音叉の間で共鳴が始まるように，共振的に育児・保育をしているといっても過言ではありません。私はこういった側面を，**身体の「ハブ機能」**（子どもの身体が要となって複数の人々との関係をとり結ぶこと）と呼んでいます。その身体の機能を縦横に主張的に使って，子どもは大人を巻き込んでいるのです。

　たとえば，赤ちゃんマッサージという親から子どもへの身体接触があります（フィールド，1995）。親が幼い赤ちゃんの全身を手でマッサージすることによって，赤ちゃんの発達にいい効果が得られるといわれ，ガイドブック（ウォーカー，2000/2003）や手ほどきのビデオなども発売されています。しかし赤ちゃんは，単に受け身に触られているのではなく，そこは嫌だ，ここを触って，とばかりにいろんな信号を発して，親の接触行動を誘導しているのです（篠沢，2007）。また先ほども述べた通り，接触は双方向の行為であって，子どもに触ることによって親も子どもから触られているのであり，そのことによって刺激を与える側であるはずの親の方が気持ちよくなっているというような状況が生まれます（西川，2003）。そういう快感情の一部は末梢的な触感によって生じて

いるものですが，それ以外にももっと中枢的に，赤ちゃんに触りつつ親自身の身体への触感覚と重なるようなイマジネーションが生まれ，いわば自分の身体への触感をなぞるような心理的体験が得られているように思われます。ここでいうような身体のハブ機能とは，こういう状態を指しています。

　「くすぐり」という遊びを考えてみてください。これは親と子ども，保育士と園児，どちらにおいても人気の遊びです。私たち（根ヶ山・山口，2005）は，同じ親子を縦断的に複数回家庭訪問し，ランダムな順序で子どもの全身をくすぐってもらうという実験を繰り返したことがあるのですが，赤ちゃんが小さいうちは，親がくすぐってもあまりくすぐったがってはくれないのです。たとえば足の裏は，大人にとっては身悶えするほどのくすぐったい場所ですが，子どもは相当大きくなるまではそこへのくすぐりに対してくすぐたがる反応を示しません。そこまでいかなくとも，生後4カ月あたりでは，脇や首の下なども子どもにとってそんなにくすぐったい場所ではないのです。大人はそこがくすぐったいはずだという構えをもってくすぐりかけますから，彼らにとっては「あれ？」というような戸惑いが見られることになります。そして，赤ちゃんが生後半年を過ぎて，親の期待するようなくすぐったがり反応が出てくるようになると，やっと気持ちが疎通して遊べているようなやりとりになります。これも身体のハブ機能のもう一つの例でしょう。これらの例で明らかなように，親子は相似的に共有される身体性を介して，関係を構築していくのです。子育て支援も，そういった親子の身体性をうまくすくい上げて，そのエネルギーを活用するようなものであってほしいと思います。

第4節　事故の問題

　子別れの一側面として，**子どもの自立にともない「事故」の危険性が増す**ということがあります。最後にその問題を考えてみましょう。自立はしてほしいけれども事故にはあわせたくない，というのが親なり養育者の当然の願いでしょう。子育て支援を行なう際に，この問題をどう考えるべきでしょうか。

　事故の危険性を考えるときには，有能で自分と対等な主体であるという子ども観は影を潜めて，無謀で未熟な存在であるといった意見が大勢を占めます。その結果，弱い子どもを守ってやらねば，といった教え導く色合いが強い支援

となります。1〜3歳の子どもの場合は性格や行動傾向など親の属性がその事故の発生と有意に相関していたけれども6〜9歳ではその相関の有意性が消失する，といった幼少時における大人の側のかかわりや配慮などの影響を指摘するような知見（マセニー，1987）は，そのような発想をいっそう強めるでしょう。

　しかしながら，ここで忘れてならないのは，**事故は子どもがもつ生きるたくましさの裏返し**であるという事実です。彼らにとって世界は未知の要素に満ちあふれた興味津々の場なのです。好奇心がかき立てられ，それに駆られてどんどん探索や冒険をし，それで世界を広げ，また積極的に生きる自信を深めていくのです。危ないからといって大人が子どもを拘束したり，真綿でくるむような保護をすると，子どもは伸びしろを失い，たくましさも萎えてしまいます。ここではまさに「励まし見守る」支援が求められているのです。

　もちろん子どもは危なっかしい存在ではあります。大人がその判断能力と体力とで子どもを守ってやれば，その安全はより確実に保障されるでしょう。しかしながら，その結果子どもに依存心が巣くい，自らチャレンジしようという意欲が減退するかもしれません。

　子どもたちとの遊びのなかには，さまざまな形で「危ない」要素が含まれています。たとえばイナイイナイバーひとつとってみても，それは子どもをわずかに怖れさせるという仕掛けです。子どもは，そのことに含まれるスリルに感応して，遊びを楽しんでいるのです。危なさは，大きすぎると困りものですが，抑制のきいた適度の反発成分は遊びの楽しさになくてはならないものです。それはちょうど，身体に対する負荷が，大きすぎるといけないけれども多少は存在することが必要というのと似ています。子育て支援にかかわる者にとっては，この微妙なさじ加減に対する繊細な感受性が求められます。その判断を適切に行なうためには，時々刻々とダイナミックに変化する状況の変化と，それに対応して時々刻々変化する子どもを見守り，その行動の変化を適切に読みとる力を支援者が持ち合わせていることが大切です。

●もっと学びたい人のための読書案内

ハーディ, S. B.（著）塩原通緒（訳）(2005)『マザー・ネイチャー：「母親」はいかにヒトを進化させたか』（上・下）早川書房

根ヶ山光一・鈴木晶夫（編著）(1995)『子別れの心理学』福村出版

第13章

里親養育と子育て支援

第1節　里親養育の特徴

(1) 里親制度の現状

　家族と暮らすことができない子どもたちに対して社会が代わりに養育をひきうけることを**社会的養護**といいますが，社会的養護には**施設養護**と，里親に代表される**家庭的養護**の2種類が存在します。里親制度とはしばしば法的に親子となる養子縁組と誤解されていることもありますが，施設と並ぶ児童福祉の重要な制度の一つです（図13-1）。現在，日本では家族と暮らすことが難しい要保護児童が約4万人おり，そのうち9割以上は乳児院，児童養護施設などの施設での集団養育をうけていて，家庭での生活を基盤とする里親養育のもとで生活する子どもたちは全体のわずか1割弱とされています。

　しかしながら，里親養育は安定した環境のなか，特定の継続した養育者から

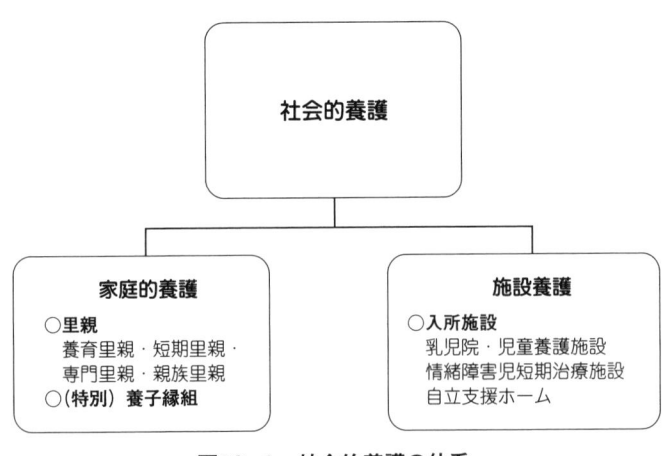

```
                    社会的養護
                   ┌─────┴─────┐
              家庭的養護         施設養護
              ○里親            ○入所施設
               養育里親・短期里親・   乳児院・児童養護施設
               専門里親・親族里親    情緒障害児短期治療施設
              ○(特別)養子縁組       自立支援ホーム
```

図13-1　社会的養護の体系

多くのケアを受けることができるという点で，子どもにとってメリットが多い制度といえます。

　一般に里親家庭に委託される子どもたちの多くは，養育者からの適切なケアを受けた経験が乏しいという傾向があります。厚生労働省（2004）のデータでは，里親家庭で暮らす子どもたちの多くは生みの親や親戚といった家族との「交流がない」ことが報告されており，子どもたちの委託理由も「養育拒否」や「父母の行方不明」が大多数です。里親家庭で暮らす子どもたちは，家族との「交流がない」，「親がいない」，「不明」といった項目の比率が，施設群に比べ約2倍となっているのが現状です。日本での児童の定義は0歳から18歳とされていますが，18歳での措置解除による自立まで生みの親のもとに戻ることなく里親家庭にとどまると推定される里子は，今後の養子縁組も含めて全体の77.6％と考えられています。これは自立をした後も子どもたちにとっては里親家庭が唯一の交流のある家庭となる可能性が高いことを示しています。

　里親になる親たちは主に40代（35.7％），50代（39.8％）が多く，委託されている子どもたちの年齢に対し里親が高齢となることが多いのが現状です。40代など比較的若い里親は不妊治療などを経験し，実子をもつことをあきらめて里親になることを選択したものが多いという特徴があります。また実子のいる里親の場合には，すでに子育てが終わりエリクソンの発達課題での「世代性」（第3章40ページ参照）にさしかかり子育てを通して社会の役に立ちたいという思いから里親になることを決断をしたものが多いという傾向があります。

　しかし，いずれのタイプの里親であっても，あえて血縁のない子どもを育てる決断をした人々であり，**全般的に子どもを家庭で育てることの意味や子育てに対して一定の価値を置いている人々**が多いといえます。

　こうした点から実子をもつことができず里親として親になることを選択した親たちは，待ち望んだ子どもとの生活に大きな期待や喜びをもって里子との生活をはじめます。実子を育てた経験のある親の場合でも，過去の実子の子育てにそれほど手がかからなかったり，子どもとのかかわりや育児においてポジティブな側面を経験していたりすることで，里親としての子育てにも楽しみや期待を抱いていることが多いといえます。

　また彼らの抱く子ども像は，今までに出会ってきた実子，親戚，近所の子どもといった比較的安定した養育環境で生活してきた子どもたちがモデルとなっ

ています。そのため，度重なる喪失体験や分離の体験をもつ子どもたちに対しての現実的なイメージや彼らの特徴について十分な知識や理解があるとはいい難い状況があります。

　近年の虐待問題の増加などから，今まで以上に養育が難しい子どもたちが里親に委託されるようになってきました。虐待をうけた子どもを専門に養育する**専門里親制度**の導入がはじまり，ようやく里親にも研修が整備されてきたとはいえ，まだまだ十分な研修や支援体制が整備されていないなか，里親は虐待などで適切な養育者との関係が築けなかった子どもたちの養育をはじめることになります。

　実際に子どもが委託された当初は，イメージしていた子ども像と実際に委託された子ども像が著しく異なることに里親自身が戸惑ったり，子どもとの関係をうまく結べないことに不安をもつ場合も少なくありません。もちろんなかには，当初から大きな混乱がなく養育をスタートさせることができる里親もいますが，一般に里親は子どもの年齢に比してやや高齢での養育となることから，身体的な面での疲労や，今まで経験したことのない子どもの問題（携帯電話やインターネットなど）に直面し，世代間のギャップに悩むこともしばしばです。また里親は子どもとの生育歴を共有していない部分があることから，子ども自身を理解できるまでに多くの時間がかかったり，手探りの状態が続くこともあります。

(2) 里親家庭への移行

　里親家庭に委託されるまでに子どもがどのような生育歴をもつかによって，その後の里親へのかかわりや里親家庭への適応には大きな違いがあることが報告されています（ラター，1998）。里親家庭に来た当初の子どもたちの家族認識について調査した結果（御園生，2007）では，生後まもなくから乳児院，児童養護施設などの子ども同士の集団生活しか経験したことがない場合と，短い間でも適切な養育者のもとで家庭を経験したことがある場合，また家庭での生活経験があっても虐待などの不適切な養育を受けていた場合の3タイプがあり，それぞれで子どもの里親認識に違いが見られることがわかっています。こうした家族認識の違いは，たとえ同年齢で，同じような里親家庭で暮らすことになったとしても，里親家庭での適応プロセスにいくつかの違いをもたらすことが

考えられます。

　里子となる子どもたちの多くは施設から里親家庭への移行を経験しますが，その場合には施設での養育者や友だちという人間関係の喪失と，慣れ親しんだ場所という物理的な環境の喪失を経験します。

　また施設での生活が人生のすべてであった場合には，里親家庭に移った後も家族という形態を理解することや，家庭における「子ども」という役割を認識すること自体にかなりの時間がかかると予想されます。施設は家庭と異なり養育者の3交代制のため大人からの連続したケアを受けることが難しかったり，子ども6人に大人1人という人員配置から，大人とのかかわりの量や質も家庭にくらべ，かなり少ないといえます。そのため子どもたちの生活は必然的に**同年代の子どもによる横のつながりが主体**となります（図13-2）。

　一方で家庭という場所は，養育者となる親がすべての権限をもつ代わりに，子どもの安全は親が守ってくれるという基本的信頼感のもと，親への絶対的な依存から生活がはじまるのが通常です。自分たちに常に関心をもつ大人が2人，そして双子の場合を除いて自分の上あるいは下にきょうだいがいるといった形態が一般的であることから，**家庭は基本的には年齢を主軸とした縦の関係で構成されている**といえます（図13-3）。

　このような施設と里親家庭の構造や生活形態の違いは，それぞれの生活に慣れ親しんでいる者にとっては，自明のことでありなかなか意識して理解できるものではありません。とくに里親は自ら作り，慣れ親しんだ環境のなかで子どもたちを迎える準備をするため，自分たちが環境の一つとして子どもたちに与える影響を自覚することが難しい場合があります。しかしながら，**子どもたちにとっては施設から里親家庭へ単に住む場所が代わるということ以上に大きな変化が起こることを自覚する必要があります。**

　イギリスの小児科医のウィニコット（1965/1984）は，たとえ短い期間であったとしても適切な養育をうけた経験のあるものは，里親家庭に移った後に適切な養育者との良好な体験を思い出し，再び里親家庭のなかでそうした応答性のある養育者との関係を築くことが可能であることを報告しています。家庭や親という存在について経験があることは，子どもたちに施設とは異なる縦の関係としての家庭を理解することを容易にすると考えられます。一方で，家庭での生活経験のなかった子どもたちは，家庭や家族を理解すること，またその関係

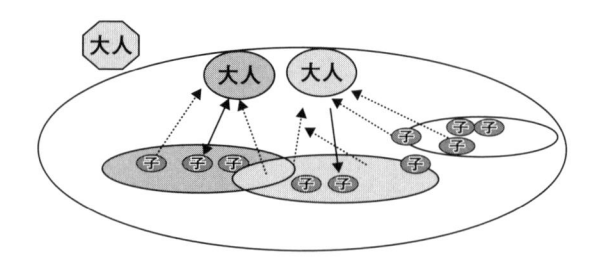

図13-2 施設養育における子どもと養育者との関係モデル （御園生，2008）

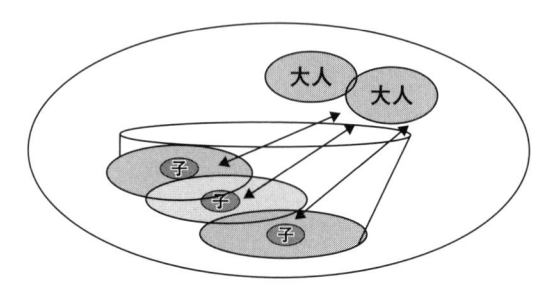

図13-3 里親養育における子どもと養育者との関係モデル （御園生，2008）

性や役割を受け入れるということから里親家族との生活を始めることになります。こうした子どもたちは，委託当初に里親が常に自分に向けて話しかけてくることや，夜寝るときに一緒に寝てくれることなど日常生活の些細なことを不思議に思っていたり，里親を自分の行動にいちいち干渉してくる口うるさい大人であるといった否定的なイメージで受けとめてしまう場合もあります。基本的に親は自分たちを見守り，困ったときには助けてくれるという対象像が構築されていなければ，里親の行動は決して好意的な反応として子どもたちに受け取られることはありません。

　委託の時期が乳児期であれば，比較的里親家庭への適応がスムーズにいく場合も多いですが，**委託年齢が高くなるにつれこうした環境変化に対する戸惑いも大きくなっていく**と予想されます。里親はこうした子どもの視点や子どもから見える世界に対し，充分な配慮をもって子どもの行動を理解する必要があるといえます。また同時に**自分たちが子どもにとってはどのような存在として映るのか**について十分に自覚しないままでは，トラブルなどが生じた場合にもその原因や理由を安易に子ども側へのみ帰属してしまう危険性もあります。

第2節　里親研究から得られる知見

(1) 里親養育に求められるもの

　親子関係が相互作用であること（鯨岡，1999）を踏まえれば，里親子においても里親側の要因だけでなく，里子側の要因も同様に親子関係の形成に影響を与えていくことは当然と考えられます。

　里親は妊娠や出産の時期を経験せずに親になるという点で，時間をかけてその役割を取得していく父親の発達（森下，2006）や子連れの再婚であるステップファミリー（野沢ほか，2006）の研究との共通点が多く見られます。とくに親意識には，子どもとのかかわりの質や子どもから期待される役割が大きな影響を与えることが示されています。

　年長の子どもたちのなかには，大人である里親に親としての役割を期待しない，または親という存在をもつことを強く否定する場合も少なくありません。子どものこうした反応は，親になることに期待や希望をもっていたものにとっては，自分の存在を否定されたような感覚に陥り，無力感や挫折感を抱くことにつながります。

　非血縁の親子であるステップファミリーの研究では，こうしたときには子どものなかにある親像を消して**無理に子どもの親になろうとしないこと**が重要であると指摘しています。

　スコフィールドら（2005，2006）は，長期の里親養育において最も重要なのは，**里子のなかに安全基地を形成することであり，子どもがこの家族に所属しているのだという感覚をもつこと**であると報告しています。里親の本質的な役割とは子どもの唯一の親になることではなく，家族として機能すること，子どもにとって安全で安心できる環境を用意し，その機能をもつことであるといえるでしょう。

　里子となったばかりの子どもたちは，これまでの人生で大人に頼って生きることは危険であり，大人はすぐに前触れもなく自分の前からいなくなるかもしれないという不安のなかで過ごしてきた場合が少なくありません（図13-4）。そのため，里親との関係にはじめから安心感や安全感を抱く場合はほとんどないといえます。

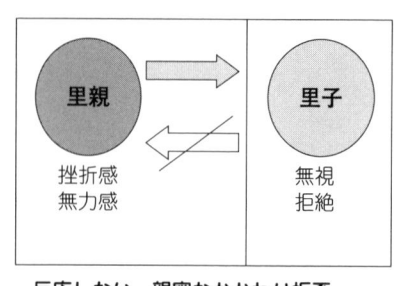

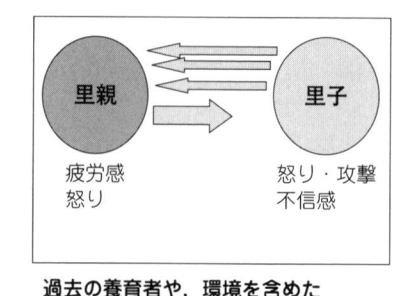

図13-4　里親家庭でくらす子どもの心理的防衛（御園生，2008）

里親 → 里子	里親 ⇄ 里子
挫折感／無力感　　無視／拒絶	疲労感／怒り　　怒り・攻撃／不信感
反応しない，親密なかかわり拒否 →里親に期待したり，依存したりすることを避け，情緒的に交流しないことで，再び喪失や痛みを感じないために自分を守る。	**過去の養育者や，環境を含めた大人や社会への怒りや不信感を投影** →里親が逃げずに，自分に向かってきてくれるのか，信頼してもいい人物であるかどうか確認する。

　しかし侵入や中断が少ない里親家庭での暮らしが日々繰り返されるなかで，いつも同じ場所で，いつも同じ養育者が自分に関心をもち，見守っていてくれるという体験を積み重ねていくことで，次第に子どもたちのなかに過去と現在と未来がつながった連続性のある安定した他者像や自己像が形成されていくと考えられます。こうした安定した対象像が子どものなかに築かれることによって，里親や里親家族が自分にとって重要な他者として機能し，最終的には居場所となる里親家庭を安全基地として機能させることが可能になっていきます。

(2) 里親養育における子どもの受容

　思春期が近づくと里子たちは客観的に自分が里子であるということの意味を理解し始めます。そのなかでは「生みの親はなぜ自分を育てなかったのか」，「自分は生まれてきてよかったのだろうか？」といった自己のルーツやアイデンティティの問題に直面し，一時的に自尊心や自己評価が下がる場合も多くなります。ときにはそうした子どもたちが抱える生みの親への気持ちや，大人に対する怒りや不信感が，子どもの一番身近にいる里親に投影される場合も少なくありません。そのため，多くの里親，里子にとって**思春期はお互いの関係性やアイデンティティが大きく揺さぶられる厳しい時期**として経験されることになります。

　しかし，里子となった子どもたちにとって，自分の苦痛や痛みをぶつけてもなお，そばにいてくれる養育者という存在こそ，今までの人生において得られ

なかった対象であるといえます。ホクスター（1990/2006）は，幼少期などに適切な養育者を得ることができなかった情緒的剥奪の本質は物理的にも情緒的にも充分に子どものそばにいて，悲しみや怒りも含めて子どもの感情を受けいれ，それでもそばにいてくれるような人物に恵まれなかった点にあるとしています。

　子どもたちの苦悩をともに引き受け，それでも支え続けてくれる存在として里親が機能することは，次第に子どもたちに自分自身も受け入れがたい過去や自己の存在についても受容することを可能にさせていくと考えられます。こうした一連のプロセスのなかでは，里親自身も子どもの生みの親やルーツの問題にしっかりと取り組む姿勢が求められます。ソブン（2003）は，「子どもを家族から離すことができても，子どものなかから家族を離すこと，家族を取り上げてしまうことはできない。子どもはたとえ自分の出生家族のメンバーに一度も会わないとしても自分の出生家族を心の中にもったまま新しい家族のところに行く。」とし，**生みの親を認め理解することが里親の資質として重要**であることを論じています。

　里親は子どもには生みの親を含めた2人の親が同時に存在する，という事実を否定することなく受け入れていく寛容さが求められます。そして，こうした深い共感や受容的態度は，子どもたちのなかに次第に信頼感をもった養育者としての里親像を形成していくと考えられます。

　しかし，残念ながらすべての里親，里子が信頼関係を基盤とした親子関係を構築することが可能であるとは限りません。ホッジら（2003）の研究では，子どものなかに一度形成された内的ワーキング・モデル（第7章87ページ参照）は容易には変化しないという結果や，発達早期にうけたハンディキャップは新たな環境入力によっても一定程度は根深く残存する可能性（遠藤，2007）があることも示唆しています。さまざまな体験をしてきた子どもたちに対して変化を過度に期待することは危険ですが，庄司（2006）は，**子どもとの関係は初期にのみ決まるのではなく，常に変化し続ける**としています。スコフィールドら（2005，2006）は，子どもとのかかわりのなかでアタッチメント形成を促進する里親の資質として，子どもの視点で物事を捉え，常に希望を失わないポジティブで繊細な感覚が求められるとしています。

(3) 里親子関係不調への対応

　虐待やネグレクトなど不適切な養育をうけた子どもたちは、里親家庭への適応以前に不適切な養育のなかで身につけてきた特異な対人関係のゆがみや虐待の影響からくるさまざまな問題行動をもつことがあります。そうした行動は養育者側に否定的な感情を生起させ、新たな養育者との関係においても再び虐待が生じるような対人関係に陥りやすい（西澤，2000，2001）ことが指摘されています。被虐待児の養育において、里親は自分自身のなかに湧き上がる否定的な感情と戦いながら養育を行なうことになりますが、こうした感情は里親に大きな困惑や混乱をもたらし、親としての自信を喪失させる出来事へとつながりやすい（表13-1）といえます。

表13-1　里親の養育困難感の要因 (御園生，2008)

- 子どもの行動の意味が理解できず、見通しや予測が立たない。
  - →子どもの行動を統制できないことの挫折感、伝わらないことへの無力感
  - →養育者としての自信の喪失、かかわりのモチベーションの低下
- 子どもからの攻撃や怒りという強い否定的感情を受けとめることへの疲労感や怒り
  - →子どもへの不信感、恐怖感、また深い自己嫌悪や、罪悪感
- 子育ての理想や既存の子どもイメージ、子育ての方略の修正を求められることの戸惑い
  - →自己の親としての能力の揺らぎ、新しい価値観への移行の難しさ

　子どもの行動について理解や予測ができない場面が続くことや、里親が支援を求めたときに適切な援助機関や資源がみつからない状況では、子どもとの関係構築はよりいっそう困難になるといえます。**被虐待児の養育は熱意や愛情だけで到底のりきれるものではなく、適切な知識と専門職などとの連携が必須**となります。里親は虐待の問題に取り組むにあたり、まずは十分に自分たちが支援を受けられる状況を整えておく必要があります。

　しかしながら、里親への研修や支援は残念ながら十分整えられてはいないのが現状です。とくに子育ての経験のない里親では、実子養育経験のある里親に比べ、子どもの年齢にあわせた子育てネットワークや情報をもっていないことが多く、加えて里親養育においては守秘義務の問題から気軽に子育ての悩みを話し合うことができないという状況があるため、子育てが地域で孤立しやすいという傾向もあります。

　たとえ虐待の経験などがない子どもたちであっても、里親は一人で24時間

の対応を求められることから施設の職員と異なり，子どもの問題や疲労感をより強く感じやすいといえます。

里親養育においてはとくに地域のサポートやネットワーク作りのほかに，共通の悩みを理解しあえる仲間同士の交流も非常に重要となってきます。今後必要性が高まると考えられる被虐待児を含めた里親養育では，こうした自らのメンタルヘルスや子育て支援の場を充実させていくことが必須といえます。

第3節　里親養育研究と子育て支援

里親養育においては，ある日を境に他人同士から家族としての生活を始めることになります。当初は子どもとの間の距離感を縮めようと里親が努力することが多く，その際に一体感のある，自らが体験してきたような親子関係を目指す傾向があるといえます。しかしそうした試みのなかで，子どもからの反発を受けたり，里親の役割を再考していくうちに，子ども自身についてより深く理解することが可能となり，そのなかでお互いが歩み寄れる距離を探りながら新たな関係性の構築を行なうというプロセスを経験していきます。子どもが過ごしてきた過去に思いをはせたり，生みの親の存在を意識しながら，子どもを一人の尊重すべき個人として理解したときに，お互いが最も居心地のよい距離感を見つけることができるといえるのかもしれません。

一般の親子の場合には，妊娠や出産といった経過を経て，新生児の頃からすべての時間を共有することができます。また自分との遺伝的なつながりがあることからも，はじめからある程度の一体感をもちながら親子関係がスタートすることが多いといえます。その後，子どもの成長にともなって，徐々に子どもが親から離れ一人の個人として自立していくプロセスは，里親養育とは逆のベクトルでの関係性構築が行なわれると考えられます。しかしながら，最終的には子どもがもつ個性や人格を尊重すること，お互いが心地よい関係を保てる距離感を見つけるという点は里親であっても，一般の親であっても大きな違いはないといえるでしょう。

家庭で子どもを育てるという点では，里親も一般の養育も共通点が多いといえます。しかし，里親養育でははじめから他者性を強く意識した形での生活が基盤となることから，親になることや子どもを育てること，家族として機能す

ることの本質が明確になりやすいといえます。子どもをありのまま受け入れることや，子どもの視点から世界を見ること，養育に困難を感じたときに正しい知識と適切な支援を必要とすることなどは，里親だけでなく一般の親子関係にも重要な示唆を与えるといえるでしょう。

　しかしながら実際には，まだまだ里親や養親，ステップファミリー，社会的養護の元で暮らす子どもたちに対してわが国の社会的な認知や理解は十分であるとはいえません。彼らを取り巻く社会を構成する**私たち一人ひとりが，こうした多様な親子関係や家族関係を理解し，しっかりと受容していくこと**が本当の意味での子育て支援につながっていくということも忘れてはならない視点です。さまざまな多様性を認めることができる社会のなかで私たちははじめてこうした家族から多くの知見を得ることができるといえるでしょう。

●もっと学びたい人のための読書案内

浅井美智子（2000）「問われる親と子の絆」藤崎宏子（編）『親と子：交錯するライフコース』ミネルヴァ書房，59-82頁．

家庭養護促進協会（編著）（2005）『里親になってよかった』（さとおや・養親ブックレット）エピック

庄司順一（2003）『フォスターケア：里親制度と里親養育』明石書店

庄司順一（編著）（2005）『Q&A里親養育を知るための基礎知識』明石書店

第14章
子育て支援の担い手としての
保育士・幼稚園教諭

　子どもの発達には保護者ばかりではなく，保育所や幼稚園における保育者も重要な存在であると言えます。近年，子育て環境の変化や家庭状況の変化にともない，保育者に期待される役割はますます大きくなってきました。子どもの保育だけではなく保護者への対応，つまり子どもの成長，発達のための保護者へのかかわりや（日浦，1994），ストレスを抱えた保護者へのかかわりが強く望まれており，それに応えることが保育者に期待されていると言えるでしょう。

　「保育者は子どもにとって運命である」と言われています。それは**保育者の対応によって子どもの成長はまったく異なってくる**からです（森上，2000）。同じことが保護者対応に関しても言えるのではないでしょうか。どのような保育者が自分の子どもの担当なのか，保護者が子育てに迷ったときに相談しやすい保育者がいるか，ということは保護者にとって重要なことだと考えられます。

　しかし保育の現場からは，保護者との関係の難しさや保護者との保育・子育てに関する考え方のズレに悩む声が数多く聞かれています（鈴木，1990）。たとえば，「保護者に対して助言を行なったら，保護者との関係が上手くいかなくなった」，「保護者と子育てに関する考え方が異なっていて，どう対応したらよいかわからない」などの声が保育者から聞かれているのです。これらの理由から，保育者が保護者とのかかわりに消極的になってしまうことも考えられるのです。

　では，保育者と保護者とではどのような点で考え方が異なっているのでしょうか。また，保育者は保護者対応について，どのような考えをもっているのでしょうか。保育者による子育て支援を考えるうえで，これらの点について保育者が十分認知することは非常に重要なことだと言えます。

第1節　保育者・保護者がもつ保護者像

(1) 保育者と保護者がもつ保護者像は違う

　保育者と保護者に対して保護者像を問う質問紙調査を行ないました（相澤, 2006）。この調査では，「どのような保護者が子どもにとって望ましいと思いますか」，「どのような保護者が子どもにとって望ましくないと思いますか」という質問項目に自由記述で答えてもらい，記述内容によるカテゴリー分けを行ないました。

　まず「どのような保護者が子どもにとって望ましいと思いますか」という質問項目についての結果です。保育者の結果では『コミュニケーションをとる』，『愛情をもって接する』，『善悪の判断を教える』，『叱る』，『子どもを第一に考える』といったカテゴリーが上位になりました。また，保護者の結果では『コミュニケーションをとる』，『愛情をもって接する』，『一緒に遊ぶ』，『子どもの目線・立場にたつ』，『善悪の判断を教える』といったカテゴリーが上位になりました。保育者で上位になったカテゴリーと保護者で上位になったカテゴリーには大きな違いが見られず，両者はおおよそ同じような保護者像をもっていることが示されました。しかし，下位のカテゴリーではさまざまな違いが見られたのです。たとえば，保護者の結果で見られたカテゴリーには『親が楽しく生活する』，『子どもと友だちのように付き合う』がありましたが，保育者の回答にはそのようなものは見られませんでした。保育者では『子どもを第一に考える』というカテゴリーが上位になっており，保護者の結果で見られた『親が楽しく生活する』という考え方とは，少し異なっているように思われます。保育者と保護者との考え方の違いが示唆された結果だと言えるでしょう。

　次に，「どのような保護者が子どもにとって望ましくないと思いますか」という質問項目についての結果です。保育者の結果では『親の都合を優先させる』，『感情的に接する』，『コミュニケーション不足』，『叱ってばかりいる』，『叱らない』，『過保護』といったカテゴリーが上位になりました。保護者の結果では『感情的に接する』，『コミュニケーション不足』，『叱ってばかりいる』，『手をあげる』，『親の都合を優先させる』といったカテゴリーが上位になりました。ここでも上位になったカテゴリーには，保育者と保護者の間で大きな違いは見

られなかったといえます。しかし,下位カテゴリーをみると,やはりさまざまな違いが見られました。なかでも『子どもと友だちのように付き合う』というカテゴリーは保育者のみに見られたものでした。これは,保護者では望ましい保護者像としてあげられていたものなのです。

　アンケート結果から,保育者と保護者がもつ保護者像はおおよその部分で一致しているものの,細かい点で異なっていることがうかがえました。しかし,たとえば,「子どもと友だちのように付き合う」ことが保育者では望ましくないとされているのに対し,保護者では望ましいとされていることなどは,細かい点ではありますが決定的な違いとも言えるでしょう。また,保育者は「保護者は自分のことよりも子どものことを第一に考えるべきだ」と考えている傾向がうかがえるのに対し,保護者は「親自身が楽しく生活する」ことも重要だと考えていました。これは**子どものことはもちろん大切に考えているものの,自分自身の生活も大切にしたいという保護者の思いが表れた結果**だと言えるでしょう。

(2) 保護者像の違いはいけないことなのか

　子どもの発達には保育者と保護者は共に欠かせない存在です。多くの保育者・保護者は,共に子どものすこやかな発達を願い,そのためにどうしたら良いかを考えていると言えるでしょう。しかしながら,質問紙調査の結果では両者の思い描く保護者像には違いが見られました。その違いは細かい点だけであるようにも思えます。しかし,実際に保護者と直面している保育者にとってはその違いが大きなものに感じられることでしょう。では保育者と保護者のもつ保護者像が異なっていることはいけないことなのでしょうか。

　保育者と保護者は違う人間ですし,立場も違います。ですから保育者と保護者の考えが違うことは当然だと言えます。保育者は保育の専門家ですから,「子どものために」という思いが強く,そのために保護者に対しても高い理想像をもっているのかもしれませんし,「子どものために〜して欲しい」という保護者への要求があるのかもしれません。また,保護者は子どものためにも自分を大切にしたい。だから自分の時間・生活も楽しみたいという思いがあるのでしょう。

　このような考え方の違いを考慮せず,もし仮に保育者が自分の理想の保護者

像に園児のお母さん，お父さんを近づけたい，近づけることが支援だと考えているのなら，両者の関係は平行線をたどり，保育者と保護者との関係の難しさは解消されないのではないでしょうか。子どもの保育を考える際，個性を尊重することは非常に重要だと言われています。同じことが保護者対応でも言えるのではないでしょうか。子どもと同じように，**保護者にも個性があり，一人ひとり違った考えをもっています**。仕事に行くために子どもを預けたい人もいれば，自分自身の息抜きのために預けたい人もいるでしょう。もちろん，保育者が見ていて度が過ぎた対応をしている保護者には注意することも必要です。しかし，保育者が考えるあるべき姿に保護者を近づけるのではなく，まずは保護者の声に耳を傾け，どのような考えをもっているのかを知らなければ何もできません。そのためにも，保護者と考え方や価値観が異なっていることを嘆くのではなく，「**保護者と価値観や考え方が違っていて当たり前**」，「**価値観や考え方が違う保護者にどのように対応したらよいか考える**」という心がまえをもつことが重要なのです。また何より，**保護者と積極的にかかわり，必要な支援をすることが保育者の役割であること**，**保護者との協力体制を築くことが子どもの利益になること**を強く意識することが重要だと言えるでしょう。

第2節　保育者の保護者への対応

(1) 保育士の保護者への対応

　実際に保育者は保護者に対して，どのような対応を行なっているのでしょうか。保育士を対象に，保護者対応についての質問紙調査を行ないました（相澤,2002）。この調査では，保護者の子どもへのかかわり方が気になるときの対応の仕方，基本的生活習慣に関するしつけが気になるときの対応の仕方などについて保育士に回答を求めました。

　その結果，保護者の子どもへのかかわり方が気になるときの対応の仕方では，「職員間で話し合い，少しずつ親に話していく」という対応の仕方が全体の18.2％と最も多く，「対応していない」と回答した保育士が17.8％を占め，2番目に多い回答でした。基本的生活習慣に関するしつけが気になるときの対応の仕方では，「園での様子を伝え，家庭での様子を聞きながらアドバイスする」という対応の仕方が38.2％と最も多く，「対応していない」と回答した保育士

は9.6％いることが明らかになりました。とくに，保護者の子どもへのかかわり方が気になるときに何の対応もしていない保育士が多いことが示されたと言えます。保育士に理由をたずねてみたところ，「子どもへのかかわり方については，保護者の子育てを否定しているようで意見を言いにくい」，「保護者との関係が悪くなるのが怖いので，できるだけ何も言わないようにしている」などの意見が聞かれました。保護者とのかかわりに消極的になっている保育士の姿勢がうかがえます。

(2) 対応の差の要因

　では，保護者の子どもへのかかわり方や基本的生活習慣に関するしつけで気になることがある際に，保護者に何らかの対応をしている保育士と対応をしていない保育士とでは何が違うのでしょうか。さまざまな要因について検討を行なった（相澤，2002）ところ，**保育士の経験年数が対応の仕方に関係している**ことが示唆されました。経験年数が5年以下の保育士は5年以上の保育士に比べて，「対応していない」と答えた割合が高いことが明らかになったのです。若い保育者が，保育経験年数が浅いことや自身に子育て経験がないことを理由に，保護者とのかかわりを敬遠してしまうという日浦（1994）の指摘と同様の結果が得られたと言えるでしょう。

　また，保育士が所属する園によっても対応の仕方に差があることが明らかになりました。対応していない保育士の割合が高い園は，『コミュニケーション重視』因子の得点も低かったのです。『コミュニケーション重視』因子は，「自分から親に話しかけ，少しでもコミュニケーションがとれるようにしている」，「親との信頼関係を作るようにしている」，「送迎時にその日の子どもの様子を詳しく伝えるようにしている」，「なるべく親の気持ちや疑問，家庭の様子などを聞くように心がけている」の項目から成っています。保護者と積極的にコミュニケーションをとろうとする保育士の意識が，保護者対応にも影響することが示唆されたと言えるのではないでしょうか。

　保育経験が短く，保護者よりも年齢が若い保育士が保護者対応に苦手意識をもつことは当然かもしれません。子育ての経験もなく，年も若い自分が何か言うことで保護者との関係が悪くなるのではと心配する気持ちもあるでしょう。しかし，みずから積極的に保護者とのコミュニケーションをとろうという意識

をもち,それを実践してみることで,経験が浅い保育士なりの保護者対応が見えてくるのではないでしょうか。

　経験年数が2年目の保育士にこのような話を聞きました。あるお母さんから,子どものチックについて質問をされたときの話です。その保育士は,チックについて詳しくわからなかったため,お母さんの話を聞いた後,「私も調べてきますので,明日もう一度お話しさせていただけませんか」と言い,次の日までに自分なりにチックについて調べ,「私もわからないことがありますが,お母さんと一緒に考えたいと思っています」と伝えたそうです。お母さんと一緒に子どものチックについて考えようとしたこの保育士の対応は,まさしく子育て支援だと言えるでしょう。これがベテランの保育士だったなら,その日のうちに何か適切なアドバイスをこのお母さんにしたのかもしれません。しかし,若い保育士には若い保育士なりの,ベテランの保育士にはベテランの保育士なりの支援があります。若いから,経験が浅いからできないのではなく,若くても,経験が浅くても自分なりのかかわり方があると捉え,保護者とかかわっていくことが重要なのです。

　また,経験年数が長くても,保護者対応に苦手意識をもっている保育者の存在も指摘されています。ベテランの保育者や園長にも保護者とかかわるための訓練を受けていないことからくる恐れがあり,保護者とのかかわりに消極的であることや,保育者の保育の専門家としての自負がかえって保護者との関係において障害になる（日浦,1994）こともあるようです。**専門家としての意見を一方的に伝えるのではなく,対等なコミュニケーションのなかから支援の方策を探っていく姿勢**が求められているのではないでしょうか。

第3節　望ましい保育者像とは何か

(1) 保育者がもつ保育者像

　保育者はどのような価値観をもち,保育にのぞんでいるのでしょうか。

　粂らの研究（1987）では,**保育者がもつ理想の保育者像**は8因子構造だと言われています。第1因子は「一般的な知的能力が高いこと」「保育観がしっかりしていること」などの項目からなる『**主体的知的処理能力**』因子,第2因子は音楽・図工・体育の『**指導基礎能力**』因子,第3因子は「自信があり」「楽

観的」「気楽」なパーソナリティ要因があげられ，『**楽天的パーソナリティ**』因子とされています。第4因子は，幼児指導性・指導技術に関する『**幼児指導性**』因子，第5因子は自己理解・表現ができ，それでなお他者を信頼・共感できるという『**対人的協応性**』因子，第6因子は，意欲的で責任感と自己見解をもつという内容の『**意欲的主体性保持**』因子，第7因子は「人柄がよい」「明るい」「気分が安定している」ことを代表する『**快活さの安定性**』因子，第8因子は『**協調性**』因子です。保育者はこれらの特徴をもっていることが理想的であると考えているようです。

　相澤の研究（2008）では，とくに保護者対応に焦点をあてた保育者像の調査を行ないました。「保護者の子どもへのかかわり方」，「保護者の基本的生活習慣に関するしつけ」について，どのようなときに保護者に対応をすることが重要であると考えているか，保育者にたずねました。その結果，保護者の子どもへのかかわり方については，「子どもが悪いことをしたときに，子どもには謝らせずに保護者が謝ってしまうとき」，「保護者が感情的に子どもを叱っているとき」，「子どもの様子に保護者が無関心であるとき」などに保護者に何らかの対応をする必要があると感じているようです。また，保護者の基本的生活習慣に関するしつけについては，「保護者が子どもに食事のマナーを教えていないと感じたとき」や，「子どもの生活リズムをきちんとさせていないと感じたとき」に，保護者対応の必要があると感じており，それらを実践できることが理想だと考えていることが明らかになりました。

(2) 保育者の満足感に影響を及ぼす要因とは

　では，理想の保育者像をもつことは，保育者にとって必要なことなのでしょうか。

　相澤の研究（2008）では，前述の保育者像と，それを現場で実践できている程度が保育者の満足感に影響しているのではないかと考え，保育者像と現場で実践できている程度の満足感への影響を検討しました。この研究では保育者の満足感を「現状を肯定している程度」ととらえ，検討しました。その結果，保育者の満足感に最も影響している要因は，現場で実践できている程度でした。保育者像の満足感への直接的な影響は小さいものの，現場で実践できている程度を介し，満足感に影響を与えていることが示されました。つまり，現場で自

分が考える保育を実践できていると保育者が認知すれば，満足感が高くなるということです。

現在保育職に満足している保育士が保育職を積極的に続けたいと考えている（藤永ほか，1987）という調査結果もあり，保育者が満足感をもって保育に従事することの重要性が取り上げられています。しかし，保育者がもともともっている理想が低ければ，それを実践できただけで満足してしまうという可能性もあり，そのような人の満足感の高さが逆に保育にとってマイナスに作用する危険性もあるのです。それゆえ，保育者が高い理想像をもつことは，保育の質を考えるうえで重要な要因のひとつといえるでしょう。「自身の保育に満足しているから，それでいい」のではなく，「昨日はうまくいったけど，今日はそれ以上に何かできるのではないか」「あのときの対応はあれで良かったのか」というふうに，まだ足りない，もっと何かできるはずだと，自身がもつ理想像に近づこうとする姿勢が必要だと考えられます。

(3) 保護者に対応する際の姿勢

ここまで保育者と保護者との保護者像の違いや，保育者自身がどのような保育者像をもち日々の保育にのぞんでいるかについて触れてきました。では，保育者はどのような姿勢で保護者に対応すればよいのでしょうか。

第一にあげられるのは，**子どもだけでなく，その保護者も支援の対象であるということを保育者が強く意識する姿勢**です。従来から，保育者と保護者の連携は重要視されてきました。しかし，そこでの連携は保育効果をあげるために，あるいは乳幼児の望ましい発達をめざして行なわれるものであり，基本的には園が家庭（親）に協力を求めるものであったと言われています。従来は親が園にどのような期待をしているのか確認することなしに，あるいは親側は当然園に協力するべき存在とみなされて，連携がすすめられてきた（高濱，2000）と言えるでしょう。このような保育者の姿勢はすぐに保護者にも伝わります。それでは保育者と保護者の連携，保育者の保護者支援が機能するはずもありません。保護者は園や保育者に協力すべき存在なのではなく，保護者も支援の対象であると保育者が意識し，一方的なかかわりにならぬよう配慮する必要があります。

次に，**保護者は子育てに対し，保育者とは違う価値観・考えをもっているだ**

ろうと意識する**姿勢**が重要です。先にも述べましたが,保護者との関係の難しさや保護者との保育・子育てに関する考え方のズレに悩む声が保育の現場から数多く聞かれています(鈴木,1990)。しかし,価値観や考え方は元々違うものだという意識を保育者がもっていたらどうでしょうか。どのように違うのか保護者と話してみよう,考え方が違うからどのように対応したらよいか考えようという姿勢が生まれるのではないでしょうか。もちろん,保護者が子どもに対して不適切なかかわりをしているのなら,それを注意することも必要です。しかし,価値観の違い,考え方の違いならば,両者のコミュニケーションによって解決することができるのです。違うから聞いてみる,違うから説明するという姿勢が,保護者とのトラブルを回避する手段になるのです。

　最後に重要なことは,**保護者と十分にコミュニケーションをとろうとする姿勢**です。これは当たり前のことだと感じるかもしれませんし,当然もう実践していることだと思われるかもしれません。しかし,保護者が園や保育者に協力することが当然だと思っていたり,保育者と保護者は同じ価値観・考えをもって子育てをしているはずだと思っていたりするうえでのコミュニケーションではないのです。保育者と保護者は子育てに対する価値観・考え方が違うかもしれない。だから,何が違うのか,保護者はどう考えているのかを知るためのコミュニケーションなのです。園だよりや保育者参観の際に園の方針について詳しく説明する,送迎時や連絡帳で,保育者からみた子どもの様子を詳しく説明するといったことも必要でしょう。また,保護者への声かけや話しやすい雰囲気作りも必要です。たとえば,保育者の意見を伝えるばかりではなく,まず保護者の考えを聞き,保護者を理解しようとしている姿勢を示すという試みも必要でしょう。今までとは異なる視点から,保護者とのコミュニケーションを図ることで,保護者との価値観や考え方の違いからくるすれ違いや誤解を未然に防ぐことができると考えられます。

　これらの保護者に対応する際の姿勢は,保育者一人ひとりが意識するのはもちろんのこと,園全体として取り組まなければなりません。担任の保育者が一人で抱え込むのではなく,園全体で取り組めるような配慮も必要となります。

　また,保育者の養成機関においても,基礎技能に代表される保育技術の教育にのみ偏るのではなく,子どもの捉えかた,保護者対応の重要性,保育に携わる者としての考え方など**分析的な視点で保育を見る力の教育**に力を入れていく

必要があります。また，先に記したように，ベテランの保育者や園長にも保護者とかかわるための訓練を受けていないことからくる恐れがあり，保護者とのかかわりに消極的である（日浦，1994）という指摘があります。保育者の養成機関では，子どもに対する保育のみではなく，保護者とかかわるための訓練を取り入れていく必要があると言えるでしょう。

第15章
コンパニオンアニマルと子育て支援

第1節　コンパニオンアニマルとは

　家庭内で飼育されている犬や猫などの家庭動物は，**ペット（愛玩動物）**と呼ばれています。最近，人とペットは親密な関係を築くようになり，ペットは**コンパニオンアニマル（伴侶動物）**と呼ばれるようになってきました。コンパニオンアニマルとは，人と人生を一緒に生きるパートナーという意味です。日本では，コンパニオンという意味を含めてペットという言葉を用いることが多いので，本文でもペットを使用します。

　日本においては，20歳以上の36.6％の人がペットを飼育しています。飼育動物の種類は，犬が62.4％と一番多く，次に猫が29.2％と続きます（内閣府，2003）。犬と猫の飼育頭数は，推計で犬は約1252万頭，猫は約1018万頭といわれています（ペットフード工業会，2007）。このように，多くの家庭でペットが飼育されています。法律上にある家庭動物の対象は，哺乳類，鳥類及び爬虫類とされていますが（環境省，2007），他にも金魚やめだかなどの魚類や，昆虫類などが飼育されています。獣医学的観点からみれば，人獣共通感染症[1]の保有や行動がいまだ不明確な野生動物はペットとして飼育しない方がよいのですが，実際には，さまざまな種類の動物がペットとして飼育されています。人とペットの関係については，心理学者のボウルビィが提唱した愛着という概念を使って説明されることが多いのです（コリスほか，1998）。愛着とは，特定の対象（人やペット）との間に築く情緒的なきずなのことです。心理学的観点からいえば，**愛着関係を結んだ家庭内飼育動物のことを，種類にかかわらず，ペットと呼ぶことができるでしょう。**

---

[1] 動物から人へ，また人から動物に感染する病気。

ペットと人間との愛着関係に関して，ひとつ例を挙げたいと思います。幼児の飼育しているカブトムシについてのインタビュー調査の事例をご紹介します。幼児が，カブトムシを何匹か飼っており，そのなかでとくにかわいがっているカブトムシがいました。私たち大人から見れば，その幼児の愛着対象であるカブトムシと，別のカブトムシに特別な違いはないように思います。しかし，子どもにとっては，愛情をもって飼育しているカブトムシは特別な存在なのです。このようなペットとしての昆虫への愛着は，名前をつけるところから始まると考えられます。この幼児も，かわいがっているカブトムシには名前をつけていましたが，他のカブトムシには名前をつけていませんでした。考えたら当たり前のことなのですが，このようにネーミングすることによって，個別化され，特別な自分のカブトムシとなり，愛着が育っていくと考えられます。子どもが，家庭内でカブトムシやクワガタなどの昆虫類や，金魚やメダカなどの魚類を愛着対象として名前をつけて飼育している場合はペットと考えてよいでしょう。

　また，ある親は，子どもが飼っていたクワガタが死んだときにゴミ箱に捨てたそうです。それを見て，その子どもはたいへんショックを受けたそうです。このような場合，大人たちは，たかが虫とは思わずに，子どもがかわいがっているペットとして受け止め，**死んだときは，死を悼み，見守ることが，子どもの成長に役立つ**と考えられます。

　現在は，子どものいる多くの家庭でペットが飼育されています。子どもが幼少のときは，昆虫類や魚類が多いようですが，小学生になるとペットとしてハムスターやウサギ，さらに犬や猫を飼育する傾向があるようです。これは，子どもが，そのペットの種類に応じた世話をできるようになる年齢になって，飼いはじめるためであると考えられます。また，家庭にペットがいない場合も，多くの保育園や幼稚園で動物が飼育されており，小学校の生活科では，動物を飼うこと自体が学習内容になっている（嶋野，2003）ので，子どもたちは動物に接する機会が得られます。このような教育機関で飼育されている動物を幼稚園や保育園では園内飼育動物，小学校や中学校では学校飼育動物といいます。ペットは，家庭のなかで飼育するので，子どもと多くの時間を一緒に過ごし，一対一の密接な関係を結びやすい特徴があります。それに対して，園内飼育動物や学校飼育動物は，集団の教育場面で飼育するので，接する時間は短く，みんなの動物という意味合いが強くなります。

さて，ペットとの関係は多様であり，ペットは多くの役割を担っています。一緒にいると楽しい気持ちになり，快適であり，いやされたり，心の支えとなったり，気分が落ち着いたり慰められたりします。また，ペットは，人と人とをつなぐ役割や家族をつなぐ役割があったり，話題を増やしたりします。さらに，ペット飼育によりケアをする能力が身についたり，命を育てている満足感が得られたりします（濱野，2003）。このようなペットとの関係は，人にさまざまな良い影響を及ぼします。

第2節　コンパニオンアニマルを飼育する利点

(1) 人とコンパニオンアニマルの関係の研究で得られた知見

　マックロウ（1983）は，ペットを飼育する利点として，心理的利益，社会的利益，身体的利益をあげています。**心理的利益**とは，楽しい気持ちになったり，必要とされているという気持ちを得られるというような肯定的な感情をもたらし，自尊感情が高まる，孤独感が軽減されるなどの利点のことです。**社会的利益**とは，ペットが対人関係の潤滑剤になり，人と人とをつないでくれるということです。**身体的利益**は，ペットをながめたり撫でたりすることで，リラックス効果が得られることです。

　実際に，**子どもの発達に対して動物飼育が良い影響を及ぼす**という知見があります。レビンソン（1978）は，ペットを育てることは，子どもの共感性・自己効力感・自己統制・自律性の発達を促進するとしています。また，エンデンバーグら（1995）は，子どもの発達（社会・情緒的発達，認知的発達）や，子どもの間接的な発達（親，夫婦や家族の関係，社会的ネットワーク）にペット飼育の効果があると言及しています。

　ペット以外で子どもにとって身近な学校飼育動物の飼育に関しては，小学校の教師は，慈しみ思いやりなどが育つ，交友関係が和やかになる，責任感が育つという児童への効果がある（中川，2003）と評価しています。幼稚園の動物（ウサギ）飼育に関しての調査（濱野ほか，2005）では，ウサギに愛情をそそいで飼育することは，心理社会性の発達（生活習慣の自立，セルフコントロール，外向性，愛他性，共感性，養護性，役割取得）に影響を及ぼす経験となる可能性があることが示されました。実際に幼稚園で観察していると，飼育されてい

たインコのケージが直射日光に当たっているのに気づいた年長の幼児が，誰に促されることなく，自ら日陰へと運んであげているのを目にすることもありました。身近に動物に触れ，世話をする体験は，動物の立場に立って考え，生態をよく観察する機会となり，人以外の動物と身近に生活するという日常的な体験となり，**実感をともなった生命尊重の教育として役立つ**可能性があると考えられます。

　以上のように，動物を飼育することは，子どもたちの発達にとって良い影響を及ぼすと考えられます。具体的にいえば，図15-1のような可能性が示されます。ここでいう動物とは，ペットや園内飼育動物，学校飼育動物などの子どもが親密な関係を築いている動物のことです。まず，動物への愛着があることが基本です。大切な相手だからこそ，子どもたちは，一生懸命世話にかかわり，動物の立場に立って考えようとするのです。

動物の世話の特徴
世話をしないと死んでしまう
おもいどおりにならない
途中でやめられない
動物とは話すことができない

動物飼育

動物の特徴
口の堅い話し相手
スキンシップ

動物への愛着

世話を通して得られる経験
ほめられる，できるという達成感，
動物の気持ちと欲求を推測

子どもが感じる動物からの
無条件の受容

影響

子どもの発達
自尊心，忍耐力，共感性，役割取得，観察力，責任感，生命尊重

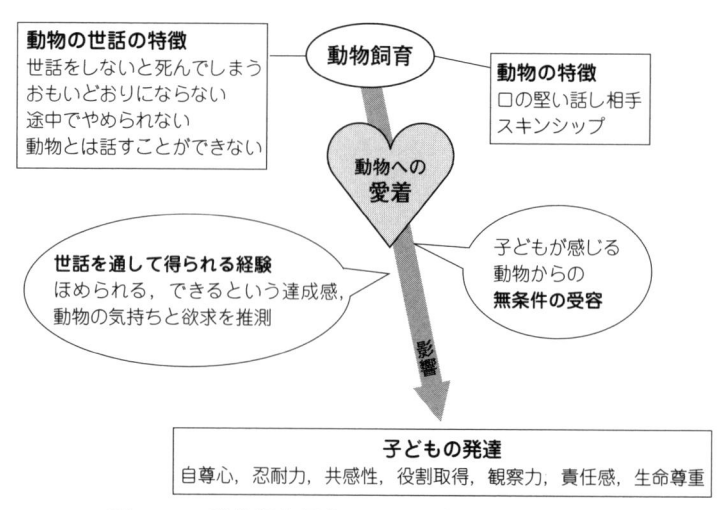

図15-1　動物飼育経験による子どもの発達への影響

　では，動物飼育とは，どういう性質のものなのでしょうか。飼育の特徴は，世話をしないと死んでしまう，おもいどおりにならない，途中でやめられない，動物とは話すことができないということがあります。また，子どもが動物の世話にかかわることによって，ほめられる経験になり，世話をできるという達成感が得られ，動物の気持ちと欲求を推測する機会となります。さらに，動物は，

他言しない信頼できる話し相手となり，抱っこしたり撫でたりとスキンシップができるという特徴があります。このことは，子どもが受け入れられていると感じることを促します。このような動物飼育の特徴があるので，結果的に，自尊心，忍耐力，共感性，役割取得，観察力，責任感，生命尊重の気持ちが養われる可能性があると考えられます。

(2) 喪失経験から得られるもの

　愛着対象である動物を亡くしたときは，どのような影響があるのでしょうか。もちろん，子どもたちは，愛情を注いでいた動物を亡くしたときには嘆き悲しみます。しかし，その経験こそが重要なのです。ある幼稚園でハムスターが飼育されていたのですが，そのハムスターが死んだときに，その園の先生は，子どもたちに死んだことを伝えず，「ハムちゃんは，今は遠いところに行っていて，そのうち帰ってくる」と伝えたそうです。なぜ，このような対応をしたかというと，この先生は，子どもが死を受け入れられず立ち直れない，子どもがかわいそう，どう対応していいかわからないと考えたからです。このように，大人が先回りをして子どもたちから死を隠すということが日常場面でよく起こっています。大人たちが，自らが死に触れたくない，動物の死に遭遇した子どもへの対応ができないという理由で，子どもから死を遠ざけているのです。しかし，**親密な対象の死に直面するということは，生命の大切さを実感する重要な機会**なのです。

　実は，子どもたちは，幼少であっても，死に向き合う準備ができていると考えられます。たとえば，ペットと死別した経験をもつ幼児へのインタビュー調査（濱野，2008）では，「わんちゃん寝てるとき死んでた。おとうさん見せてくれた。かわいそうだった。箱に入れて，大きな毛布みたいなものをかぶせておいた。犬の神社に一緒にいった」と犬の死に遭遇したときの悲しみの感情や両親の対応などを詳細に語っています。また，同調査で，「病院から電話かかってきて，ママ泣いてた。なんで泣いてるのって聞いたら，ママがねこちゃん死んだっていってわかった。ねこちゃんのことママは大好きだった。泣いているママをみて悲しかった」と，猫の死に遭遇した経験を詳細に語り，そのときの母親の様子から感情を読み取ろうとしています。このように，幼児がペットや動物の死に遭遇したときに周囲の大人がどのような対応をするかが重要である

と考えられます。具体的には，その**動物の死を軽視したり隠したりすることなく悼み，親子や保育者と子ども，教師と児童生徒で，悲しみを共有する**ことが必要であると考えられます。

　最近の研究によれば，**ペットとの死別（ペットロス）を経験し乗り越えたあとに，人格的に発達する**ことがわかってきています（濱野，2008）。表15-1のように，ペットロス経験は，共感性や責任感が養われたり，いのちの大切さを実感したり，情操教育に役立ったり，死について考える機会となっていました。

表15-1　親密な動物の死の経験による人格的発達（濱野，2008）

子どもは，家族を亡くした人の気持ちが分かるようになる
子どもは，弱いものを気遣う気持ちが身につく
動物を亡くす経験によって，子どもは成長する
動物を亡くす経験は，子どもが死を学ぶのによいと思う
動物を亡くす経験は，子どもの情操教育に役立つと思う
子どもは，命の大切さを学ぶ
動物を亡くす経験は，子どもの責任感の発達に役立つと思う
子どもは，「死」ということについて考えるようになる
子どもは，動物は天国で幸せにくらしていると思うだろう

　ここ数年，命を軽視したような青少年の犯罪が増加し，いじめや自殺の問題も深刻化しています。そのような社会背景のなか，子どもに対する「いのちの大切さ」の教育の必要性が問われています。しかし，「いのちの大切さ」を教育によって子どもたちに教えることが可能であるのでしょうか。たとえば，いのちの大切さについて話し諭したり，本を読み聞かせたりするだけでは，子どもたちはいのちを大切にしなければならないということを実感できないのではないのでしょうか。「いのちの大切さ」は，親しい者の死と対面するような経験を経てこそ実感できると考えられます。

　しかし，近年，核家族化が進み，子どもたちが家庭内で近親者の死を経験することがほとんどなくなってきました。また，終末期を病院で迎える人が多く，子どもたちが死に立ち会うことが少なくなっています。子どもたちが親密な対象の死を経験することは，死を理解することや「いのちの大切さ」を実感する重要な経験であると考えられます。このような現状のなか，「いのちの大切さ」の教育は保育や教育の場面で取り入れざるを得ない状況となっています。では，「いのちの大切さ」を子どもたちに伝えるにはどのようにすればよいのでしょ

うか。人間が生きている以上避けられない死別経験こそが，死を考え「いのちの大切さ」を実感できる機会になるのではないのでしょうか。多くの子どもたちが，最初に遭遇する愛着対象との別れが，飼育している動物との別れなのです。親密な動物やペットとの死別経験を通して，家庭内や保育園，幼稚園，学校などで，子どもたちに「いのちの大切さ」を伝えることができるのです（濱野，2007b）。

第3節　アニマル・セラピーは有効か

(1) 心理的・身体的健康に及ぼす影響

　最近，動物が人を癒すという**アニマル・セラピー**が注目されています。アニマル・セラピーとは，厳密には，アニマル・アシステッド・セラピー（動物介在療法）と，アニマル・アシステッド・アクティビティ（動物介在活動）のことを意味します。**動物介在療法**は，補助療法であり，医師などの専門家主導で，適切な患者の選択，治療目標の設定，療法の実施，その後の評価が行なわれなければならない（山﨑，2003）といわれています。つまり，両方とも動物を介在させるのですが，動物介在療法は，医療や心理療法場面等で専門家（医師，作業療法士，理学療法士，心理学者等）が行ない，治療目標を設定し動物を用いて行なう補助療法のことです。一方，**動物介在活動**は，高齢者福祉施設などへの訪問や慰問活動に動物を連れて行き，活動を楽しむこと自体を目標としたものです。ここで，介在させる動物は，主に，家庭で飼育されている犬や猫，ウサギなどのペットです。

　さらに，最近では，教育場面に動物を介在させる**動物介在教育**が話題となっています。動物介在教育とは，動物とのふれあいを通して，子どもたちの心理社会的な発達や人格的成長を促そうとするものです。介在させる動物は，園内飼育動物，学校飼育動物やペットです。「人と動物との相互作用国際学会（IAHAIO）」[2]では，教育場面へのペットの導入についてのガイドラインも宣言されました。

　これらの動物を介在させる療法や活動，教育が盛んになってきた経緯には，

---

[2] 人と動物の関係を学際的に検討するために創立された国際的な機関。第9回リオデジャネイロ大会では，動物介在教育の子どもの教育への有用性が強調され，実施のガイドラインがだされた。

人と動物の関係に関する研究が積み重なってきたことが考えられます。これらの研究の発端となったのは，児童心理学者のレビンソン（1962）による，犬が共同セラピストとして機能するという報告です。具体的には，子どもの心理臨床場面に偶然居合わせたレビンソンのペットの犬が，子どもとの仲介役や，心の安全基地の役割として，心理療法に役立ったという事例です。次に科学的な研究として有名なものは，フリードマンら（1980）の研究であり，人の健康には心理的・社会的因子が関与しているという視点から，心血管系疾患患者への社会的サポートの一つとしてペットの飼育を考え，ペットの飼育と心血管系の健康状態の関係を検討しました。その結果，ペットの飼い主の方がペットを飼育していない人よりも退院1年後の生存率が高かったとしています。最近の研究では，情緒障害をもつ6歳の子どものクラスに8週間犬を導入したところ，情緒の安定性，責任感，注意，共感性の促進に効果があった（アンダーソンほか，2006）という報告があります。

　以上のように，動物の介在は，子どもの療育や教育に実質的な影響を与え，子どもの発達に役立つことがわかってきています。これらの知見を踏まえて，筆者もペットへの愛着が中学生の心理身体的健康に与える影響について検討しました（濱野，2007a）。その結果，心理身体的不調を訴えていた中学生は，不調のない中学生よりも，ペットとの交流をより必要としており，ペットの家族をつなぐ役割をより強く求めていました。心理身体的不調を訴える中学生の家庭の機能は弱っている可能性があり，それをペットが補助している可能性があると考えられました。また，この調査では，中学生の8割以上が，ここ1週間で「疲れ」を感じていました。思春期は，子どもから成人へ移行する重要な時期であり，本人や周りの人たちが乗り越えることの難しい時期であるだけではなく，現在，子どもたちをとりまく社会が複雑化し，不登校，いじめ，犯罪の低年齢・凶悪化など複雑な問題が多く，さまざまな視点のサポートが必要です。そこで，この結果から，**思春期の子どもたちの心理的サポートとして，ペットが有効**であると考えることができます。

（2）危機シグナルとなる動物との関係

　対人関係に問題があり，共感性に乏しい人が，ペットとの関係においても同様に，ペットの立場を無視したように扱っていたケースがありました。極端な

例ですが，国内外で問題とされている青年や児童が人を殺傷した事件では，必ずと言っていいほど以前に動物虐待を行なっているケースが多いのです。人とペットや動物との関係は，自分の対人関係の方略が投影されることがあると考えられます。つまり，関係性という観点でこれを考えると，人が動物やペットに抱く愛着のあり方には，その人らしい対人関係のあり方が現れるといえます。なぜなら，動物は話せないし，本心を語ることはしないので，何を考えているかは，飼い主がペットからの反応を自分なりに解釈するしかないからです。また，ペットは物ではなく，人と同じようなコミュニケーションの反応性をもっています。したがって，その人がもっている対人関係における世界の捉え方がペットとの関係に現れるのです。具体的には，ペットが近づいてきたときに，自分のことを好きで傍にきたと思うのか，自分のことを攻撃するためにきたと解釈するかなのです。つまり，自分以外の他者が自分に対してどう感じるかの捉え方が現れるのです。

　ペットと子どもたちとが共有する利益や問題は，家庭内の現在の危機もしくは迫り来る危機のシグナルとなる（サーペル，1987）というように，人とペットや動物との関係の間に生じる問題，たとえば，暴力や無視，ネグレクトは，その子ども自身や家庭，環境の危機シグナルとなる場合があります。このことから，ペットへの虐待から，子ども自身の暴力性，家庭内の暴力の存在を発見できるのではないかと考えられます。

　人とペットの関係に関する研究や，動物介在療法や活動，教育は，まだまだ発展途上の分野です。しかし，臨床事例報告や研究の積み重ね，さらには，さまざまな経験事例から，ペットや動物の飼育は，人に良い影響をもたらし，子どもの発達に有益に働く可能性が考えられます。もちろん，適切な対象を適切な状況で飼育する場合に限っていえることです。そして，ペットとの情緒的な絆があってこそ良い影響が得られるのです。

　子どもの発達は，家族，幼稚園や保育園，学校，それを取りまく地域で支えていくことが必要です。子どものサポートは，多様なものが必要なので，子育ての環境という意味でも，動物の力を借りてサポートするという方法も有意義であると考えます。人間は，いうまでもなくさまざまな動物と一緒に生きているのです。そのような**動物との関係から考える子育て支援の可能性**もあるのです。

●もっと学びたい人のための読書案内

メルスン,ゲイル・F.(著)横山章光・加藤謙介(監訳)(2007)『動物と子どもの関係学:発達心理学からみた動物の意味』ビイング・ネット・プレス

桜井富士朗・長田久雄(編著)(2003)『「人と動物の関係」の学び方:ヒューマン・アニマル・ボンド研究って何だろう』インターズー(メディカルサイエンス社)

引用文献

第1章　発達心理学からの子育て支援

Cohen, L. B.（1979）Our developing knowledge of infant perception and cognition. *American Psychologist, 34*, 10. 高橋道子（訳）（1981）「乳児の知覚と認知に関する最近の知識」波多野誼余夫（監訳）『子どもの知的発達』（現代児童心理学3）金子書房，7-24頁.

Gelman, R.（1979）Preschool thought. *American Psychologist, 34*, 10. 子安増生（訳）（1981）「就学前児の思考」波多野誼余夫（監訳）『子どもの知的発達』（現代児童心理学3）金子書房，25-42頁.

Hunt, J. McV.（1961）*Intelligence and experience*. Ronald Press.

ピアジェ（著）谷村覚・浜田寿美男（訳）（1978）『知能の誕生』ミネルヴァ書房

Piaget, J., & Inhelder, B.（1966）*La psychologie de l'enfant*. Presses Universitaires de France. 波多野完治ほか（訳）（1969）『新しい児童心理学』白水社（文庫クセジュ）

Salomon, G.（1972）Heuristic models for the generation of aptitude treatment hypotheses. *Review of Educational Research, 42*, 327-343.

Sameroff, A. J.（1993）Models of development and developmental risk. In C. Zeanah（Ed.），*Handbook of infant mental health*. New York/London: Guilford Press.

Siegler, R. S.（Ed.）（1978）*Children's thinking: What develops?* Hillsdale, NJ: Erlbaum.

Tomasello, M.（1999）*The cultural origins of human cognition*. Cambridge, MA: Harvard University Press. 大堀壽夫ほか（訳）（2006）『心とことばの起源を探る：文化と認知』勁草書房

ヴィゴツキー，L. S.（著）柴田義松（訳）（1970）『精神発達の理論』明治図書出版

ヴィゴツキー，L. S.（著）柴田義松・森岡修一（訳）（1975）『子どもの知的発達と教授』明治図書出版

ヴィゴツキー，L. S.（著）柴田義松（訳）（2001）『思考と言語』（新訳版）新読書社

Wertsch, J. V.（1991）*Voices of the mind: A sociocultural approach to mediated action*. Cambridge, MA: Harvard University Press. 田島信元・佐藤公治・茂呂雄二・上村佳世子（訳）（1995）『心の声：媒介された行為への社会文化的アプローチ』福村出版

第2章　教育心理学からの子育て支援

赤木愛和（1982）「ATI」東洋（編）『教育の心理学的基礎』朝倉書店

東洋（1982）「教育心理学の性格」東洋（編）『教育の心理学的基礎』朝倉書店

東洋（著）柏木惠子（編）（1989）『教育の心理学』有斐閣

東洋（1994）『日本人のしつけと教育』東京大学出版会

広田照幸（1999）『日本人のしつけは衰退したか』講談社（講談社現代新書）

稲垣忠彦・佐藤学（1996）『授業研究入門』岩波書店

Karasawa, M., Little, T., Miyashita, T., Mashima, M., & Azuma, H.（1997）Japanese children's action-control beliefs about school performance. *International Journal of Behavioral Development, 20*(3), 405-423.
苅谷剛彦（1995）『大衆教育社会のゆくえ』中央公論社（中公新書）
河合隼雄（1995）『臨床教育学入門』岩波書店
宮下孝広・唐澤眞弓・真島真里・東洋（2000）「高校生の学業成績を予測する認知的要因：他者との関係を含意する構成概念と CAMI 構成概念とを対比して」発達研究, *14*, 103-112.
宮下孝広・真島真里・東洋（2001）「小学生の学業成績を予測する認知的要因：他者との関係を含意する構成概念に注目して」発達研究, *15*, 107-115.
宮下孝広・真島真里・東洋（2002）「学業達成に対する統制感における文化内変動の説明の試み」発達研究, *16*, 105-113.
宮下孝広・黛雅子・秋元有子・白石高士（2007）「学生ボランティアによる地域の学校と大学との連携の試み（第一次報告）」白百合女子大学発達臨床センター紀要, *10*.
宮下孝広・黛雅子・秋元有子（2008）「学生ボランティアによる地域の学校と大学との連携の試み（第二次報告）」白百合女子大学発達臨床センター紀要, *11*.
茂木俊彦（2007）『障害児教育を考える』岩波書店（岩波新書）
モンモラン, M.（著）山内光哉・大村彰道（訳）（1974）『プログラム教授法』白水社
長崎勤（2002）「発達を支援するとは？」長崎勤・古澤賴雄・藤田継道（編著）『臨床発達心理学概論』ミネルヴァ書房
小野次朗・榊原洋一・杉山登志郎（編）（2008）『教育現場における障害のある子どもへの指導と実践』朱鷺書房
ロゴフ, B.（著）當眞千賀子（訳）（2006）『文化的営みとしての発達』新曜社
佐藤学（1996）『教育方法学』岩波書店
Sato, N. (1996) Honoring the individual. In T.Rohlen & G.Le Tendre (Eds.), *Teaching and learning in Japan*. Cambridge: Cambridge University Press.
サトウタツヤ・高砂美樹（2003）『流れを読む心理学史：世界と日本の心理学』有斐閣
柴田義松・山﨑準二（編）（2005）『教育の方法と技術』学文社
Sternberg, R. J. et al. (2000) *Practical intelligence in everyday life*. Cambridge: Cambridge University Press.
高橋亮（2000）「文化をどう捉えるか」松沢哲郎・長谷川寿一（編）『心の進化：人間性の起源をもとめて』岩波書店
高野清純（2003）「コラム② 私の考える"教育心理学"とは」日本教育心理学会（編）『教育心理学ハンドブック』有斐閣
友永雅己・松沢哲郎（2001）「認知システムの進化」乾敏郎・安西祐一郎（編）『認知発達と進化』（認知科学の新展開1）岩波書店
依田新（監修）（1979）『新・教育心理学事典』（普及版）金子書房

第3章　認知心理学からの子育て支援

Charness, N. (1991) Expertise in chess: The balance between knowledge and search. In K.A.Ericsson & J.Smith (Eds.), *Toward a general theory of expertise*. Cambridge, England: Cambridge University Press, pp.39-63.

Ericsson, K. A., & Chase, W.G. (1982) Exceptional memory. *American Scientist, 70*, 607-615.
Ericsson, K. A., & Staszewski, J. (1989) Skilled memory and expertise: Mechanisms of exceptional performance. In D.Klahr & K.Kotovsky (Eds.), *Complex information processing: The impact of Herbert A. Simon*. Hillsdale, NJ: Erlbaum, pp.235-267.
Erikson, E. H., & Erikson, J. M. (1997) *The life cycle completed: A review* (Expanded Edition). New York: Norton & Company. 村瀬孝雄・近藤邦夫（訳）(2001)『ライフサイクル，その完結』（増補版）みすず書房
柏木惠子・若松素子（1994）「「親となること」による人格発達：生涯発達的視点から親を研究する試み」発達心理学研究, 5, 72-83.
Patel, V. L., & Groen, G. J. (1986) Knowledge-based solution strategies in medical reasoning. *Cognitive Science, 10*, 91-116.
Patel, V. L., & Groen, G. J. (1991) The general and specific nature of medical expertise: A critical look. In K.A.Ericsson & J.Smith (Eds.), *Toward a general theory of expertise*. Cambridge, England: Cambridge University Press, pp.93-125.
Simon, H. A., & Chase, W. G. (1973) Skill in chess. *American Scientist, 61*, 394-403.
鈴木忠（1999）「子どもの絵の『子どもらしさ』」白百合女子大学研究紀要, 35, 149-171.
鈴木忠（2000）「美術教育」日本児童研究所（編）『児童心理学の進歩　2000年版（VOL. 39）』金子書房, 103-122頁.
鈴木忠・柏木惠子（1999）「子どもの絵の『子どもらしさ』の分析」発達研究, 14, 53-61.

第4章　臨床心理学からの子育て支援

文部科学省（2003）「不登校の現状に関する認識」
文部科学省（2006）「いじめ問題への取り組みの徹底について」（通知）
文部科学省（2007）「子どもを守り育てる体制づくりのための有識者会議」
文部科学省（2010a）「平成21年度児童生徒の問題行動等生徒指導上の諸問題に関する調査」（小中不登校について8月速報値）
文部科学省（2010b）「平成21年度児童生徒の問題行動等生徒指導上の諸問題に関する調査」（いじめの状況についての結果報告）
下山晴彦（編）（2003）『よくわかる臨床心理学』ミネルヴァ書房
山田佐登留（2007）「よくみる子どもの心の問題　思春期の問題　リストカット」母子保健情報, 55, 46-49.

第5章　子育て支援と精神分析

Bion, W. R. (1962) A theory of thinking. *International Journal of Psychoanalysis, 43*, 307-310. In W.R.Bion (1967), *Second Thoughts*. London:Heinemann. 松木邦裕（監訳）中川慎一郎（訳）(2007)「考えることに関する理論」『再考：精神病の精神分析論』金剛出版, 116-124頁.〔このほか,「思索についての理論」『メラニー・クライン　トゥデイ②』（岩崎学術出版社, 1993）,「考えることに関する原理」『英国の母子臨床』（仮題）（岩崎学術出版社, 2009年刊行予定）として邦訳されている〕
Bowlby, J. (1951) *Maternal Care and Mental Health*. Genova: WHO. 黒田実郎（訳）(1967)『乳幼児の精神衛生』岩崎学術出版社

Fraiberg, S., Adelson, E., & Shapio, V.（1975）Ghosts in the nursery: a psychoanalytic approach to the problems of impaired infant-mother relationships. *Journal of the American Academy of Child Psychiatry, 14*（3）, 387-422. In S. Fraiberg（Ed.）（1980）, *Clinical Studies in Infant Mental Health: The First Year of Life.* New York: Basic Books.〔木部則雄（監訳）『英国の母子臨床（仮題）』岩崎学術出版社（2009年発刊予定）に本論文は含まれている〕

Freud, A.（1971）*The Writings of Anna Freud, I.* New York: Int. Press. 岩村由美子・中沢たえ子（訳）（1981）『児童分析入門：児童分析家と教師のための講義』（アンナ・フロイト著作集1）岩崎学術出版社

Freud, S.（1916）*Introductory Lectures on Psycho-Analysis S. E. XV.* 懸田克躬・高橋義孝（訳）（1971）『精神分析入門（正・続）』（フロイト著作集①）人文書院

Klein, M. *The Writings of Melanie Klein, Vol 1.* London: Hogarth Press. 西園昌久・牛島定信（責任監訳）（1983）『メラニー・クライン著作集1 子どもの心的発達』誠信書房

Mahler, M. S., Pine, F., & Bergman, A.（1975）*The Psychological Birth of the Human Infant.* New York: Basic Books. 高橋雅士・織田正美・浜畑紀（訳）（1981）『乳幼児の心理的誕生：母子共生と個体化』黎明書房

Miller, L.（2003）An under fives' counselling service. In M.Rustin & E.Quagliata（2003）, *Assessment in Child Psychotherapy.* Karnac Books Ltd. 木部則雄（監訳）（2007）「第6章 5歳児以下のこどもと親のカウンセリングとそのアセスメントの問題との関連」『こどものこころのアセスメント：乳幼児から思春期の精神分析アプローチ』岩崎学術出版社, 128-142頁.

丹羽淑子（編著）（1993）『母と乳幼児のダイアローグ：ルネ・スピッツと乳幼児心理臨床の展開』山王出版

Raphael-Leff, J.（2003）*Parent-Infant Psychodynamics: Wild things, Mirrors and Ghosts.* Whurr Publishers Ltd. 木部則雄（監訳）『英国の母子臨床（仮題）』岩崎学術出版社（2009年発刊予定）

Spitz, R. A.（1965）*The First Year of Life.* New York: Int. Univ. Press. 古賀行義（訳）（1965）『母-子関係の成りたち：生後1年間における乳児の直接観察』同文書院

Stern, D. N.（1985）*The Interpersonal World of the Infant: A View from Psychoanalysis and Developmental Psychology.* New York: Basic Books. 神庭靖子・神庭重信（訳）（1991）『乳児の対人世界　臨床編』岩崎学術出版社

Winnicott, D.（1951）Transitional objects and transitional phenomena. *International Journal of Psychoanalysis, 34*, 89-97. In D.W.Winnicott（1958）, *Playing and Reality.* London: Tavistock. 橋本雅雄（訳）（1979）『遊ぶことと現実』岩崎学術出版社, 1-35頁.〔このほか, 1958年のウィニコットの論文集 *Collected Papers: Through Paediatrics to Psycho-Analysis.* London: Tavistock. 北山修（監訳）（1990）『児童分析から精神分析へ：ウィニコット臨床論文集Ⅱ』岩崎学術出版社, 105-126頁. にも本論文が紹介されている〕

第6章　比較行動学からの示唆

Bowlby, J.（1951）*Maternal care and mental health.* 黒田実郎（訳）（1967）『乳幼児の精神衛生』岩崎学術出版社

Bowlby, J.（1979）*The making and breaking of affectional bonds.* 作田勉（監訳）（1981）

『ボウルビイ母子関係入門』星和書店

Darwin, C.（1872/1965）*The expression of the emotions in man and animals*. Chicago: The University of Chicago Press.

Eibl-Eibesfeldt, I.（translated by Klinghammer, E.）（1970）*Ethology: The biology of behavior*. New York: Holt, Rinehart & Winston.

Harlow, H. F.（1958）The nature of love. *American Psychologist, 13*, 673-685.

Harlow, H. F.（1959）Love in infant monkeys. *Scientific American, 200*, 68-74.

Harlow, H. F., & Zimmermann, R. R.（1958）The development of affectional responses in infant monkeys. *Proceedings of the American Philosophical Society, 102*, 501-509.

Harlow, H. F., & Zimmermann, R. R.（1959）Affectional responses in the infant monkey. *Science, 130*, 421-432.

金沢創（2008）「2ヶ月から8ヶ月までの乳児の視覚世界：方法論とデータ」心理学評論, *51*(2), 356-372.

Kawakami, K., Takai-Kawakami, K., Kawakami, F., Tomonaga, M., Suzuki, M., & Suzuki, Y.（2008）Roots of smile: A preterm neonete's study. *Infant Behavior and Development, 31*, 518-522.

Koda, N., Akimoto, Y., Hirose, T., Hinobayashi, T., & Minami, T.（2004）Walking and eating behavior of toddlers at 12 months old. *Early Child Development, 174*(7-8), 691-699.

Mason, W. A., & Berkson, G.（1975）Effects of maternal mobility on the development of rocking and other behaviors in rhesus monkeys: A study with artificial mothers. *Developmental Psychobiology, 8*(3), 197-211.

南徹弘（1994）『サルの行動発達』東京大学出版会

南徹弘（1998）「隔離ザルの行動異常」霊長類研究, *14*, 69-75.

南徹弘（2008）「乳幼児の行動発達と身体成長」心理学ワールド, *43*, 17-20.

南徹弘・中道正之・金澤忠博・今川真治・待田昌二・清水聡（1994）「乳幼児の移動と運動の発達における個人差研究」小野スポーツ科学, *2*, 187-195.

第7章　愛着理論と子育て支援

Ainsworth, M. D. S., Blehar, M., Walters, E., & Wall, S.（1978）*Patterns of attachment*. Hillsdale, NJ: Erlbaum.

Bowlby, J.（1969）*Attachment and loss, vol.1: Attachment*. London: Hogarth. 黒田実郎・大羽葵・岡田洋子（訳）（1976）『母子関係の理論Ⅰ：愛着行動』岩崎学術出版社

Bowlby, J.（1973）*Attachment and loss, vol.2: Separation; Anxiety and anger*. London: Hogarth. 黒田実郎・岡田洋子・吉田恒子（訳）（1977）『母子関係の理論Ⅱ：分離不安』岩崎学術出版社

Bowlby, J.（1979）*The making and breaking of affectional bonds*. London: Tavistock.

Bowlby, J.（1980）*Attachment and loss, vol.3: Loss; Sadness and depression*. London: Hogarth. 黒田実郎・吉田恒子・横浜恵三子（訳）（1981）『母子関係の理論Ⅲ：対象喪失』岩崎学術出版社

Bowlby, J.（1988）*A secure base*. New York: Basic Books. 庄司順一ほか（訳）（1993）『母と子のアタッチメント：心の安全基地』医歯薬出版

Fraiberg, S. (1980) *Clinical studies in infant mental health: The first year of life*. New York: Basic Books.

藤岡孝志 (2008)『愛着臨床と子ども虐待』ミネルヴァ書房

George, C., Kaplan, N., & Main, M. (1985) An adult attachment interview: Interview protocol. Unpublished manuscript. Department of Psychology. University of California, Berkeley.

Holmes, J. (1993) *John Bowlby & attachment theory*. London: Routledge. 黒田実郎・黒田聖一 (訳) (1996)『ボウルビィとアタッチメント理論』岩崎学術出版社

Hughes, D. N. (1997) *Facilitating development attachment*. London: Jason Aronson.

Karen, R. (1994) *Becoming Attached*. New York: Warner Books.

Ladnier, R., & Massanari, A. (2000) Treating ADHD as attachment deficit hyperactivity disorder. In T.Levy (Ed.), *Handbook of attachment interventions*. New York: Academic Press, pp.27-65.

Levy, T., & Orlans, M. (2000) Attachment disorder as antecedent to violence and antisocial patterns in children. In T.Levy (Ed.), *Handbook of attachment interventions*. New York: Academic Press, pp.1-26.

Lyons-Ruth, K., Alpern, L., & Repachori, B. (1993) Disorganized infant attachment classification and maternal psychosocial problem as predictors behavior in the preschool children. *Child Development, 64*, 572-585.

Perry, B. (1995) *Maltreated children: Brain development and the next generation*. New York: W.W.Norton.

Raine, A. (1993) *The psychopathology of crime*. New York: Acdemic Press.

Schore, A. N. (1994) *Affect regulation and the origin of the self*. Hillsdale, NJ: Lawrence Erlbaum.

Stern, D. N. (1985) *The interpersonal world of infant*. New York: Basic Books. 小此木啓吾・丸田俊彦 (監訳) 神庭靖子・神庭重信 (訳) (1989, 1991)『乳児の対人世界』(理論編, 臨床編) 岩崎学術出版社

第8章 ヴィゴツキー理論と子育て支援

Bencze, L., & Hodson, D. (1998) Coping with uncertainty in elementary school science: A case study in collaborative action research. *Teachers and Teaching, 4*, 77-94.

Berk, L. E., & Winsler, A. (1995) *Scaffolding children's learning: Vygotsky and early childhood education*. Washington: National Association for the Education of Young Children. 田島信元・田島啓子・玉置哲淳 (編訳) (2001)『ヴィゴツキーの新・幼児教育法:幼児の足場づくり』北大路書房

ビネー, A. (著) 波多野完治 (訳) (1974)『新しい児童観』明治図書出版

Bowlby, J. (1969) *Attachment and loss, vol.1: Attachment*. London: Hogarth. 黒田実郎・大羽葵・岡田洋子 (訳) (1976)『母子関係の理論Ⅰ:愛着行動』岩崎学術出版社

Cole, M., & Cole, S. R. (1993) *The development of children*. New York: Freeman.

森田和良 (2004)『「わかったつもり」に自ら気づく科学的な説明活動』学事出版

茂呂雄二 (2008)「社会的なもの:学習研究における質の探求」無藤隆・麻生武 (編)『育ちと学びの生成』(質的心理学講座1) 東京大学出版会, 129-161頁.

中村和夫（1998）『ヴィゴーツキーの発達論：文化－歴史的理論の形成と展開』東京大学出版会

中村和夫（2004）『ヴィゴーツキー心理学：完全読本：「最近接発達の領域」と「内言」の概念を読み解く』新読書社

Palincsar, A. S., & Brown, A. L. (1984) Reciprocal teaching of comprehension-fostering and comprehension-monitoring activities. *Cognition and Instruction, 1*, 117-175.

佐藤雄大（2006）「第二言語学習における『最近接発達の領域』」ヴィゴツキー学，7，19-26.

Selman, R. L. (2003) *The promotion of social awareness: Powerful lessons from the partnership of developmental theory and classroom practice*. New York: Russell Sage Foundation.

柴田義松（2006）『ヴィゴツキー入門』子どもの未来社（寺子屋新書）

田島充士（2006）「『対話』としての科学的概念理解の発達：学習者は日常経験知と概念をどのように関係づけるのか」筑波大学大学院人間総合科学研究科博士論文

田島充士（2007）「教育場面での実践と評価」比留間太白・山本博樹（編）『説明の心理学：説明社会への理論・実践的アプローチ』ナカニシヤ出版，173-191頁.

田島充士（2008）「再声化介入が概念理解の達成を促進する効果：バフチン理論の視点から」教育心理学研究，56，318-329.

田島充士・茂呂雄二（2003）「素朴概念の理論的再検討と概念学習モデルの提案：なぜ我々は『分かったつもり』になるのか？」筑波大学心理学研究，26，83-93.

田島充士・茂呂雄二（2006）「科学的概念と日常経験知の矛盾を解消するための対話活動を通した概念理解の検討」教育心理学研究，54，12-24.

van Oers, B.（1998）The fallacy of decontextualization. *Mind, Culture, and Activity, 5*, 135-142.

ヴィゴツキー，L. S.（著）柴田義松・森岡修一（訳）（1975）『子どもの知的発達と教授』明治図書出版

ヴィゴツキー，L. S.（著）柴田義松（訳）（2001）『思考と言語』（新訳版）新読書社

ヴィゴツキー，L. S.（著）広瀬信雄（訳）（2002）『子どもの想像力と創造』（新訳版）新読書社

ヴィゴツキー，L. S.（著）土井捷三・神谷栄司（訳）（2003）『「発達の最近接領域」の理論』三学出版

ヴィゴツキー，L. S.（著）柴田義松・森岡修一・中村和夫（訳）（2004）『思春期の心理学』新読書社

ヴィゴツキー，L. S.（著）柴田義松（監訳）（2005）『文化的－歴史的精神発達の理論』学文社

第9章　動機づけ理論と子育て支援

ベネッセ教育研究開発センター（2005）「第3回　幼児の生活アンケート」

独立行政法人労働政策研究・研修機構（2003）「育児や介護と仕事の両立に関する調査」

Hull, C. L. (1943) *Principles of behavior: An introduction to behavior theory*. New York: Appleton-Century N.Y. 能見義博・岡本栄一（訳）（1960）『行動の原理』誠信書房

厚生労働省大臣官房統計情報部（2004）「第2回　21世紀出生児縦断調査（平成14年度）」

Lepper, M. R., Greene, D., & Nisbett, R. E. (1973). Undermining children's intrinsic interest with extrinsic rewards: A test of the "overjustification" hypothesis. *Journal of Personality and Social Psychology, 28*, 129-137.

内閣府大臣官房政府広報室（2005）「男女共同参画社会に関する世論調査」

White, R. W. (1959) Motivation reconsidered: The concept of competence. *Psychological Review, 66*, 297-333.

第10章　胎児期・新生児期の発達と子育て支援

Anderson, G. C. (1995) Touch and the kangaroo care method. In T.Field (Ed.), *Touch in early development*. Mahwah: LEA, pp.35-51.

Baron-Cohen, S., & Bolton, P. (1993) *Autism: The facts*. Oxford: Oxford University Press. 久保紘章・古野晋一郎・内山登紀夫（訳）（1997）『自閉症入門』中央法規出版

Baron-Cohen, S., Lutchmaya, S., & Knickmeyer, R. (2004) *Prenatal testosterone in mind*. Cambridge: The MIT Press.

Bendersky, M., & Sullivan, M. W. (2007) Basic methods in infant research. In A.Slater & M.Lewis (Eds.), *Introduction to infant development*. Oxford: Oxford University Press, pp.18-37.

Bjorklund, D. F., & Pellegrini, A. D. (2002) *The origins of human nature*. Washington, D. C.: American Psychological Association. 松井愛奈・松井由佳（訳）（2008）『進化発達心理学』新曜社

Campbell, S. (2004) *Watch me ⋯ grow!* London: Carroll & Brown. 菅田倫子（訳）（2005）『出生前の"ワタシを見て！"』産調出版

Campbell, S. B., Cohn, J. F., Flanagan, C., Popper, S., & Meyers, T. (1992) Course and correlates of postpartum depression during the transition to parenthood. *Development and Psychopathology, 4*, 29-47.

Cole, M., & Cole, S. R. (1989) *The development of children*. NY: W. H. Freeman and Company.

DeCasper, A. J., Lecanuet, J-P., Busnel, M-C., Granier-Deferre, C., & Maugeais, R. (1994) Fetal reactions to recurrent maternal speech. *Infant Behavior & Development, 17*, 159-164.

Field, T. (1995) Infant massage therapy. In T.Field (Ed.), *Touch in early development*. Mahwah: LEA, pp.105-114.

Field, T. (2007) *The amazing infant*. Malden: Blackwell Publishing.

原仁（1999）「周産期の要因」熊谷公明・栗田広（編）『発達障害の基礎』日本文化科学社，103-106頁.

Hopkins, J., Marcus, M., & Campbell, S. B. (1984) Postpartum depression: A critical review. *Psychological Bulletin, 95*, 489-515.

Hrdy, S. B. (1999) *Mother nature*. NY: Pantheon. 塩原通緒（訳）（2005）『マザー・ネイチャー』（上・下）早川書房

川上清文（2002）「胎児期から新生児期にみられる情動と関係の発達と障害」須田治・別府哲（編著）『社会・情動発達とその支援』ミネルヴァ書房，72-81頁.

川上清文（指導）（2006）『胎児期・新生児期』田島信元（監修）（ビジュアル生涯発達心理学入門・第2巻）（ビデオ）サン・エデュケーショナル

Kawakami, K., Takai-Kawakami, K., Kurihara, H., Shimizu, Y., & Yanaihara, T. (1996) The effect of sounds on newborn infant under stress. *Infant Behavior & Development, 19*, 375-379.

Kawakami, K., Takai-Kawakami, K., Okazaki, Y., Kurihara, H., Shimizu, Y., & Yanaihara, T. (1997a) The effect of odors on human newborn infants under stress. *Infant Behavior & Development, 20*, 531-535.

Kawakami, K., Takai-Kawakami, K., Kurihara, H., Shimizu, Y., & Yanaihara, T. (1997b) The effect of tactile stimulation on newborn infants in a stress situation. *Psychologia, 39*, 255-260.

川上清文・高井 - 川上清子 (2003)『乳児のストレス緩和仮説』川島書店

Kawakami, K., Takai-Kawakami, K., Tomonaga, M., Suzuki, J., Kusaka, F., & Okai, T. (2006) Origins of smile and laughter: A preliminary study. *Early Human Development, 82*, 61-66.

Kawakami, K., Takai-Kawakami, K., Tomonaga, M., Suzuki, J., Kusaka, F., & Okai, T. (2007) Spontaneous smile and spontaneous laugh: An intensive longitudinal case study. *Infant Behavior & Development, 30*, 146-152.

Kawakami, K., Takai-Kawakami, K., Kawakami, F., Tomonaga, M., Suzuki, M., & Shimizu, Y. (2008) Roots of smile: A preterm neonates' study. *Infant Behavior & Development, 31*, 518-522.

川上清文・高井清子・川上文人・友永雅己・矢内原巧 (2008)「微笑の起源 (16)」日本赤ちゃん学会第8回学術集会抄録集，38頁．

Kisilevsky, B. S. (1995) The influence of stimulus and subject variables on human fetal responses to sound and vibration. In J-P. Lecannuet et al. (Eds.), *Fetal development*. Hillsdale: LEA, pp.263-278.

Kisilevsky, B. S., & Low, J. A. (1998) Human fetal behavior: 100 years of study. *Developmental Review, 18*, 1-29.

Kisilevsky, B. S., Muir, D. W., & Low, J. A. (1992) Maturation of human fetal responses to vibroacoustic stimulation. *Child Development, 63*, 1497-1508.

Kisilevsky, B. S., Pang, L., & Hains, S. M. J. (2000) Maturation of human fetal responses to airborne sound in low- and high-risk fetuses. *Early Human Development, 58*, 179-195.

Koyanagi, T., & Nakano, H. (1994) Functional development of the fetal central nervous system. In M.I.Levene, R.J.Lilford (Eds.), *Fetal and neonatal neurology and neurosurgery*. London: Churchill Livingstone, pp.31-44.

Lecanuet, J-P., Fifer, W. P., Krasnegor, N. A., & Smotherman, W. P. (Eds.) (1995) *Fetal development*. Hillsdale: LEA.

Lecanuet, J-P., Granier-Deferre, C., & Busnel, M-C. (1995) Human fetal auditory perception. In J-P. Lecanuet et al. (Eds.), *Fetal development*. Hillsdale: LEA, pp.239-262.

Lewis, M., & Bendersky, M. (Eds.) (1995) *Mothers, babies, and cocaine*. Hillsdale:LEA.

Lu, M. C., & Lu, J. S. (2008) Prenatal care. In M.M.Haith & J.B.Benson (Eds.), *Encyclopedia of infant and early childhood development. Vol.2*. Oxford: Elsevier, pp.591-604.

Marlier, L., Schaal, B., & Soussingna, R. (1998) Neonatal responsiveness to the odor of amniotic and lacteal fluids: A test of prenatal chemosensory continuity. *Child Development, 69*, 611-623.

三田村卓・佐藤博・水上尚典 (2008)「低リスク分娩における産後うつ病の危険因子について

の検討」日本周産期・新生児医学会雑誌, 44, 68-73.

Nijhuis, J. G.（1995）Physiological and clinical consequences in relation to development of fetal behavior and fetal behavioral states. In J-P. Lecanuet et al.（Eds.）, *Fetal development*. Hillsdale: LEA, pp.67-82.

Nilsson, L.（1990）*A child is born*. NY: Delacorte. 坂元正一（訳）（1992）『誕生の神秘』小学館

岡野禎治（2008）08.6.16. 朝日新聞朝刊記事.

Schaal, B., Marlier, L., & Soussignan, R.（2000）Human foetuses learn odours from their pregnant mother's diet. *Chemical Senses, 25*, 729-737.

Schaal, B., Orgeur, P., & Rognon, C.（1995）Odor sensing in the human fetus: Anatomical, functional, and chemoecological bases. In J-P. Lecanuet et al.（Eds.）, *Fetal development*. Hillsdale: LEA, pp.205-237.

Slater, A., Field, T., & Hernandez-Reif, M.（2007）The development of the senses. In A.Slater & M.Lewis（Eds.）, *Introduction to infant development*. Oxford: Oxford University Press, pp.81-99.

髙井清子（2005）「自発的微笑・自発的笑いの発達」日本周産期・新生児医学会雑誌, *41*, 552-556.

髙井清子・川上清文・岡井崇（2008）「自発的微笑・自発的笑いの発達（第2報）」 日本周産期・新生児医学会雑誌, *44*, 74-79.

Tallack, P.（2006）*In the womb*. London: Here+There World Limited. 三角和代（訳）（2008）『生命誕生』ランダムハウス講談社

Tsiaras, A.（2002）*From conception to birth*. NY: Doubleday. 古川奈々子（訳）（2002）『こうして生まれる』ソニー・マガジンズ（ヴィレッジブックス）

第11章　育児不安と子育て支援

青木弥生（2008）「子どもイメージ，子育てイメージの役割」岡本依子・菅野幸恵（編著）（2008）『親と子の発達心理学』第14章，新曜社

Coley, R. L., & Schindler, H. S.（2008）Biological fathers' contributions to maternal and family functioning. *Parenting, 8*, 294-318.

Crnic, K. A., Gaze, C., & Hoffman, C.（2005）Cumulative parenting stress across the preschool period: Relations to maternal parenting and child behaviour at age 5. *Infant and Child Development, 14*, 117-132.

Crnic, K. A., & Greenberg, M. T.（1990）Minor parenting stresses with young children. *Child Development, 61*, 1628-1637.

Deater-Deckard, K.（1998）Parenting stress and child adjustment: Some old hypotheses and new questions. *Clinical Psychology: Science and Practice, 5*, 314-332.

加藤邦子・石井クンツ昌子・牧野カツコ・土谷みち子（2002）「父親の育児かかわり及び母親の育児不安が3歳児の社会性に及ぼす影響：社会的背景の異なる2つのコホート比較から」発達心理学研究, *13*, 30-41.

数井みゆき（2002）「保護者への支援」藤崎眞知代・本郷一夫・金田利子・無藤隆（編著）『育児・保育現場での発達とその支援』第6章（2），ミネルヴァ書房，83-86頁.

金娟鏡（2007）「母親を取り巻く『育児ネットワーク』の機能に関する PAC（Personal Attitude Construct）分析」保育学研究, 45, 135-145.

厚生労働省（2003）『平成 15 年度版厚生労働白書』

厚生労働省（2006）「平成 18 年度児童相談所における児童虐待相談対応件数等」平成 18 年度社会福祉行政業務報告

牧野カツコ（1982）「乳幼児をもつ母親の生活と〈育児不安〉」家庭教育研究所紀要, 3, 34-56.

牧野カツコ（1985）「乳幼児をもつ母親の育児不安：父親の生活と意識との関連」家庭教育研究所紀要, 6, 11-24.

三林真弓・常包知秀・岡田昌子（2005）「新たな育児支援サービスの提案とその効果」東京財団研究報告書, 2005-18.

森下葉子（2006）「父親になることによる発達とそれに関わる要因」発達心理学研究, 17, 182-192.

根ヶ山光一（1995）「子育てと子別れ」根ヶ山光一・鈴木晶夫（編著）『子別れの心理学：新しい親子関係像の提唱』福村出版

大日向雅美（1988）『母性の研究』川島書店

岡本依子（2008）「胎児とのやりとり」岡本依子・菅野幸恵（編著）（2008）『親と子の発達心理学』第 8 章, 新曜社

岡本依子・菅野幸恵・根ヶ山光一（2003）「胎動に対する語りにみられる主観的な母子関係」発達心理学研究, 14, 64-76.

岡本依子・菅野幸恵（編著）（2008）『親と子の発達心理学：縦断的研究法のエッセンス』新曜社

岡本依子・寺西美恵子・町田和子（2008）「子育て支援活動における短大 - 保育所連携の可能性：子育て座談会『ちょっとチャット』の試みから」日本発達心理学会第 19 回大会発表論文集

佐藤達哉・菅原ますみ・戸田まり・島悟・北村俊則（1994）「育児に関するストレスとその抑うつ重症度との関連」心理学研究, 64, 409-416.

社会福祉法人全国社会福祉協議会（2008）「保育所と地域が協働した子育て支援活動研究事業調査研究報告書」

菅野幸恵（2001）「母親が子どもをイヤになること：育児における不快感情とそれに対する説明づけ」発達心理学研究, 12, 12-23.

菅野幸恵（2008）「母親が子どもをイヤになること」岡本依子・菅野幸恵（編著）（2008）『親と子の発達心理学』第 12 章, 新曜社

氏家達夫（1996）『親になるプロセス』金子書房

八木下暁子（2008）「父親役割の芽生え」岡本依子・菅野幸恵（編著）（2008）『親と子の発達心理学』第 9 章, 新曜社

第 12 章　子別れの心理学と子育て支援

Ahnert, L., & Lamb, M.（2003）Shared care: Establishing between home and child care settings. *Child Development, 74,* 1044-1049.

Ahnert, L., Rickert, H., & Lamb, M.（2000）Shared caregiving: Comparisons between home and child-care settings. *Developmental Psychology, 36*, 339-351.

Deynoot-Schaub, M.J.J.M.G., & Riksen-Walraven, J. M. (2008) Infants in group care: Their interactions with professional caregivers and parents across the second year of life. *Infant Behavior & Development, 31*, 181-189.

Feagans, L. V., & Manlove, E. E. (1994) Parents, infants, and day-care teachers: Interrelations and implications for better child care. *Journal of Applied Developmental Psychology, 15*, 585-602.

Field, T. (Ed.) (1995) *Touch in early development.* Hillsdale: Lawrence Erlbaum Associates.

河原紀子・根ヶ山光一・福川須美・土谷みち子（2008）「家庭と保育園で1歳児の行動はどう切り替わるか：（2）食事場面における拒否・泣き・制止」日本保育学会第58回大会発表論文集，938-939．

池田透・塚田英晴（1995）「動物の子別れ総論」根ヶ山光一・鈴木晶夫（編著）『子別れの心理学：新しい親子関係像の提唱』福村出版，78-92頁．

Matheny, A. P. (1987) Psychological characteristics of childhood accidents. *Journal of Social Issues, 43*, 45-60.

村上八千世・根ヶ山光一（2007）「乳幼児のオムツ交換場面における子どもと保育者の対立と調整：家庭と保育園の比較」保育学研究，45，107-114．

根ヶ山光一（2002）『発達行動学の視座：〈個〉の自立発達の人間科学的探究』金子書房

根ヶ山光一（2006）『〈子別れ〉としての子育て』日本放送出版協会（NHKブックス）

根ヶ山光一・河原紀子・福川須美・星順子（2008）「家庭と保育園における乳幼児の行動比較：泣きを手がかりに」こども環境学研究，4(3)，41-47．

根ヶ山光一・山口創（2005）「母子におけるくすぐり遊びとくすぐったさの発達」小児保健研究，64，451-460．

Nelson, F., & Garduque, L. (1991) The experience and perception of continuity between home and day care from the perspective of child, mother, and caregiver. *Early Child Development and Care, 68*, 99-111.

西川晶子（2003）「タッチケア行動の縦断的検討：乳児期の母子接触の考察」早稲田大学大学院人間科学研究科2002年度修士論文

篠沢薫（2007）「ベビーマッサージにおける親子間のかかわりの発達的研究」平成16～18年度科学研究費補助金（基盤研究（A））「対人関係の基盤としての『身体接触』に関する生涯発達行動学的検討」（代表：根ヶ山光一）研究成果報告書，11-16．

Shpancer, N. (2002) The home-daycare link: Mapping children's new world order. *Early Childhood Research Quarterly, 17*, 374-392.

The NICHD Early Child Care Research Network (Ed.) (2005) *Child care and child development: Results from the NICHD study of early child care and youth development.* New York: Guilford Press.

Walker, P. (2000) *The practical art of baby massage.* Carroll & Brown. 赤星里栄（訳）(2003)『ベビーマッサージ入門ガイド』産調出版

第13章　里親養育と子育て支援

遠藤利彦（2007）「アタッチメント理論とその実証研究を俯瞰する」数井みゆき・遠藤利彦

（編著）『アタッチメントと臨床領域』第1章, ミネルヴァ書房, 1-58頁.
Hodges, J., Steele, M., Hillman, S., Henderson, K., & Kaniuk, J. (2003) Changes in attachment representations over the first year of adoptive placement: Narratives of maltreated children. *Clinical Child Psychology and Psychiatry, 8*, 351-367.
Hoxter, S. (1990)「被虐待児との関わりにおいて喚起される感情」平井正三・鵜飼奈津子・西村富士子（監訳）(2006)『被虐待児の精神分析的心理療法：タビストック・クリニックのアプローチ』15章, 金剛出版, 179-189頁.（原著）Boston, M., & Szur, R. (Eds.) (1983). *Psychotherapy with severely deprived children.* (Maresfield Library) Karnac Books; New Ed.
厚生労働省雇用均等・児童家庭局（2004）「児童養護施設入所児童等調査結果の概要」
鯨岡峻（1999）『関係発達論の展開：初期「子ども-養育者」関係の発達的変容』ミネルヴァ書房
御園生直美（2007）「里親養育における家族関係の形成：社会的養護と家庭環境」家庭教育研究所紀要, 29, 84-93, 小平記念日立教育振興財団日立家庭教育研究所
御園生直美（2008）「里親養育とアタッチメント」子どもの虐待とネグレクト, 10(3), 307-314.
森下葉子（2006）「父親になることによる発達とそれにかかわる要因」発達心理学研究, 17(2), 182-192.
西澤哲（2000）「虐待を受けた子どもの心理療法のあり方」子どもの虐待とネグレクト, 2(1), 60-67.
西澤哲（2001）「虐待2部：発達前期」下山晴彦・丹野義彦（編）『発達臨床心理学』（講座臨床心理学5）東京大学出版会, 95-111頁.
野沢慎司・茨木尚子・早野俊明・SAJ（編著）(2006)『Q&A ステップファミリーの基礎知識：子連れ再婚家族と支援者のために』明石書店
Rutter, M., & the English and Romania adoptees (ERA) (1998). Developmental catch-up, and deficit, following adoption after severe global early privation. *Journal of Child Psychology and Psychiatry, 39*(4), 465-476.
Schofield, G., & Beek, M. (2005) Providing a secure base: Parenting children in long-term foster family care. *Attachment & Human Development, 7*(1), 3-25.
Schofield, G., & Beek, M. (2006) *Attachment handbook for foster care and adoption.* BAAF (British Association for Adoption and Fostering) London.
庄司順一（2006）「里親とのきずな」（特集 愛着ときずな）そだちの科学, 7, 49-54.
Thoburn, J. (2003)「新世紀のイギリスのファミリー・プレイスメント：里親を中心に新しい家族」養子と里親を考える会, 42, 48-69.
Winnicott, D. W. (1965) *The family and individual development.* London: Tavistock. 牛島定信（監訳）(1984)『子どもと家庭：その発達と病理』誠信書房

第14章　子育て支援の担い手としての保育士・幼稚園教諭
相澤輝美（2002）「親の子育てに対する保育士の認識と対応」白百合女子大学大学院文学研究科修士論文（未公刊）
相澤輝美（2006）「保育者・親がもつ親像と子ども像」日本発達心理学会第17回大会論文集,

518.

相澤輝美（2008）「保育者の満足感に影響を及ぼす諸要因」白百合女子大学大学院文学研究科博士論文（未公刊）

藤永保・藤崎眞知代・熊谷真弓（1987）「保育者の保育経験と保育観に関する研究Ⅲ」発達研究, *3*, 19-47.

日浦直美（1994）「幼稚園と家庭の関係Ⅲ：保育者の見解から見た現状と課題」聖和大学論集, *22*, 309-319.

粂幸男・丹羽孝・田中俊也（1987）「Ⅱ保育者像と保育者養成」保育学会年報 1987 年版：保育者養成, フレーベル館, 16-28.

森上史朗（2000）「保育者の専門性・保育者の成長を問う」発達, *83*(21), 68-74.

鈴木佐喜子（1990）「『子育ての困難』と親・保育者の共同」現代と保育, *23*, 108-112.

高濱裕子（2000）「子どもをめぐる大人の役割と関係の認識：幼稚園教諭と母親の比較から」保育学研究, *38*, 28-35.

第 15 章　コンパニオンアニマルと子育て支援

Anderson, K. L., & Olson, M. R. (2006) The value of a dog in a classroom of children with severe emorional disorders. *Anthrozoos, 19*(1), 35-49.

Collis, G. M., & McNicholas, J. (1998) A theoretical basis for health benefits of pet ownership-Attachment versus psychological support. In C.C.Wilson & D.C.Turner (Eds.), *Companion animals in human health*. Thousand Oaks: SAGE Publications, Inc., pp.105-122.

Endenburg, N., & Baarda, B. (1995) The role of pets in enhancing human well-being effects on child development. In I.Robinson (Ed.), *The Waltham book of human-animal interaction: Benefits and responsibilities of pet ownership*. Butterworth-Heineman, pp.7-17.

Friedman, E., Katcher, A., Lynch, J. J., & Thomas, S. A. (1980) Animal companions and one year survival of patients after discharge from a coronary care unit. *Public Health Reports, 95*, 307-312.

濱野佐代子（2003）「人とコンパニオンアニマル（犬）の愛着尺度：愛着尺度作成と尺度得点による愛着差異の検討」白百合女子大学発達臨床センター紀要, *6*, 26-35.

濱野佐代子（2007a）「コンパニオンアニマルが人に与える影響：愛着と喪失を中心に」白百合女子大学大学院博士論文（未公刊）

濱野佐代子（2007b）「幼児の動物の死の概念と, ペットロス経験後の生命観の変化に関する研究」発達研究, *21*, 163-174.

濱野佐代子（2008）「幼児の動物の死の概念と, ペットロス経験後の生命観の変化に関する研究：幼児の死の概念とペットロス経験の関連」発達研究, *22*, 23-36.

濱野佐代子・関根和生（2005）「幼児と園内飼育動物の関わり：園内動物飼育による幼児の社会性の発達への影響」どうぶつと人, *12*, 46-53.

環境省（2007）「家庭動物等の飼養及び保管に関する基準」環境省告示第 104 号

Levinson, B. M. (1962) Dog as co-therapist. *Mental Hygine, 46*, 59-65.

Levinson, B. M. (1978) Pet and personality development. *Psychological Report, 42*, 1031-1038.

McCulloch, M. J. (1983) Animal-facillitated therapy: Overview and future direction. In

A.H.Katcher & A.M.Beck (Eds.), *New perspectives on our lives with companion animals*. Philadelphia: The University of Pennsylvania Press, pp.410-426.

内閣府 (2003)「動物愛護に関する世論調査」調査結果の概要

中川美穂子 (2003)「獣医師からみた学校飼育動物の意義 (動物介在教育)」鳩貝太郎・中川美穂子 (編著)『学校飼育動物と生命尊重の指導』教育開発研究所, 42-45頁.

ペットフード工業会 (2007)「第14回犬猫飼育率全国調査」

Serpell, J. A. (1987) Pet keeping in non-western societies: Some popular misconceptions. *Anthrozoos, 1*(3), 166-174.

嶋野道弘 (2003)「生活科における生命尊重の指導と動物飼育」鳩貝太郎・中川美穂子 (編著)『学校飼育動物と生命尊重の指導』教育開発研究所, 14-17頁.

山﨑恵子 (2003)「『動物介在療法』『動物介在活動』とは何か」髙柳友子・長谷川元・水越美奈・山﨑恵子 (編)『医療と福祉のための動物介在療法』医歯薬出版, 1-5頁.

事項索引

【あ行】

愛情剥奪　56
愛着　56, 76, 85, 173
　　――障害　90, 95
　　――対象　85-88, 93, 94
　　――の個人差　89, 90
　　――の世代間伝達　90, 95
　　――の発達　86
　　――不全　90
　　――理論　85, 87, 89, 93
　　二次的――対象　87, 94
　　不安定――　90, 91
赤ちゃん部屋のおばけ　68, 69
赤ちゃんマッサージ　148
アスペルガー症候群　30, 67
遊ぶこと　61
アタッチメント（愛着）　85
アダルト・アタッチメント・インタビュー（AAI）　89
アチューンメント　92, 95
アナクリティックうつ病　55, 56
アニマル・セラピー　179
アプガー・スコア　126
アロケア　142, 143
安全(の)基地　87, 89, 95, 157, 158
アンドロゲン　124
いい子アイデンティティー　25
e-ラーニング　21
育児休業　119
育児ネットワーク　138
育児不安　131-134, 137, 139, 140
移行空間　60
移行対象　60, 64
いじめ　50

いじめのサイン　52
「いのちの大切さ」の教育　178
インプリンティング（刻印づけ）　74
ヴィゴツキーの三角形　11
ヴィゴツキー理論　8, 15-17, 107
氏か育ちか　57, 58
内田クレペリン精神作業検査　44
生まれつきの個人差　7
ATI（適性処遇交互作用）　29
ADHD（注意欠陥・多動性障害）　28-30, 50, 90, 123
エゴグラム　43
エディプス・コンプレックス　67, 68
MMPI（ミネソタ多面式人格目録）　43
LD（学習障害）　28, 29, 50
園内飼育動物　174, 176
応答的おもちゃ　10
応答的環境　10
教え込み型　26
「教え導く」支援　145, 147
大人からのしつけ・教育　11
思いやり　60
親としての発達　135

【か行】

外言　98, 101
解発機制　73, 76
外発的動機づけ　111, 112
科学的概念　99, 100, 102-106
科学的概念の学習　99, 100, 102
書きことば教育　100
学業達成　27
学習心理学　21
学校教育　19, 21, 23, 25, 26, 97, 101, 107

198

学校飼育動物　174-176
家庭：
　　――教育　25, 26
　　――的養護　152
　　――内飼育動物　173
　　――内暴力　126
ガラスの理論　101
身体の「ハブ機能」　148, 149
カンガルー・ケア　127
気持ち主義　25
虐待　71, 137, 154, 160
　　――の連鎖　69
　　――不安　132
教育　22, 23
教育心理学　20, 22, 24, 31
強化　111
境界性人格障害　53
共感　48, 53, 92
共感的姿勢　48, 49
教師　ii, 94, 95
均衡化　9, 10
クライシスコール　52
クライン派　57, 59-61
グループ学習　28
傾聴　46, 53
高機能自閉症　28-30, 50
攻撃者との同一化　69
高次精神機能　98, 99, 101, 105
行動目録（エソグラム）　73
効力感　111
コカインと子どもの発達　125
個人差　6, 7
　　愛着の――　89, 90
　　生まれつきの――　7
　　発達の――　7, 81
「子育ち」の支援　3
子育て：
　　――ネットワーク　160
　　――の孤立化　137
　　――の動機づけ　113, 117
ことば主義　99, 100, 103, 105, 106

ことばの発達　80
子ども：
　　――イメージ　32, 33
　　――観　32, 40
　　――中心主義　3
　　――の「育つ力」　10
　　――を育てる動機づけ　109
子別れ　141, 142, 149
こんにちは赤ちゃん事業　i
コンパニオンアニマル（伴侶動物）　173
コンピテンス（有能感）　111

【さ行】
最近接発達領域（発達の最近接領域）　14
最近接発達領域（ZPD）理論　13
最恵モデル　17, 30
再接近　65
再接近危機　65
錯覚－脱錯覚　61
里親　152, 162
　　――家族　156
　　――家庭　153-155, 158, 160
　　――制度　152
　　――の資質　159
　　――養育　152, 157, 161
　　専門――制度　154
里帰り分娩　63
3カ月微笑　56
産後のうつ　128
産前のうつ　125
CAI（コンピュータ支援教育）　21
ジェネラティヴィティ（世代性）　40
シェマ　9
自覚性と随意性　101-108
自我心理学　59
自我心理学派　57
自己感　66
事故の危険性　149
支持的姿勢　45
施設養護　152
しつけ　23-25

事項索引　199

──・教育　3, 11
　　日本人の──　25, 26
児童：
　　──心理学　3
　　──相談所　53, 68, 131
　　──養護施設　55, 154
児童虐待　131
　　──の行為類型　132
　　──防止法　131
自働教育　98-100, 105
自発的微笑　123
浸み込み型　25, 26
社会的動機　110
社会的養護　152, 162
周産期　126
習得性　109
習得性動機　110
修復的愛着療法　93
自由連想法　57
就労する母親　118
熟達化　32
受容　48, 53
　　自己──　48
　　他者──　48
障がい児教育　7, 15, 17
障がい児の発達　15
情操教育　178
情緒的エネルギー補給　64
情緒的剥奪　159
常同行動　77-79
情動調律　67
初回面接　45
自律的（な）思考　97, 98, 100
新生児の視覚　127
新生児微笑　76
身体的虐待　131
心理査定　42
　　観察法　42
　　検査法　43
　　面接法　42
心理的虐待　131

心理的支援　41
心理療法　44
スクールカウンセラー　53
スティル・フェイス　128
ステップファミリー　157, 162
ストレンジ・シチュエーション（法）　89, 90
生活的概念　99, 100, 102, 103, 105-107
生気情動　66
精神間機能　12, 99
精神内機能　12, 99, 105
精神分析（学）　55, 56, 58, 59, 70, 75, 76
性的虐待　131
生得性　109
生物学的有能さ　4, 6-8, 14, 15, 17
生物的動機　110
生命尊重の教育　176
生理的動機づけ　109
世代性　40, 153
専業主婦　118
専門里親制度　154
早期母子関係　56, 59, 61, 62
相互教授法　106
ソーシャルワーク　56

【た行】
胎芽期　121, 123
胎芽期の薬物の影響　124
胎教　122, 123
胎響　123
退行　77
胎児：
　　──期　121
　　──・新生児の嗅覚　122
　　──性アルコール症候群　124
　　──の覚醒水準　122
　　──の触覚　127
　　──の聴覚　122
　　──の発達　121
対象関係論　59
タヴィストック・クリニック　69

地域のサポート　161
父親の帰宅時間　119
注意欠陥・多動性障害（ADHD）　28-30, 50, 90, 123
治療モデル　16, 30
テストステロン　124
動機（動因）　111
動機づけ　109
動物：
　　——介在活動　179
　　——介在教育　179
　　——介在療法　179
　　——虐待　91, 181
　　——飼育　176
特別支援教育　28, 30
独立派　58
とも育ち　146

【な行】
内言　14, 99, 101
内的ワーキング・モデル　87, 88, 159
内発的動機づけ　111, 112, 117
二次的愛着対象　87, 94
日本人のしつけ　25, 26
乳児院　55, 154
乳幼児-親心理療法　93
乳幼児の脳の発達　91
人間行動学（ヒューマンエソロジー）　76, 77
妊娠中の煙草　124
認知心理学　32
ネグレクト　131, 160
ネットいじめ　51
ノーアンドイエス　56
呑み込まれ不安　65

【は行】
胚期　121
バウムテスト　43
「励まし見守る」支援　146, 150
8カ月不安　56

発達：
　　——障害　28, 50, 58
　　——心理学　3, 4, 6, 8, 17, 24
　　——の3要因　11
　　——の個人差　7, 81
　　——の最近接領域（最近接発達領域）　99, 103, 108
母親：
　　——のうつ　123, 125, 128
　　——の感受性　93
　　——の原初的没入　61
　　——の子育て観　119
　　——の子どもへの不快感情　133
　　——の就労　142
　　——の生活の胎児への影響　123
　　——の負担感　117
ピアジェ理論　8, 15-17
比較行動学　72, 74-77, 80, 81
被虐待児　58
被虐待児の養育　160
ファミリーサポートセンター　40
不安定愛着　90, 91
父子関係　67
不登校　49
プログラム学習　20, 21
プログラム教授法　21
プロラクチン　123
文化的発達の一般的発生原理　12
「分離-固体化」理論　63
ペット（愛玩動物）　173, 176
　　——との死別（ペットロス）　177-179
　　——への愛着　174, 180
　　——への虐待　181
　　——を飼育する利点　175
ベンダーゲシュタルト検査　44
保育園　94, 143-147
保育技術の教育　171
保育士　ii, 38, 39, 94, 95, 143-147
　　ベテランの——　168, 172
　　若い——　168
保育者　33, 163, 170-172

——としての熟達化　37
　　——と保護者　164, 165
　　——と保護者がもつ保護者像　165
　　——による子育て支援　163
　　理想の——像　169
保育所　ii, 163
報酬（誘因）　111
保健師　ii, 63, 94
保護者　145, 163
　　——支援　ii
　　——対応　163, 166-171
　　——とのコミュニケーション　171
　　望ましい——像　164
　　望ましくない——像　164
母子隔離・単独飼育　79
母子関係　56, 57, 59, 60, 63, 67, 69, 77
　　早期——　56, 59, 61, 62
母子分離　77
母子分離・母子隔離研究　77
補償モデル　16, 30
ホスピタリズム　55, 56
母性剥奪（マターナル・デプリベーション）　77

【ま行】

マタニティー・ブルーズ　128

マッサージ・セラピー　123, 125, 127
見捨てられ不安　65
密室育児　137, 138
夢想　60
メタ認知能力　5
妄想分裂ポジション　59, 62
模倣学習　99, 105
模倣学習の意義　98

【や行】

遊戯療法　44
養子縁組　152
養親　162
幼稚園　ii, 146, 163
幼稚園教諭　ii, 38, 39, 94, 95
抑うつポジション　59
欲求不満に耐える能力　60

【ら・わ行】

ラポール（信頼関係）　46
リストカット　52
臨床教育学　22
臨床心理学　41, 53
霊長類行動学　75
ロールシャッハ検査　43
Y-G（矢田部ギルフォード）性格検査　43

人名索引

【ア行】

アーナート　Ahnert, L.　143
相澤輝美　169
アイブル-アイベスフェルト　Eibl-Eibesfeldt, I.　76
東洋　24, 25
インヘルダー　Inhelder, B.　4
ヴィゴツキー　Vygotsky, L.S.　3, 6, 11, 12, 14, 21, 97-106
ウィニコット　Winnicott, D.W.　58, 60-63, 69, 92, 155
ウインスラー　Winsler, A.　108
ヴント　Wundt, W.　19
エインスワース　Ainsworth, M.D.S.　89, 92
エリクソン　Erikson, E.H.　40, 153
エンデンバーグ　Endenburg, N.　175
オーランズ　Orlans, M.　93
岡野禎治　128

【カ行】

カレン　Karen, R.　92
キシレブスキー　Kisilevsky, B.S.　122
キャンベル　Campbell, S.　121
粂幸男　168
クライン　Klein, M.　57, 59, 60, 62, 63
クレイク　Craik, W.　73
ゲルマン　Gelman, R.　4, 5
コーエン　Cohen, L.B.　4
コヤナギ（小柳孝司）　122

【サ行】

ザール　Schaal, B.　122
サメロフ　Sameroff, A.J.　17
サロモン　Salomon, G.　16, 17, 30

シアラス　Tsiaras, A.　121
シーグラー　Siegler, R.S.　5
ショア　Schore, A.N.　92
庄司順一　159
ジョージ　George, C.　89
菅野幸恵　133
スコフィールド　Schofield, G.　157, 159
スターン　Stern, D.N.　63, 66, 67, 92
スピッツ　Spitz, R.A.　55, 56, 63
ソブン　Thoburn, J.　159

【タ・ナ行】

ダーウィン　Darwin, C.　72, 73
田島充士　106
タラック　Tallack, P.　121
デイノート＝スカウブ　Deynoot-Schaub, M.J.J.M.G.　143
ティンバーゲン　Tinbergen, N.　73
デキャスパー　DeCasper, A.J.　122
トマセロ　Tomasello, M.　6, 15
ニルソン　Nilsson, L.　121
根ヶ山光一　144

【ハ行】

バーク　Berk, L.E.　108
バークソン　Berkson, G.　78
バークリー　Berkeley, G.　19
ハーロウ　Harlow, H.F.　74-76
ハインド　Hinde, R.A.　76
ハインロート　Heinroth, O.　73
ハル　Hull, C.L.　111
バロン＝コーエン　Baron-Cohen, S.　124
ハント　Hunt, J.McV.　10
ピアジェ　Piaget, J.　4, 8-11, 16

ビオン　Bion, W.R.　58, 60
ビネー　Binet, A.　97, 98, 105
ヒューズ　Hughes, D.N.　95
ヒューム　Hume, D.　19
ヒラリー　Hillary, E.　112
ファン・ウールス　van Oers, B.　105
フィールド　Field, T.　123, 124
フォン・フリッシュ　von Frisch, K.　73
藤岡孝志　93
フライバーグ　Fraiberg, S.　68, 69, 93
フリードマン　Friedman, E.　180
フロイト　Freud, A.　57
フロイト　Freud, S.　57, 58, 64, 67, 68
ブロンフェンブレンナー　Bronfenbrenner, U.　142
ペスタロッチ　Pestalozzi, J.H.　19
ペリー　Perry, B.　91, 92
ヘルバルト　Herbart, J.F.　19, 20
ベンデルスキー　Bendersky, M.　125
ホイットマン　Whitman, C.O.　73
ボウルビィ　Bowlby, J.　56, 69, 74-76, 85-87, 92, 173
ホール　Hall, G.S.　3
ホクスター　Hoxter, S.　159
ホッジ　Hodges, J.　159
ホワイト　White, R.W.　111

【マ行】
マーラー　Mahler, M.S.　58, 63-65
マックロウ　McCulloch, M.J.　175
三田村卓　128
ミラー　Miller, L.　69
メイソン　Mason, W.A.　78
茂呂雄二　108

【ラ・ワ行】
ラドニア　Ladnier, R.　90, 92
ラム　Lamb, M.　143
リヴィー　Levy, T.　88, 91, 93
リオンス-ルース　Lyons-Ruth, K.　91
リクセン=ヴァルラフェン　Riksen-Walraven, J.M.　143
リッカート　Rickert, H.　143
リブル　Ribble, M.A.　75
レイン　Raine, A.　90
レカヌエット　Lecanuet, J-P.　121
レッパー　Lepper, M.R.　112
レビンソン　Levinson, B.M.　175, 180
ローレンツ　Lorenz, K.　73-76
ロック　Locke, J.　19
ワーチ　Wertsch, J.V.　15

■執筆者略歴（執筆順，【 】内は担当章）

田島信元（たじま・のぶもと）【第1章】
1946年生まれ。東京大学大学院修士課程（教育心理学専攻）修了。博士（人間科学）。北海道大学教育学部助手，東京外国語大学助教授・教授を経て，現在，白百合女子大学文学部教授，東京外国語大学名誉教授。専門は生涯発達心理学，文化心理学。著書：『共同行為としての学習・発達』（金子書房），『文化心理学』（編著，朝倉書店）など。

宮下孝広（みやした・たかひろ）【第2章】
1956年生まれ。東京大学大学院教育学研究科博士課程（学校教育学専攻）中退。東京大学教育学部助手，白百合女子大学専任講師，同助教授を経て，現在，白百合女子大学文学部教授。専門は発達心理学，教育方法学。著書：『新版 発達心理学への招待』（共著，ミネルヴァ書房），『児童文化入門』（共編著，岩波書店）など。

鈴木　忠（すずき・ただし）【第3章】
1960年生まれ。東京大学大学院教育学研究科博士課程修了。博士（教育学）。現在，白百合女子大学文学部教授。専門は認知心理学，生涯発達心理学。著書：『子どもの視点から見た空間的世界：自己中心性を越えて』，『生涯発達のダイナミクス：知の多様性 生きかたの可塑性』（ともに東京大学出版会）など。

眞榮城和美（まえしろ・かずみ）【第4章】
1974年生まれ。白百合女子大学大学院博士課程（発達心理学専攻）修了。博士（心理学）。白百合女子大学文学部児童文化学科発達心理学研究室研究助手を経て，現在，清泉女学院大学人間学部専任講師。専門は発達心理学，臨床心理学。著訳書：『心理学の基礎を学ぶ』（共著，八千代出版），『発達精神病理学：子どもの精神病理の発達と家族関係』（共訳，ミネルヴァ書房）など。

木部則雄（きべ・のりお）【第5章】
1957年生まれ。京都府立医科大学卒業。聖路加国際病院小児科，帝京大学付属病院精神神経科，タビストッククリニック（子ども家庭部門）留学などを経て，現在，白百合女子大学文学部教授，白百合女子大学発達臨床センター センター長。専門は精神分析，精神医学。著訳書：『こどもの精神分析』（岩崎学術出版社），『こどものこころのアセスメント』（監訳，岩崎学術出版社）など。

南　徹弘（みなみ・てつひろ）【第6章】
1945年生まれ。大阪大学大学院博士課程（心理学専攻）中退。博士（人間科学）。大阪大学人間科学部助手，東京女子大学短期大学部助教授，大阪大学大学院人間科学研究科教授，大阪成蹊短期大学などを経て，現在，甲子園短期大学教授，大阪大学名誉教授。専門は発達心理学，比較心理学，比較発達心理学。著書：『サルの行動発達』（東京大学出版会），『発達心理学』（編著，朝倉書店）など。

田島充士（たじま・あつし）【第8章】
1976年生まれ。筑波大学大学院人間総合科学研究科博士課程（心理学専攻）修了。博士（心理学）。東京成徳大学人文学部非常勤講師，栃木県宇都宮市教育委員会スクールカウンセラー

などを経て，現在，高知工科大学共通教育教室専任講師。専門は教育心理学，発達心理学，臨床心理学。著書：『説明の心理学：説明社会への理論・実践的アプローチ』（分担執筆，ナカニシヤ出版）など。

青柳　肇（あおやぎ・はじめ）【第9章】
1942年生まれ。早稲田大学大学院文学研究科修士課程（心理学専攻）修了。湘南工科大学専任講師，東京都立立川短期大学助教授などを経て，現在，早稲田大学人間科学学術院教授。専門は動機づけ心理学，発達心理学。著訳書：『ヒューマン・モチベーション』（共訳，金子書房），『ヒューマン・ディベロップメント』（共編著，ナカニシヤ出版）など。

川上清文（かわかみ・きよぶみ）【第10章】
慶應義塾大学大学院博士課程（教育学専攻）単位取得退学。教育学博士。聖心女子大学専任講師，助教授を経て，現在，聖心女子大学文学部教授。専門は発達心理学。著書：『図説・乳幼児発達心理学』（共著，同文書院），『乳児のストレス緩和仮説』（共著，川島書店）など。

岡本依子（おかもと・よりこ）【第11章】
1968年生まれ。東京都立大学大学院人文科学研究科博士課程（心理学専攻）単位取得退学。東京都立大学助手などを経て，現在，湘北短期大学保育学科准教授。専門は発達心理学。著書：『親と子の発達心理学』（共編著，新曜社），『エピソードで学ぶ乳幼児の発達心理学』（共著，新曜社）など。

根ヶ山光一（ねがやま・こういち）【第12章】
1951年生まれ。大阪大学大学院博士課程（心理学専攻）中退。博士（人間科学）。大阪大学助手，武庫川女子大学助教授などを経て，現在，早稲田大学人間科学学術院教授。専門は発達行動学。著書：『発達行動学の視座』（金子書房），『〈子別れ〉としての子育て』（日本放送出版協会）など。

御園生直美（みそのお・なおみ）【第13章】
1976年生まれ。白百合女子大学大学院博士課程（発達心理学専攻）修了。博士（心理学）。白百合女子大学文学部助手を経て，現在，タビストック・クリニック留学中。専門は発達心理学，臨床心理学。著訳書：『Q＆A里親養育を知るための基礎知識』（分担執筆，明石書店），『マルトリートメント　子ども虐待対応ガイド』（監訳，明石書店）など。

相澤輝美（あいざわ・てるみ）【第14章】
1977年生まれ。白百合女子大学大学院博士課程（発達心理学専攻）修了。博士（心理学）。神奈川県立保健福祉大学学生支援相談員などを経て，現在，泉谷クリニックカウンセラー及び国際学院埼玉短期大学非常勤講師。専門は発達心理学，臨床心理学。

濱野佐代子（はまの・さよこ）【第15章】
1971年生まれ。日本獣医畜産大学（現日本獣医生命科学大学）卒業（獣医学科）。白百合女子大学大学院博士課程（発達心理学専攻）修了。博士（心理学）。ヤマザキ動物看護短期大学専任講師，同准教授，清泉女学院大学准教授を経て，現在，帝京科学大学こども学部准教授。専門は発達心理学，臨床心理学，人と動物の関係学。

■編者略歴

繁多　進（はんた・すすむ）【第7章担当】
1938年生まれ。東京都立大学大学院修士課程（心理学専攻）修了。文学博士。東京都心理判定員，横浜国立大学助教授，白百合女子大学教授などを経て，現在，白百合女子大学名誉教授。専門は発達心理学，臨床心理学。著書：『愛着の発達』（大日本図書），『乳幼児発達心理学』（編著，福村出版）など。

子育て支援に活きる心理学
実践のための基礎知識

初版第1刷発行　2009年3月3日©
初版第2刷発行　2010年10月23日

編　者　繁多　進
発行者　塩浦　暲
発行所　株式会社新曜社

〒101-0051　東京都千代田区神田神保町2-10
電話(03)3264-4973(代)・Fax(03)3239-2958
URL http://www.shin-yo-sha.co.jp/

印刷　銀河
製本　イマヰ製本所
ISBN978-4-7885-1145-3　C1011

Printed in Japan